油公司财务分析

INTRODUCTION TO
OIL COMPANY
FINANCIAL ANALYSIS

[美] David Johnston & Daniel Johnston 著

郑炯　宋阳　译
赵林　吴敏　校

石油工业出版社

内 容 提 要

本书结合真实案例系统地讲述了石油行业并购浪潮、石油公司报表分析、分业务板块估值、储量经济评估、法律税务环境等诸多方面内容。本书将基础财务理论与石油行业紧密结合，并辅以大量真实数据说明，深层次探究了石油行业的经济评价方法。

本书对石油公司经济工作者及想要了解经济评价工作的技术工作者有一定的指导意义，亦可作为从事经济研究的大学讲师及在校学生的参考书目。

图书在版编目(CIP)数据

油公司财务分析/（美）约翰斯顿（Johnston, D.）著；郑炯，宋阳译. 北京：石油工业出版社，2012.8
书名原文：Introduction to Oil Company Financial Analysis
ISBN 978-7-5021-8695-1

Ⅰ. 油…
Ⅱ. ①约…②郑…
Ⅲ. 石油工业－工业会计－会计分析
Ⅳ. F407.226.72

中国版本图书馆 CIP 数据核字（2012）第 190519 号

本书经 Penn Well Publishing Company 授权翻译出版，中文版权归石油工业出版社所有，侵权必究。著作权合同登记号：图字 01-2010-3914

出版发行：石油工业出版社
（北京安定门外安华里2区1号　100011）
网　　址：www.pip.cnpc.com.cn
编辑部：(010)64523574　发行部：(010)64523620
经　销：全国新华书店
印　刷：北京中石油彩色印刷有限责任公司

2012 年 8 月第 1 版　2012 年 8 月第 1 次印刷
787×1092 毫米　开本：1/16　印张：20.75
字数：395 千字
定价：65.00 元
（如出现印装质量问题，我社发行部负责调换）
版权所有，翻印必究

前 言

随着全球经济的发展和管理理论的演变，企业财务管理目标已从传统的利润最大化转变成企业价值最大化，企业价值评估的应用领域也已从公司财务管理、并购交易、投资组合管理等方面拓展到企业价值管理。价值管理通过把企业资源合理地分配到最有价值的投资上，尽可能多地创造财富，从而实现股东价值最大化。这种以价值为基础，以企业价值最大化为目标的价值管理思想逐渐上升到了整个企业全面管理的高度。价值管理时代的到来使得企业财务分析、价值评估问题变得更加重要。

国内不乏价值管理和企业估值理论的著作，但是专门针对石油行业估值的系统研究则较少。中国石油企业是中国企业国际化经营的急先锋，三大石油公司在国内外资本市场已上市运营十余年，需要将价值管理理论与中国石油行业的实践紧密结合起来，进一步提升中国石油企业的价值。

编译小组有幸拜读了 Johnston 兄弟的合著，深感此书具有较高的指导价值。该书从价值管理角度出发，将资本市场与石油行业有机联系到一起。书中论述了价值的基本原理和石油公司行业的会计系统。详细阐述了解读石油公司财务报表的方法，既包括一般性行业常规分析方法，又有石油行业特有的指标分析。讨论使用了不同方法来分析石油公司的绩效。系统论述了普通股估值、优先股估值和石油公司并购估值；尤其对于石油行业而言，最重要的资产是油气储量，书中在第八章集中讲解了储量资产估值方法，解决了储量资产估值这一理论难题。书中还广泛论述了诸多影响石油公司价值但难以量化的因素，如进入壁垒、进入成本、财务条款及运营机制、地缘政治等，对于深刻理解油气资产估值结果具有重要意义和价值。

笔者长期从事海外油气投资工作，从海外归来后欣然将此学术著作引入国内，我们力争在如下三个方面做得更好：（1）将价值评估技术同石油行业的特点及行业内不同工作实践结合起来，包括直接购买区块、投资建厂、铺设加油站以及资本收购等方面；（2）文字表达尽量简洁专业，突出适用于非财务背景人员阅读，使得本书能够给专业人员以思考，给感兴趣者以启发；（3）论述中多处配有各类图表，表达形象直观，可读性强。

本书的引进、翻译、编排、校对、出版等一系列工作历时近两年，编译小组成员付出了艰辛的努力。本书的出版得到了石油工业出版社的大力支持。在此，向所有对本书翻译出版给予大力支持的领导和同志们致以衷心的感谢。

由于水平所限，本书难免存在种种疏漏和差错，恳请读者提出批评意见，以便我们加以改正和提高。

郑 炯

2012 年 2 月

目 录

1 概述 ⋯⋯⋯⋯⋯⋯⋯⋯⋯⋯⋯⋯⋯⋯⋯⋯⋯⋯⋯⋯⋯⋯⋯⋯⋯⋯ (1)
   1.1 石油价格 ⋯⋯⋯⋯⋯⋯⋯⋯⋯⋯⋯⋯⋯⋯⋯⋯⋯⋯⋯⋯⋯⋯ (2)
   1.2 供给减少与需求增加 ⋯⋯⋯⋯⋯⋯⋯⋯⋯⋯⋯⋯⋯⋯⋯⋯ (4)
   1.3 大型企业合并 ⋯⋯⋯⋯⋯⋯⋯⋯⋯⋯⋯⋯⋯⋯⋯⋯⋯⋯⋯ (4)
   1.4 股票市场 ⋯⋯⋯⋯⋯⋯⋯⋯⋯⋯⋯⋯⋯⋯⋯⋯⋯⋯⋯⋯⋯ (5)
2 估值基础 ⋯⋯⋯⋯⋯⋯⋯⋯⋯⋯⋯⋯⋯⋯⋯⋯⋯⋯⋯⋯⋯⋯⋯⋯ (9)
   2.1 市场价值 ⋯⋯⋯⋯⋯⋯⋯⋯⋯⋯⋯⋯⋯⋯⋯⋯⋯⋯⋯⋯⋯ (9)
   2.2 公允市场价值 ⋯⋯⋯⋯⋯⋯⋯⋯⋯⋯⋯⋯⋯⋯⋯⋯⋯⋯⋯ (10)
   2.3 技术分析 ⋯⋯⋯⋯⋯⋯⋯⋯⋯⋯⋯⋯⋯⋯⋯⋯⋯⋯⋯⋯⋯ (11)
   2.4 道氏理论 ⋯⋯⋯⋯⋯⋯⋯⋯⋯⋯⋯⋯⋯⋯⋯⋯⋯⋯⋯⋯⋯ (11)
   2.5 基本面分析 ⋯⋯⋯⋯⋯⋯⋯⋯⋯⋯⋯⋯⋯⋯⋯⋯⋯⋯⋯⋯ (13)
   2.6 基于资产和基于收入的分析技术 ⋯⋯⋯⋯⋯⋯⋯⋯⋯⋯ (16)
   2.7 有效市场假说 ⋯⋯⋯⋯⋯⋯⋯⋯⋯⋯⋯⋯⋯⋯⋯⋯⋯⋯⋯ (19)
   2.8 随机游走理论 ⋯⋯⋯⋯⋯⋯⋯⋯⋯⋯⋯⋯⋯⋯⋯⋯⋯⋯⋯ (20)
   2.9 股票报价 ⋯⋯⋯⋯⋯⋯⋯⋯⋯⋯⋯⋯⋯⋯⋯⋯⋯⋯⋯⋯⋯ (22)
   2.10 会计价值与经济价值 ⋯⋯⋯⋯⋯⋯⋯⋯⋯⋯⋯⋯⋯⋯⋯ (25)
   2.11 终值与现值理论 ⋯⋯⋯⋯⋯⋯⋯⋯⋯⋯⋯⋯⋯⋯⋯⋯⋯ (27)
   2.12 内部收益率 ⋯⋯⋯⋯⋯⋯⋯⋯⋯⋯⋯⋯⋯⋯⋯⋯⋯⋯⋯ (32)
   2.13 资本成本 ⋯⋯⋯⋯⋯⋯⋯⋯⋯⋯⋯⋯⋯⋯⋯⋯⋯⋯⋯⋯ (34)
   2.14 总结 ⋯⋯⋯⋯⋯⋯⋯⋯⋯⋯⋯⋯⋯⋯⋯⋯⋯⋯⋯⋯⋯⋯ (38)
3 油气公司的会计系统 ⋯⋯⋯⋯⋯⋯⋯⋯⋯⋯⋯⋯⋯⋯⋯⋯⋯⋯ (39)
   3.1 公认会计准则 ⋯⋯⋯⋯⋯⋯⋯⋯⋯⋯⋯⋯⋯⋯⋯⋯⋯⋯⋯ (39)
   3.2 储量确认会计 ⋯⋯⋯⋯⋯⋯⋯⋯⋯⋯⋯⋯⋯⋯⋯⋯⋯⋯⋯ (43)
   3.3 完全成本法与成果法 ⋯⋯⋯⋯⋯⋯⋯⋯⋯⋯⋯⋯⋯⋯⋯ (44)

3.4　油气资产价值的上限测试……………………………………(45)
   3.5　成本折耗法及百分比折耗法…………………………………(50)
   3.6　总结……………………………………………………………(51)
4　财务报表分析………………………………………………………(52)
   4.1　年报……………………………………………………………(52)
   4.2　10-K报告………………………………………………………(53)
   4.3　财务比率分析…………………………………………………(63)
   4.4　比率分析………………………………………………………(66)
   4.5　比率赌局………………………………………………………(84)
   4.6　总结及主要概念………………………………………………(85)
5　股票估值……………………………………………………………(89)
   5.1　估值原则………………………………………………………(89)
   5.2　账面价值………………………………………………………(90)
   5.3　油气资产………………………………………………………(97)
   5.4　长期股权投资…………………………………………………(98)
   5.5　表外活动：成本法与权益法…………………………………(98)
   5.6　诉讼……………………………………………………………(103)
   5.7　环保责任………………………………………………………(103)
   5.8　废弃、拆除及恢复——弃置义务……………………………(104)
   5.9　表外承诺义务…………………………………………………(104)
   5.10　钻井义务………………………………………………………(105)
   5.11　会计调整………………………………………………………(113)
6　竞争性对比分析……………………………………………………(127)
   6.1　个人投资………………………………………………………(127)
   6.2　机构投资………………………………………………………(127)
   6.3　雇佣问题………………………………………………………(127)
   6.4　对标分析………………………………………………………(128)
   6.5　并购的潜在可能性……………………………………………(128)
   6.6　同业公司组的确定……………………………………………(128)
   6.7　确定对比范围…………………………………………………(131)
7　板块估值……………………………………………………………(144)
   7.1　探明可采储量…………………………………………………(145)

7.2 运输	(147)
7.3 炼油厂	(151)
7.4 销售机构	(163)
8 储量估值	**(170)**
8.1 石油储量的价值	(171)
8.2 已开采油气储量的价值	(178)
8.3 天然气田发现的价值	(183)
9 公司重组	**(186)**
9.1 公司重组的含义	(186)
9.2 历史回顾	(187)
9.3 有限合伙制公司的剥离	(196)
9.4 杠杆收购	(198)
9.5 股份回购	(198)
9.6 定向股票重组	(200)
9.7 公允市场价格要求	(200)
10 兼并的法律和税收环境	**(201)**
10.1 法律与监管机构	(201)
10.2 税收环境	(212)
10.3 交易架构	(215)
10.4 萨班斯法案	(219)
11 债券和优先股的估值	**(228)**
11.1 债券	(228)
11.2 优先股	(234)
附录	**(238)**
附录1 缩略语	(238)
附录2 能源转换系数	(245)
附录3 单利现值	(248)
附录4 年金现值	(251)
附录5 天然气产品	(254)
附录6 财务报告系统及报表	(256)
附录7 安然和特殊目的实体	(262)
附录8 股票信息表的解读	(274)

附录9　能源行业的市盈率 …………………………………………（277）
　附录10　再投资假设 ………………………………………………（280）
　附录11　公开领域信息的价值 ……………………………………（282）
　附录12　主要条款的扩展解释 ……………………………………（297）
并购术语表 ………………………………………………………………（302）
专业术语表 ………………………………………………………………（306）
参考文献 …………………………………………………………………（324）

概 述

　　本书第一版的写作源于 20 世纪 80 年代的并购浪潮。在并购浪潮的初期，我便参与其中，当时，多姆石油公司（Dome Petroleum）向康诺科石油公司（Conoco）主动发起股票收购要约（详见第 9 章）。多姆石油公司的收购目标是康诺科石油公司在加拿大的子公司——哈德森港湾油气公司（Hundon's Bay Oil and Gas，HBOG）。我被派往印度尼西亚和澳大利亚为多姆石油公司评估在那里新收购的主要控股公司。后来，他们卖掉了从 HBOG 收购来的国际资产，我就离开了卡尔加里的办公室。那时我负责数据室的工作。这些资产以大约 3 亿美元从 BP（British Petroleum）和 LASMO（London and Scottish Marine Oil）公司手中收购而来，由 HBOG 下属的一家国际性子公司——Hudbay 持有，资产规模较小。

　　继多姆石油公司的收购之后，收购浪潮便席卷整个行业（即第四次并购浪潮，本章稍后述及），而且势态进展很快。石油公司的股票交易价格和资产拆卖价值（Break–up Value）两者之间的差额相当大。一般而言，一家公司的拆卖价值是股票交易价格的两倍——受此影响，收购浪潮迅速蔓延。

　　许多石油公司的高管对处理突如其来、眼花缭乱的收购要约并没有经验，华尔街的银行家们便开始大显身手。一切都发生的如此之快，当我们今天回顾这段历史的时候，便会意识到这些投资银行家的所作所为带来的糟糕结果。他们在巨大的利益冲突下进行操作。一些投资银行家会通过收取费用来提供相关建议和咨询服务，然而他们并没有保护客户的利益。咨询师们设计的股票发行方案很是让人兴奋，甚至他们自己都会购买这些股票及相关的股票期权和认股权证。更有甚者，这些发行方案的设计者会自己买下发行的全部股票。随后，他们会向股东们推销一种所谓"公平认购权"的产品——为了再次收取费用，但股东们却不知他们何时会提供这种并不流行的公平认购权，这好比付钱给一个人叫他来打劫你。

因为许多石油公司的高管都被卷入到了这次收购浪潮中，并被自己不安和缺乏经验的心理所困扰着，这些公司的股东和雇员也被欺骗了。大部分石油公司的高管层都是搞技术出身的——地质学家和工程师，按照自己的工作方式爬到了高层的职位。他们对金融及股票市场的运作知之甚少。

华尔街的投资银行家们富有影响力，而且极受信任，然而他们滥用了这份影响力，也破坏了这份信任。同时他们是如此自大傲慢！虽不是所有的银行家都是这样，但他们中的很多人确是如此。即使他们被送进监狱，也没有必要为他们流泪。

由于当年亲身参与了这些工作，使我认识到，我可以为那些缺少财务知识的经理们给予指导，并提供背景信息以帮助他们。我并不清楚自己有多成功——第一版卖得相当好。但是十二年后，另一个巨大的并购浪潮在石油行业中产生，此时应该是修订第一版的时候了。就个人而言，我并没有精力和时间来审视思考这个工作。我的兄弟 David 不断地催促我着手这个工作，我则说服他参与进来。最终的结果就是我们两个共同来完成这个工作。我们希望这本书能够对过去十二年间所发生的事情提供一种参考及解释。我们都确信，如果能有一位真正的石油行业分析师参与其中，会更加具有价值。他们会发挥很大作用，这样能很好地减弱石油行业内所特有的利益冲突问题（在本书第一版中曾阐述过）。我们也诚挚地邀请了石油分析师、国家石油投资分析师协会（the National Association of Petroleum Investment Analyst，NAPIA）以及任何对石油行业的财务工作感兴趣的人参与到这项工作中。

石油行业是世界上最具吸引力的行业。石油是世界头号商品，超过 50% 的石油产品贸易是国际贸易，占世界贸易额的 10%。石油及石油行业也呈现如下特征：价格剧烈波动，美国自身供给减少，而需求尤其是中国的需求在不断增加。

> 石油是世界头号商品，占世界贸易额的 10%。

1.1 石油价格

在 1973 年十月战争（犹太人赎罪日战争）前的约 30 年内石油价格相对稳定，如图 1.1 所示。

1973 年 10 月，埃及和叙利亚联合进攻以色列，很快攻向了特拉维夫（Tel Aviv）。以色列向美国寻求帮助。美国决定支援以色列，计划将载满士兵和其他供给品的运输机趁夜色在以色列降落。然而，飞机在亚速尔群岛遇到大风被耽石油价格曲线从1970年开始，包含了两部分重要信息：首先是20世纪80年代初期的价格泡沫，虽阻碍了经济增长，但刺激了能源公司的接管行为（第四次并购浪潮），其次是20世纪90年代的低价格，促进了整个90年代的经济繁荣。

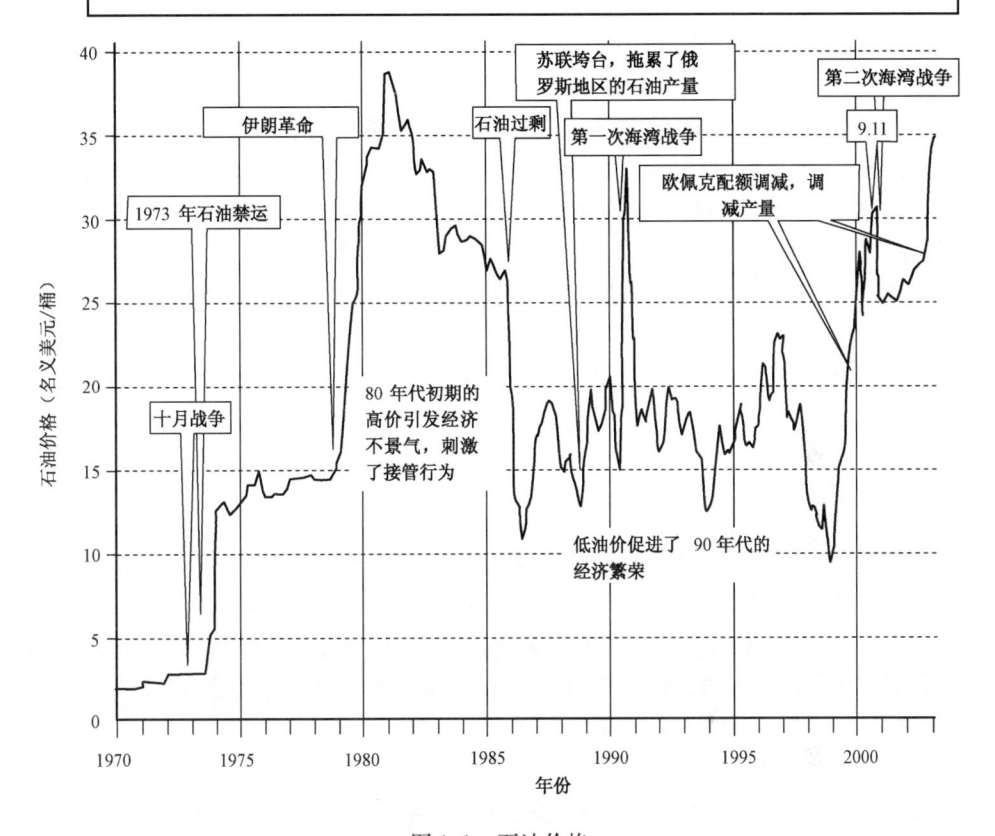

图中标注：
- 1973年石油禁运
- 十月战争
- 伊朗革命
- 80年代初期的高价引发经济不景气，刺激了接管行为
- 石油过剩
- 苏联垮台，拖累了俄罗斯地区的石油产量
- 第一次海湾战争
- 欧佩克配额调减，调减产量
- 低油价促进了90年代的经济繁荣
- 第二次海湾战争
- 9.11

纵轴：石油价格（名义美元/桶）
横轴：年份

图 1.1 石油价格

搁，最终在特拉维夫降落，因此不得不在白天卸载供给品——美国空军的徽章在大型运输机的侧面赫然可见。阿拉伯世界便采取石油禁运（Oil Embargo）的措施进行报复，促使石油价格上升了两倍，从 4 美元/桶涨到了 12 美元/桶，从此以后，石油价格再也没有稳定过。

20 世纪 70 年代末的伊朗革命再次推高了石油价格。20 世纪 80 年代初的高油价导致了合同谈判和过度开采行为。1985 年，经过几年的减产措施，沙特阿拉伯为抵消 OPEC 其他成员国的过度开采，宣布增产。这导致了石油过剩，油价跌回 1973 年石油禁运后的水平。尽管在第一次海湾战争（Gulf War）期间油价曾短暂剧烈反弹，但是价格水平仍然相对较低。

1998 年和 1999 年的过度开采使得油价跌落到 10 美元/桶。对此 OPEC 采取减产措施，使得石油价格迅速回升，并于 2003 年底再次宣布减产。

1.2 供给减少与需求增加

提到供给减少，我们通常指的是美国的供给减少，这使得美国对石油进口的依赖增强了。世界石油的储量同样也在减少。很显然，发现石油变得越来越难。开发公司不得不转向海上，进入深水区等更加恶劣的环境。许多公司卖掉美国和北海的资产，到更理想的地方寻求作业。但是全球各国政府的财税条款都很苛刻。石油行业的实际税率高出其他行业的两倍——其中考虑了美国的公司所得税，也包括了矿区使用费、其他税费、利润油分成以及东道国从石油生产中收取租金等其他方式。

石油及石油产品需求的增加是全球性的，亚洲需求的增加尤为明显，仅中国就占据了世界石油需求增量的一半。目前世界石油需求量大约是每天8000万桶，相当于世界最大的25艘油轮的原油量，或者是50个阿拉斯加输油管道中的原油量（直径48英寸❶），或相当于每天支出24亿美元，按30美元/桶计算。

1.3 大型企业合并

1981年，多姆石油公司要约收购康诺科石油公司13%的股份。出人意料的是竟有一半的股东想要出售自己的股票。这一事件被认为是第四次并购浪潮的导火索。其中规模最大的石油企业并购案包括雪佛龙·海湾（Chevron·Gulf，价值130亿美元）、杜邦·康诺科（Du Pont·Conoco，价值80亿美元）以及美国钢铁·马拉松（U.S. Steel·Marathon，价值60亿美元）。

20世纪80年代第四次并购浪潮的前十年间，许多石油公司都在进行多元化投资。一些多元化投资甚至投向了与能源毫不相干的行业，比如食品、微电子、高科技和生物技术。雪佛龙投资于铀矿、金属采矿

> 第四次并购浪潮中能源公司占据了25%，有时也被称作接管浪潮（Takeover Wave）。

及地热能源方面。德士古也投资于铀矿，还进军了生物技术、电子产品以及煤气化领域。阿科石油公司（ARCO）参与到高科技商务和心脏起搏器领域中。美孚则购买了蒙哥马利—沃德百货公司（Montgomery Ward）。

但是，到了1990年，许多石油公司开始剥离与石油无关的业务，集中精力投入到石油的寻找和生产中。20世纪90年代并购活动相对较为沉寂，这一状况一直持续到1998年第五次并购浪潮的开始。图1.2揭示了第四次并购浪潮中的几起规模较大的并购案。

---

❶ 1英寸=2.54厘米。

1 概 述

> 第四次与第五次并购浪潮有着显著的区别。第四次并购浪潮是因油价上升提升了石油公司价值所引发的，使得许多公司成为被并购的对象。第五次并购浪潮的特征是大规模并购，并具有竞争激烈的特征。两次并购浪潮之间的十余年间，几乎没并购发生。

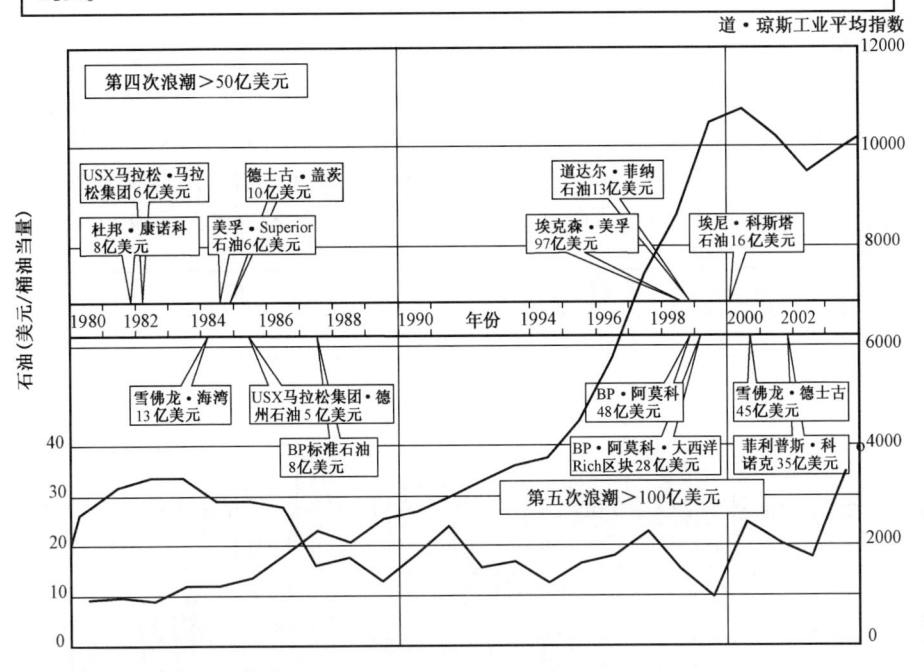

图 1.2　第四次并购浪潮中的并购案

第五次并购浪潮的特点是大规模合并以及跨行业接管和收购案例数量空前增加。这些公司正准备在全球开展竞争，有利于实现规模经济。第五次浪潮中，有许多是石油巨头间的并购，其中包括埃克森·美孚（Exxon·Mobil，970 亿美元）、BP·阿莫科（BP·Amoco，480 亿美元）、雪佛龙·德士古（Chevron·Texaco，450 亿美元）。合并后的雪佛龙·德士古预计能节省 12 亿美元的支出，并削减总计 4000 个职位。

> 第五次并购浪潮的特点是大规模合并以及跨行业接管和收购案例数量空前增加。

1.4　股票市场

今天，我们对事物的看法与 1992 年有所不同。就在本书第一版出版前夕，道·琼斯工业指数超过了 3000 点。20 世纪 90 年代，股票市场显著上涨，其中很大部分是受低油价的刺激所致。1925—1996 年，股票市场的年平均收益率达到 11%。1997—1999 年，这一指标甚至达到了 27%。许多人都把股票市场视作财富积累的工具。因此，投资俱乐部数量激增。尽管经历了 1997 年 10 月 27 日"黑色星期一"的冲击，道·琼斯指数单日跌幅达到最大，但仍然没能阻止股票市场突破 10000 点大关，17 个月之后的 1999 年 3 月 29 日道·琼斯指数攀上 10000 点大关。

1994 年墨西哥比索贬值，亚洲经济在 1997 年陷入低迷，随后便是俄罗斯经济的崩溃。1998 年，专注于高杠杆化操作的对冲基金长期资本管理公司（LTCM）崩盘，担心世界经济崩溃的恐惧心理弥漫开来。这在历史上还是第一次意识到一家公司的破产能够拖累整个世界经济。当然这种担心没有成为现实，但是威胁依然存在。图 1.3 展示了当时市场存在的问题和投资者的反应。

> 20 世纪 90 年代的牛市显然没有受到国外经济困境的影响。很少有人能够注意到迫在眉睫的问题——发现问题的这些人又确实没有能力去改变现实。我们处在牛市之中——只有数字才是最重要的。去创新吧！但是不要为此承担任何责任！

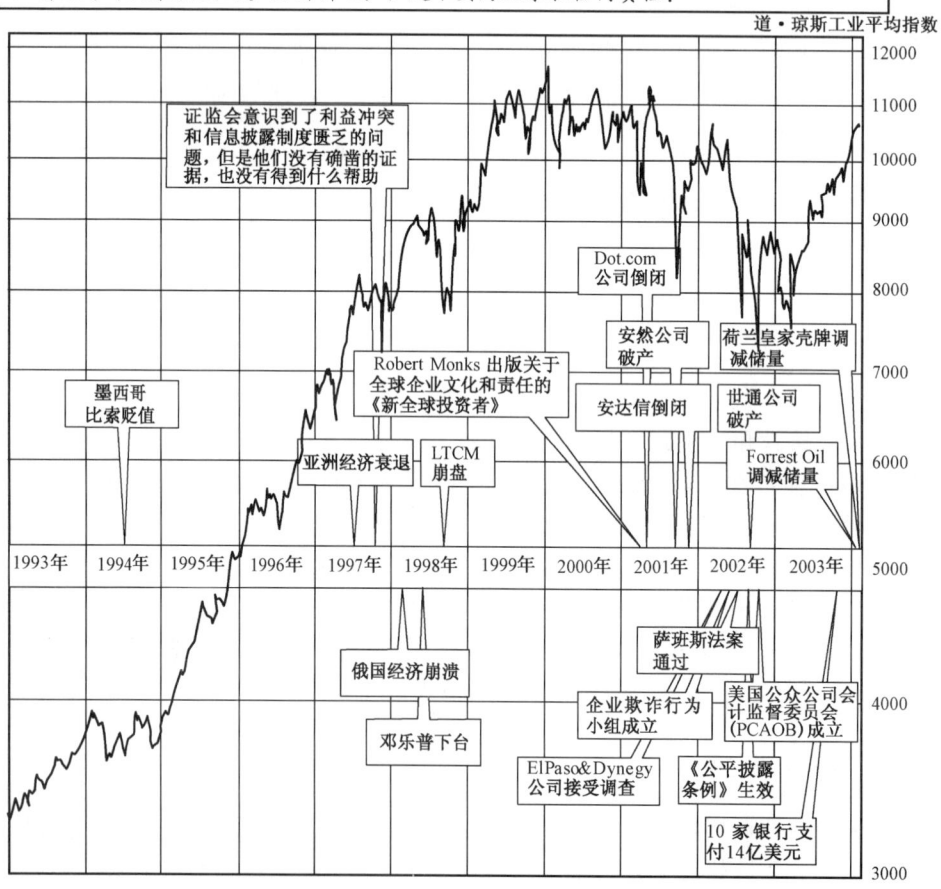

图 1.3 市场存在的问题和反应

20 世纪 90 年代末，人们逐渐意识到市场中存在的问题：分析师与他们所评估的公司之间存在利益冲突，公司信息披露难题以及公司治理的缺乏。时任美国证券交易委员会主席的 Arthur Leavitt 强烈呼吁出台公司披露规则和其他监管措施，但是没有得到支持。Robert Monks 在 2001 年出版了新书《新全球投资者》（New Global Investors），重点阐述了公司文化、治理和企业责任问题。公司治理措施依然缺乏，没有什么人关心改革与否。这也算不上什么烟雾弹，人们依旧在股票市场中赚钱。

进入 21 世纪后，形势就变得令人难以置信。网络公司炙手可热——Boo.com 公司仅凭一页纸的商业计划便在市场上募集了 1.2 亿美元，然而这家公司很快随着其他网络公司即 Dot.com 公司一同倒闭——截至 2001 年 6 月就有 500 家网络公司倒闭。随后发生了"9·11"事件及一系列的公司丑闻与破产案件，历史上一些规模最大的破产案就在这一时期产生。当时安然公司破产，被视为世界上最大的破产案，然而这一纪录不久便被世通公司刷新。市场从此进入了熊市。

最终，政府介入了这场危机。2002 年，通过了《上市公司会计改革和投资者保护法》（Public Company Accounting Reform & Investment），即人们熟知的《萨班斯—奥克斯利法案》（Sarbanes-Oxley Act, SOX），该法案将会计和审计活动与公司负责人的实际责任结合起来。随后又颁布了《公平披露条例》（Regulation Fair Disclosure, Reg FD），该条例旨在确保公司信息披露的公平、准确和及时。成立了上市公司会计监督委员会（Public Company Accounting Oversight Board, PCAOB），负责监督上市公司会计行为，该委员会被人们形象地称为"藏猫猫游戏"（Peek-a-Boo）。

由于出现了大量的公司丑闻案件，政府不得不开始关注投资者的利益以增强投资者的信心。到 2003 年，道·琼斯指数再一次突破 10000 点大关。

股票市场似乎一直都有点神奇，尤其对于石油公司而言。石油行业股票的市场表现通常复杂多变，而且总是令人沮丧。

几乎所有金融行业的从业人士都能理解基本规则，但是专业术语和分析技术却千差万别。本书的读者定位是对影响股票价值因素感兴趣的非财务领域出身的股东、经理和石油公司雇员。企业都采用财务语言描述其基本状况，而本书力图采用非技术性而又具有实践性的方式来解释财务概念，这样非财务出身的专家和其他人士就能很好地理解并体会商业活动中的问题。在本书第一版出版时，公司所披露的信息远少于今天的。这些增加的信息有助于更好地了解一家公司的财务状况及质量，但是仍然有很大的改进空间。

第四次并购浪潮期间，管理层受制于公司敌意收购者，雇员也身陷其中。从雇员角度看，友善的接管行为并不存在。股东某种程度上的确获得了可观的短期收益，但很快就会意识到被敌意收购公司欺骗了。加强对基础财务问题的理解将会有助于摆脱慌乱、迷茫和脆弱的心理。

很多利益群体都对收购和接管行为所带来的财务影响感兴趣。对每一个利益群体而言，其理解会稍有不同，但目标都关注公司价值。公司价值多少？流通股股票价值多少？对石油公司感兴趣的利益相关群体包括：

（1）公司股东（所有者）；

（2）公司优先股股东；

（3）公司负责人；

（4）公司管理层；

（5）公司债券持有者或债权人；

（6）投资银行家和财务分析师；

（7）外部证券分析师；

（8）投机者；

（9）证券交易委员会；

（10）司法机关。

非财务出身的专家应该更加关注财务问题。理解了行业内广泛使用的现金流折现分析方法，就能有较好的基础，对行业有更清晰的认识。财务概念并不复杂，只不过是被财务术语所阻碍罢了。

本书介绍的重点在于财务问题、管理者和股东的角色、石油公司资产的分析、财务报告以及股票估值。对油气公司的估值将会展开具体讨论，并特别阐述基于公开信息的分析技术。本书实际上是一本教你如何学会看懂石油公司的年报及 10 - K 报告的指南。

2 估值基础

价值概念可以从多种角度理解。对银行家、会计师、股东、管理者、监管机构以及买方和卖方来说，价值的概念是不同的。大部分分析师和股东主要关注两个通用的价值概念：市场价值（Market Value）和公允市场价值（Fair Market Value）。

2.1 市场价值

通常情况下，股票市场决定公司市场价值，这一前提假设是公司能够无限期的持续经营（Going Concern 或 Ongoing Concern）。持续经营（Going Concern）意味着企业的商业活动在将来能够一直延续，与此相对的观点就是公司的拆分价值（Break-up Value）。如果预期公司将被收购或清算，市场会根据国内公司收购价格做出反应，调整投资者预期。由于市场会进一步挖掘公司潜在的拆分价值，导致拆分情况下的公司价值要大于持续经营假设下的公司价值。有时，私人公司或持股集中度较高的公司股票没有足够的交易量来让市场为其评估一个合理的价值水平，在采用市场价值概念时这些例外情况可以忽略不计。

大部分人的目的并不是想确定现在的市场价值是多少，而是未来某一时点的市场价值会是多少。通过精确预计未来股票的价值，就能够做出一项明智的投资决策。这样的价值概念被人们所熟知。世界各地的分析师花费了大量的时间评估某一股票或某一组股票的市场价格。然而，市场价值（Market Value）仅仅是事物的一个方面，另一方面就是公允市场价值（Fair Market Value）。

2.2 公允市场价值

公允市场价值（FMV）就是意愿卖者将一份资产在市场中展示了一定的合理期限后，出售给无关联关系的意愿买者的价格。这一概念进一步假设买卖双方具有足够能力、对相关事项有合理认识且不存在单方面的强迫意愿，这点就如同描述任意一天股票的交易价格。公允市场价值在某些情况下与市场价值的概念相近，但是对于普通股价值而言，市场价值不同于公允市场价值，其区别明显体现在接管时支付的对价超过股票市场价格的溢价部分。

"公司破产清算比持续经营更值钱"，这一说法基于清算价值与持续经营价值间存在的差异。在第四次并购浪潮中一个普遍存在的观点，就是各部分的价值总和要大于整体价值。所包含分部（或者业务单元）越多，股票的交易价格与决定公允市场价值的基础资产价值间的差额也就越大。股票价值与公允市场价值间的差额通常随公司业务单元数量及商业活动的增加而增加。

进行一体化、多元化或联合大企业集团的公司总要为增加的不符合战略发展要求的业务单元付出代价，因为市场并不喜欢额外增加的复杂性，这个诅咒似乎全球通用，能源公司对能源以外的行业进行多元化投资时则尤为显著。20 世纪 80 年代，股票价值与公允市场价值间的差额已经减少，但是在石油行业内，对一体化或多元化公司的不利情形依然存在。

公允市场价值并不是一种估值技术，而是从几种估值技术衍生而来的价值概念。对普通股而言，价格与价值间的关系相当复杂。监管当局已经颁布了操作指南和程序，以确保股东在接管或其他交易活动中获得所持有股票的公允市场价值。资产的市场价值和股票的市场价值不是一个概念。

在分析公司和预测股票价格方面有两种方法：基本面分析和技术分析。进一步讲，基本面分析师又采用基于资产的分析和基于收入的分析两种方法来估计公司股票价值。图 2.1 详细描述了这些关系。

天文学与占星术的类比有时被用来比较两种不同的思维流派。这种类比是基本面分析师（天文学家）用来描述技术分析师（占星术师）时采用的方法。也许有时这种类比是恰当的，但是大部分技术分析师都会使用具有一定意义的比率概念，他们当中很多人对股票的基本面都有很好的认识。然而，技术分析方法也受到很多批评，其中最大的争论在于，"如果他们是对的，那是因为相对于原本是错误的推理而言是对的"。

本书推荐基本面分析方法，但是理解两种分析方法的区别很重要。基本面分析师会采用类似于技术分析法中的一些分析技术。当一名财务分析师利用公司过去的销售数据或收益业绩来预测未来增长潜力时，他其实在同时使用两种分析方法。

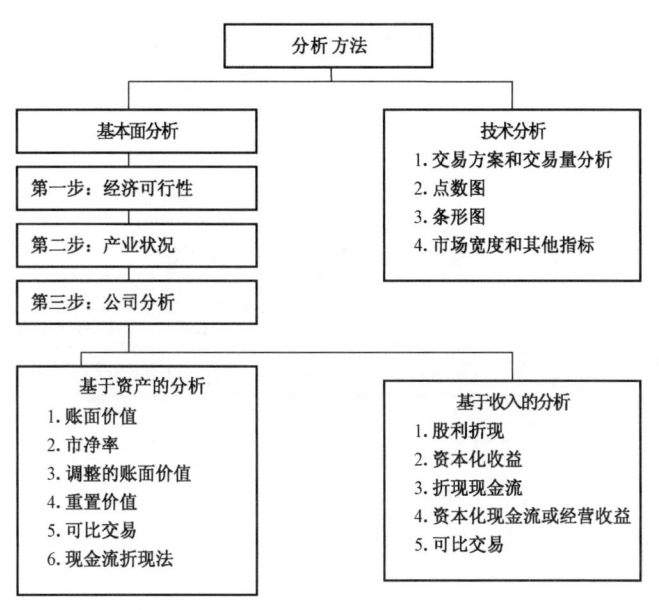

```
                    ┌─────────────┐
                    │  分析方法    │
                    └──────┬──────┘
              ┌────────────┴────────────┐
      ┌───────┴───────┐        ┌────────┴────────────┐
      │   基本面分析   │        │    技术分析          │
      └───────┬───────┘        │ 1.交易方案和交易量分析│
      ┌───────┴───────┐        │ 2.点数图             │
      │第一步：经济可行性│       │ 3.条形图             │
      └───────┬───────┘        │ 4.市场宽度和其他指标  │
      ┌───────┴───────┐        └─────────────────────┘
      │第二步：产业状况│
      └───────┬───────┘
      ┌───────┴───────┐
      │第三步：公司分析│
      └───────┬───────┘
   ┌──────────┴──────────┐
┌──┴─────────────┐  ┌────┴──────────────────┐
│ 基于资产的分析  │  │   基于收入的分析        │
│ 1.账面价值      │  │ 1.股利折现             │
│ 2.市净率        │  │ 2.资本化收益           │
│ 3.调整的账面价值 │  │ 3.折现现金流           │
│ 4.重置价值      │  │ 4.资本化现金流或经营收益│
│ 5.可比交易      │  │ 5.可比交易             │
│ 6.现金流折现法  │  └───────────────────────┘
└────────────────┘
```

图 2.1　估值体系

2.3　技术分析

技术分析师预测股票价格的依据是过去的股票价格、交易量和其他因素，比如交易量最高点与最低点，以及市场宽度（增加量相对于减少量）。技术分析师通常被称为"图表专家"（有时带有蔑视的意味），因为他们常用条形图和曲线图描述股票历史价格的走势，并制定预测结果。图表可用于解释和预测股票的表现，现在分析师们仍旧使用条形图和曲线图，不过现在是用计算机制作，而不再是手工绘制。计算机的问世和增加的可用信息极大地提升并拓展了技术分析师和基本面分析师可使用的分析工具。

2.4　道氏理论

技术分析体系是由 Charles H. Dow 开创的，因此他被誉为"技术分析之父"。道氏理论（Dow Theory）将整个股票市场描述为与海洋运动相似的三个运动周期：

短期趋势	每日	（微小波痕）
中期趋势	2～4 周	（波浪）
主要趋势	4 年或以上	（潮汐）

每日的价格波动没有什么价值，分析师大多关注中期趋势。主要趋势，被称为牛市或熊市。图 2.2 列举了熊市的例子。

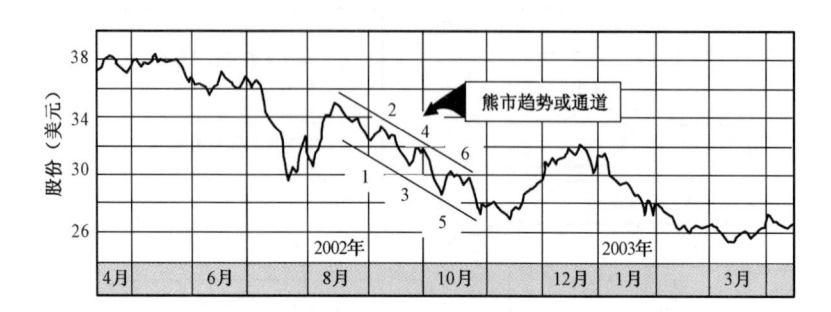

图 2.2　Unocal 公司的熊市行情走势

图表专家相信呈下降趋势的波峰和波谷信号，如图 2.2 所示，标志着熊市行情，事实上他们是正确的。在 2 点和 3 点之间实际上就已经是熊市行情了，因为股票价格比 1 点还要低。

道氏理论者认为在工业和运输部门产生的信号或趋势图，可以用来作为确定牛市和熊市行情的信号。

道氏理论已经演进为可以解释整个市场的走势，从另一方面讲，纯粹的技术分析被用于分析细分市场、某类行业或者某一特定公司的股票。

用来描述交易方式的技术分析语言十分丰富，而且特别。图 2.3 描述了一种常见的股票价格形式——双峰。

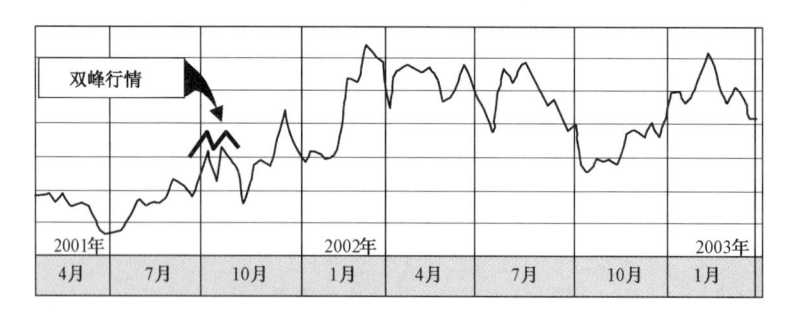

图 2.3　Suncor Energy 公司 2001 年 10 月的双峰行情

类似图 2.3 的股价走势被称为双峰状，经典技术分析认为这表明股票正遇到上行阻力而难以突破两个峰值处的股价最高点。在 Suncor 的例子中，尽管如此，但牛市行情依然继续着。

其他形式也有名称，诸如升三角形、双底反弹、圆顶反转、突破缺口，每一种名称都有着不同的含义。这些股价走势情况可以分为两组：持续型和反转型。图2.2所示的走势就是一个持续型的例子，而图2.3所示的双峰形状是一种反转型（尽管在这个例子中反转走势没有发生）。一些走势不仅仅用于预测股票或市场的走向，同时也表明其波动幅度。

基本面分析师认为在给定交易方式下，技术分析师会得出不同的结论，不可能对股价走势的预测得出一致的结论。这个争论具有两面性：基本面分析师对价值问题的看法也不一致。

理论上讲，技术分析师并不关注一个公司的财务信息。从实际操作角度看，技术分析师会选择技术层面上看起来具有价值的股票，然后进一步关注公司的基本面情况。

如果基本面分析师对有兴趣的股票进行评估，他不会忽视这支股票已经连续6个月走弱的事实，通常预计这样的价格走势会跌破先前的最低点（如果事实是这样的话）。一些人认为选择股票就好比一只猴子以股票指数为目标投掷飞镖（图2.4）。

图2.4 猴子掷飞镖

2.5 基本面分析

基本面分析是指利用财务数据预测股票价值和未来股价走势，有时被称为"内在价值分析"。基本面分析师在评估股票价值时会考虑很多因素。

根据某一行业或公司所处的整体经济环境，基本面分析分为三个步骤进行。

2.5.1 第一步——经济状况

基本面分析从经济和产业环境的整体状况开始。分析师必须考虑全球经济的宏观状况以及地缘政治对原材料供应和产品需求的影响，图2.5提供了在第一阶段分析使用的基础资料。

在这阶段，行业面临的经济动力和问题都解释为价格的映射（Price Projection）。基本面分析方法第一阶段的主要目的就是预测油气价格。

> 无需惊讶，美国的能源消费一直在增长，需求基本上由矿物燃料满足。估计改变这种状态的成本大概需要至少1000亿美元。

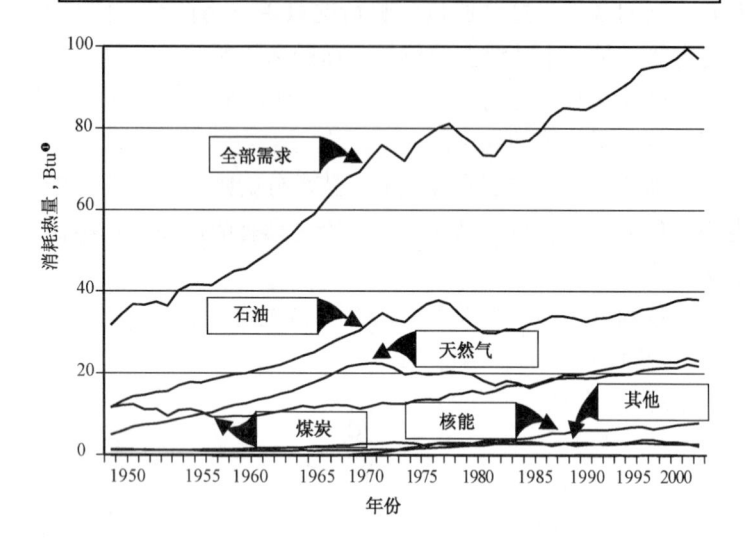

图 2.5 美国能源消费

第一阶段分析主要关注以下因素：
(1) 价格映射（行业的发展动力和问题，编者按）；
(2) 宏观经济；
(3) 地缘政治；
(4) 产业结构；
(5) 供需基本面情况。

2.5.2 第二步——行业分析

下一步就是行业分析。行业的发展永远受制于利率、成本、竞争状况、资本市场和产品价格，这一阶段的分析集中于在各种预期条件下的行业反应和公司竞争对策。另外，石油行业分析师也关注相互竞争的能源资源，以及消费者和政府监管机构对此作出的反应。

行业风险受产品需求波动和原材料供应的影响。在过去的 30 年间，需求面的整个市场环境相当稳定，然而在 1981 年油价达到顶峰时，保守主义的观点有了变化。上游行业开始不得不应对原油产量的剧烈波动，使得投资环境波动且不稳定。

---

❶ Btu，英制热量单位，1Btu = 1055J。

石油行业有着不同于其他行业的行业特征。作为天然矿产生产行业，上游行业的商业环境高度专业化，许多商业活动都需要特殊考虑。这个行业属于资本密集型，而且所投资本暴露于潜在风险中，同时行业回报十分可观；然而，勘探项目的结果存在多种情况，可能是不同程度上的成功，也可能是彻底失败。

在某些情况下，从发现储量到开始生产的这段时间可能会持续几个会计期间。考虑到油井和油田要生产很多年，因此，一项资产的最终收益情况在发现后的很长一段时间内都无法确定。

这个行业基本由 OPEC 控制着。有时，OPEC 这个垄断组织追求目标产品价格的行为限制了它的成就，但在许多年内，它仍然能够控制这个行业。计量经济学中标准的供给和需求恒等式也只能对 OPEC 和中东问题进行事后分析。图 2.6 中描述了这个行业面临的许多问题。

图 2.6　油气行业——哪个问题即将发生？

2.5.3　第三步——公司分析

最后一步要做的就是对特定公司进行分析，这部分是本书的重点所在。

对油气公司进行分析有各种各样的原因。评估的目的通常决定了要采用的分析技术以及可用信息的数量。下面列举了一些评估的原因：

（1）收购某公司；

（2）兼并某公司；

（3）出售某公司或子公司；

（4）尽职调查；

（5）公平意见；

（6）投资某公司股票；

（7）股票回购计划；

(8) 资本结构决策；

(9) 债务抵押担保；

(10) 首次公开股票发行（IPO）；

(11) 出于税务目的的公允市场价值估值。

M&A 的初始评估和许多股票购买决策都是基于公开信息的，包括年报、10–K 报告以及季报（详见第 4 章）。大量的投资也是基于这些信息。

在证券交易所（如纽约证券交易所）上市的石油公司，其股票价格受以下因素影响：

(1) 当年收益和历史收益；

(2) 股利收益率；

(3) 现金流；

(4) 油气储备的现值；

(5) 未开发区块面积；

(6) 公司跟踪记录；

(7) 公司可得的机遇；

(8) 环境及法律或有关事项；

(9) 其他资产；

(10) 负债；

(11) 管理质量。

分析师很清楚公司的价值还要受到更多其他因素的影响。对一家公司的分析可以从许多角度理解，但分析方法主要有两种：强调净资产价值的评估技术和持续经营假设下的评估技术，两者之间有着根本区别。

2.6 基于资产和基于收入的分析技术

估计清算价值或拆分价值的分析技术称为基于资产的分析技术（Asset – Based Technique）。持续经营假设下的商业实体估值技术是通过对收入和现金流的分析来完成的，因此采用了基于收入的分析技术（Income – Based Technique）这一术语。

基于资产和基于收入分析技术的理论基础都是现值理论。在资产如何处理上，两者有着较大的区别：基于收入的分析方法认为公司会一直存续下去；而清算方法则认为单独的资产和业务部门不再是商业实体的一部分。

不论进行评估的原因是什么，每一种可行的方法都应当采用。因此，将各种方法的结果进行对比，就会对公司的价值有深入的理解。

2.6.1 基于资产的估值概念

基于资产的分析关注公司资产和负债的单独价值。这种方法是从资产负债表分析开始的，每项资产和负债都被认为具有自己单独的市场价值。有时，主要的资产和大量负债并不能在资产负债表上准确地表现出来，甚至没有在资产表上得以体现，石油行业尤为如此。分析师会分别考虑每一项资产负债表项目或资产组的价值，其中就包括在资产负债表上没有体现的储量资产的价值。

这种价值的概念与个人估计自己的净资产方式相似。除考虑了房子及家具设备的价值之外，还包括轿车、船、股票和债券的投资以及现金，扣除住房抵押和诸如信用卡欠款或汽车贷款这样的负债，其结果就是净资产。基于资产的商业价值评估遵循与其同样的逻辑。

> 很重要的一点值得注意，那就是油气公司的储量价值并不能在资产负债表上直接反应出来。

个人或商业的净资产概念通常会略微抽象些。每个人都不想被清算，商业公司更是如此。然而，不论清算的可能性有多么小，计算方法都是一样的。

清算价值仅仅是一种角度。设想一下，假如一位公交售票员和一位年轻的医生有着同样价值的净资产，他们真的价值相同么？答案当然是，"长期考虑不会的"！基于资产的分析技术遗漏了一个重要的方面，那就是净资产的增值或贬值的潜在可能性。考虑以后的经济能力，如果要在公交售票员和医生间做出选择，就不应当仅仅考虑现在的净资产价值，毫无疑问选择医生。

2.6.2 控制权溢价

在第四次并购浪潮期间，经常发生收购公司股票所支付的对价超过市场交易价格的情况，即溢价，这主要是由于基于市场考虑的交易价值与清算或重组中潜在价值的理解差异所产生。溢价代表了买家愿意为取得公司控制权而多支付的价格。有了这种控制权，买家就能够剥离一部分资产，以实现潜在资产的价值，而这部分未在先前的收入或现金流中表现出来。

2.6.3 基于收入的估值概念

基于收入的估值概念关注某一实体的收入或产生现金流的能力。利润表和现金流量表是基于收入估值技术的关注重点。预测增长是收入估值技术的基础，其中考虑了商业实体的收益、股利和现金流量。这些分析技术都直接或间接地以现值分析理论作为估值的依据。

在之前的例子中，公交售票员不可能会获得同医生一样多的收入，因此，随着时间的增加，医生的净资产会越来越多。这种看待价值的方式实质上就是基于收入的分析技术。

收入分析方法假设商业企业符合持续经营假设；也就是说，企业会像过去一样正常经营并努力获得收益和增长，对于这种假设也有例外的情况。在纯粹的清算和持续经营的商业企业之间，存在着一个灰色模糊地带。

公司会选择逐步停止产品线或剥离子公司资产的方式进行部分清算（详见第8章）。对此，基于收入的估值技术仍然适用。按照持续经营假设分析一家公司价值或估计拆分价值，会用到折现现金流分析方法。尽管一些假设条件会有不同，但两种情况下同样适用。表2.1总结了不同的估值概念。

表2.1　估值概念和技术对比

公司估值概念	估值基础	
账面价值	资产	基于会计惯例——通常不适用于石油企业，取决于商业实体或特定资产
账面价值乘数	资产	基于可比交易，用来确定支付对价相对于账面价值的倍数变化趋势
调整的账面价值	资产	纯清算或拆分价值方法，经常采用基于收入的分析技术对单独资产进行估计
重置价值	资产	对联营企业或资产适用，经常用来确定价值上限
可比交易	资产和收益	找到真正可对比的公司和情境十分困难——对比分析有时基于资本化现金流、收益比率或其他估值概念
股利折现	收益	理论性——不具有实用性
资本化收益	收益	常用方法——间接估计现值
折现现金流	资产和收益	分析持续经营假设下的或具有收益的公司和资产的最佳方法
资本化现金流	收益	现金流乘数的倒数，详细现金流分析的典型代表——适用于对比和快速分析
现金流乘数	收益	估值的简单方法——依赖于经验和对现金流的简单定义
资本化经营收益	收益	与现金流乘数方法相似——现金流分析的典型代表

图2.7描述了不同估值技术得到的估值区间。分析师使用了大量方法对价值进行分类和描述。一些方法被用来确定公允市场价值，也用于估计股票的合理交

易价值或市场价值。根据目的不同，分析师选用了不同的折现系数。标准乘数和折现系数用于分析市场价值和公允市场价值，这些标准乘数和折现系数也经常会有所区别。

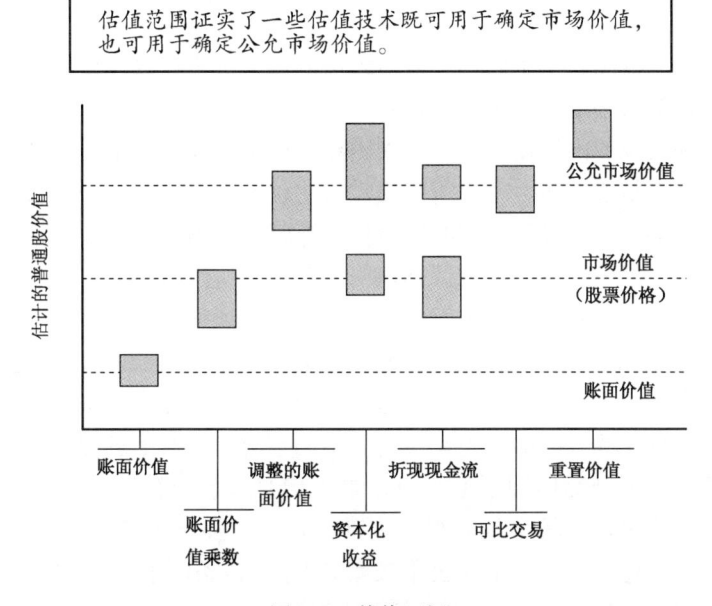

图 2.7 估值区间

有时市场价值会超过所认定的公允市场价值，这种情况不常见；一般都是公允市场价值大于市场价值。股票价格主要取决于收益和现金流，并会适当考虑相关资产价值。公允市场价值更加关注公司的资产价值。

2.7 有效市场假说

在探讨投资理论和估值技术之前，有必要对市场效率概念进行阐述。市场效率概念用于解决资产（股票）的信息可获得性以及市场对这些信息的反应的问题。

有效市场假说假设市场价格反映了所有投资者的认知及预期。有效市场假说的支持者认为不可能一直获得高于市场平均收益率，换句话讲，就是如果没有内部消息，所获得的收益不可能高于市场平均收益水平。

这个理论有三个不同的市场有效性：

（1）弱式有效市场。如果股票的市场价格仅仅反映了历史可获得的信息，那么市场就是弱式有效的。这样，在一个弱式有效市场中，根据过去的业绩表现预测股票价格趋势完全没有必要。

（2）半强式有效市场。半强式有效市场反映了所有历史和公开可获得的信息。当市场处于这种效率状态下，股票价格会对年报和季报中的信息迅速做出调整反应。大部分市场效率假设理论者认为美国的股票市场属于半强式有效市场。

（3）强式有效市场。在强式有效市场中，股票价格反映了所有的公开可得信息和内部信息。尽管美国的股票市场不处于这种效率下，但也有例外的时候。曾经出现过这种情况，由于内幕交易，公司的股票价格在收购要约公布前开始上升，这也许就是效率增加的不正常信号。

有效市场假说的内涵使一些人感到困惑，这个假设的结论是股票价格不可能被预测，那也就是说许多金融分析师提供的建议都是无用的。如果技术分析和基本面分析技术都不能准确地预测股票价格，那就应当随机选择股票。为了支持这个结论，许多人都坚决认为没有证据表明，在很长一段时期内，任何人能够获得超过市场平均水平的收益，这种解释正反两方面的证据都非常多。

有效市场假说没有被广泛接受，它依旧是重要的争论焦点，这是有原因的。有效市场假说的基本假设是信息的传递是瞬间完成的。在当今电子时代，信息传递非常快，总有一些人能够在整个市场做出调整前预先对信息做出反应。

最近的许多案例都体现了这一点，重大信息并没有公平地披露给全部投资者，只有特定的投资者较早地获得了内部的信息。美国证券交易委员会在1998年意识到这个问题，并公布了《公平披露条例》，该条例于2000年10月23日生效。在第11章中将进一步对这点进行深入讨论。

2.8 随机游走理论

有效市场假说有时也被称为随机游走理论（Random Walk Theory）。这也许并不完全恰当，然而人们经常这样使用，两个理论间相互交叉密切。随机游走理论在1900年由法国数学家Louis Bachelier提出，他认为影响股票价格的信息以随机的方式进入市场，而后股票价格以不同程度的效率上对其做出反应，就像人们今天所见到的那样。

根据这一理论，美国市场至少是中等（弱势）效率。股票价格以其随机和不可预测的方式对信息做出反应，因此，预测未来价格的变动时，过去的价格和价格趋势毫无用处。

这两个理论都有力地反驳了技术分析的基础假设。这是技术分析师的不足之处，他们同样也有很多成功的案例来反驳这些理论。

2.8.1 两难境地

基本面分析师是怎样坚决认为价格趋势对未来价格没有影响的呢，而技术分析又恰恰在这方面做得很好？因为技术分析师是根据价格趋势做出的投资决策，过去的价格一定会对市场行为产生影响的。对这点很难争论清楚，甚至很难说清楚过去的价格趋势到底有多大的影响程度。

2.8.2　尼尔斯·波尔（Niels Bohr）——早期有效市场假说的提倡者

丹麦物理学家尼尔斯·波尔对股票市场持有一个很有趣的观点。他曾做过一个实验，让一组投资者完全随机地进行投资。因此，他们获得高于或低于市场平均回报的可能性相等，这些投资者的综合业绩将会与市场平均水平相当。

他描述的另一组投资者具有内部信息，能够获得额外回报。但是谁会成为给内幕交易者带来利益的失败者呢？那些随机买卖的投资者既不赢也不输，他们不会成为给内幕交易者带来额外回报的失败者。尼尔斯·波尔认为这些额外回报来自于具有有限的历史和公开信息的投资者。那些基于有限信息进行投资决策的投资者，与随机买卖的投资者相比，其业绩更为糟糕。市场展现了一定程度的效率性。在股东获得季报或年报时，市场已经对这些信息做出了调整的反应，而且无论报告是利好还是利空的信息，持仓量较大的交易者和机构投资者都能够提前获得财务信息，而不必等到信息公开披露之时。

在股东明白发生了什么之前，重要的消息已经通过电子信息服务商传递出去了。进一步讲，就是通常通过普通股东不能参与的正式会议和非正式谈话的方式，公司管理层将信息透露给了机构投资者和证券公司分析师。

有效市场假说的支持者坚信，当股票交易商被问到"你是否听到这个好消息？"之时，根据这个信息进行投资为时已晚了。证券交易委员会颁布的《公平披露条例》就是试图改变公司信息传递的方式，并使交易市场公平有效。

根据普通个人投资的观点，市场已很具有效率，有价证券的价格就应当是它的市场价格。任何想要获得超过市场平均水平收益的努力都是白费的。唯一切实可行的投资策略就是购买并持有一组多元化的股票组合，并简单地期待获得市场平均回报。

但是如果股票的市场价值只是市场愿意支付的价格，那么为什么大部分接管案例最终都支付了超过市场价值的溢价？额外的价值来自于哪里？这就是买者愿意为获得公司控制权而支付的更多对价。一家公司股票51%的所有权价值能够远远超过49%的少数股东权益的价值。

然而，有效市场假说的核心并不是这么简单。举个例子，有效市场假说不能够解释1987年10月19日市场大跌的情形。对于市场，要做的一件事就是获得及时的信息，另一件就是确定恰当的价格。

你能够信任谁呢？证券机构公布的公司研究报告含有大量信息，并且组织精妙。分析师能够与经理层直接沟通并获得信息，而这些是普通股东做不到的。大部分分析师都跟踪一系列公司，每月做出10~15份报告，通常这些报告支持买入、持有，或者提出卖出建议，然而直到现在，分析师仍不能够完全自由地发表任何意见，他们都承受着很大的压力并尽量避免发表卖出建议。一项最近对买入、持有和卖出建议的研究表明卖出建议仅仅占到3%。

公司对研究报告的结论十分敏感，而公司对分析师也握有筹码。分析师所在的公司经常会为这些客户公司提供投资银行服务。在其他情况下，分析师会不经意地破坏与公司管理层的良好关系，而很多重要的信息正是从这些管理层那里得到的。如今，研究报告必须披露分析师或证券机构与被研究公司之间的特殊关系。

考虑到这个问题，研究报告经常会给出购买和持有策略建议。许多市场研究都建议投资购买多元化的股票组合境况会好一些，然后简单地持有它，不要企图通过频繁的买卖获得超过市场平均水平的回报。

2.9 股票报价

每日发行的报纸都会按照标准格式提供基本的股票交易信息。表2.2就是典型的例子，发布于2003年7月25日，公布了一系列能源行业的公司股票在前一天的交易结果。

表2.2 标准股票报价格式

报纸提供了能够帮助投资者每日追踪公司的基本信息。该表格摘自《纽约时报》，其中列示了一些选定的油气公司股票。

Friday, July, 25, 2003
New York Stock Exchange

52-Week 高	52-Week 低	股票	股利率	股利收益率（%）	P/E	交易量（百美元）	高	低	收盘价	变动值
80.00	61.31	Chevrn Tex	2.80	3.9	33	19454	72.88	71.22	72.02	-0.53
38.45	29.75	ExxonMbl	1.00f	2.8	15	84716	35.77	35.30	35.67	-0.05
69.19	42.92	Apache	0.40b	0.6	12	17269	64.00	62.59	62.71	-0.65

续表

高	低	股票	股利率	股利收益率（%）	P/E	变易量（百美元）	高	低	收盘价	变动值
25.40	8.97	Hallibtn	0.50	2.3	dd	26567	21.87	20.99	21.43	−0.16
41.89	25.79	SmithIntl	…	…	41	18990	37.40	35.18	36.16	−0.45
55.60	35.94	CoopCam	…	…	55	8870	49.94	47.50	48.36	−0.76
18.90	3.33	ElPasoCp	0.16	2.0	dd	51393	8.20	7.95	7.98	−0.21
38.14	27.41	KeySpan	1.78	5.2	13	5322	34.15	33.71	33.98	+0.13
57.00	30.05	KindMorg	1.60f	3.0	20	3229	54.08	53.30	53.40	−0.50

注：f—当年股利支付率，因最新宣布的股利而增加。
　　b—年股利支付。

52周内的最高与最低价格。52周内最高与最低的交易价格被列出来同当日的交易价格进行对比。雪佛龙·德士古收于72.02美元，恰好处于52周内最高与最低价格的中间。

股利率（Dividend Rate）。股利率（Div.）按每股每年可获得股利以美元列示。雪佛龙·德士古的股利率为每股2.8美元。

股利收益率（Yield）。股利收益率（Yld%）等于股利除以每股现行价格。雪佛龙·德士古的股利收益率是2.80÷71.22=3.9%。

市盈率（Price Earnings Ratio）。市盈率（P/E）代表股票的市价收益比率，将在第4章进行讨论。有时这一指标列示为P/E。P/E是股票价格与最近四个季度公司每股收益的比值。若公司收益为负，则该指标就没有意义了，因此不被列示。哈利伯顿（Halliburton）的该指标显示为"dd"，而不是数字，这表明过去12个月中这家公司处于亏损状态。附录8对各种股票报价的模式提供了解释。

以百单位计的交易量（Sales in Hundreds – Trading Volume）。以百单位计的交易量（Sales Hds.）表示一天当中买入或卖出的股票数量，这就是交易量。大约有840万股埃克森·美孚股票在7月24日参与了交易。通常来讲，这并不是很大的交易量，尤其考虑到埃克森·美孚在外发行了650000万股普通股（840万股仅占全部发行在外股票的0.12%），但仍高于平均每日交易量，并且代表了可自由交易股票中较高的百分比。

例2.1　交易量

如果一家公司80%的股票由内部人持有而不进行买卖，市场上20%的可交易股票每年周转两次，那就意味着40%的可交易股票在市场上参与了交易。

在美国证券交易所和纽约证券交易所内，周转率或者说年交易量大约是50%。那就是说，全年中一半的股票参与了交易。如果一年有50个交易周，那么平均每周股票交易量大概是1%。

持股集中度高的公司有很大比例的股票由少数内部股东持有。有时，这个定义也包括了机构投资者。持股集中度高的公司年交易量周转率大概是20%，或者仅仅为10%。专业投资者青睐持股较为分散的股票，因为交易量比较低，原因是通常这样的股票流通量（float）较小。流通量是指可自由交易的股票数量，表2.3展示了一个流通量计算的例子。

> 流通量是指可自由交易的股票数量。

表2.3　流通量的计算

理解流通量的概念很重要。这个例子中，相当大比重的股票都被内部人和机构投资者持有，2000万股中仅有700万股可进行交易，即所谓的"流通量"。	
发行在外股票	20000000
内部者持有股票	- 8000000
机构持有股票	- 5000000
自由流通可交易股票①	7000000

① 如果机构持有的股票不参与交易，自由流通股票数就是上述的计算结果。但是最近，机构正逐渐变为活跃的交易者，这极大地影响了股票的自由流通量。

表2.3中公司的股票流通量比例为35%。一般流通股包含了退休基金、助学基金、保险公司和工会持有的股票。机构曾被认为是稳定的股东，不会积极地参与股票的买卖，然而事实已不再如此，机构现在成为非常活跃的交易者。机构几乎持有了所有公众公司半数的股票，并且在主要公司的股票交易中，超过50%的每日交易量直接或间接地由机构完成。

最高价（High）、最低价（Low）、收盘价（Close）、变动额（Change，Chg.）。报价提供了在给定交易期间股票交易价格的最高值和最低值。2003年7月25日的交易中，哈利伯顿股票交易最高价为每股21.87美元，最低价为每股

20.99美元，收盘价为21.43美元，较前一交易日降0.16美元。

当市场价值较为波动时，市场价格帮助股东确定了可接受的最低股票价格。市场价值是根据交易价格的当前变化趋势确定的，可以用股票过去一个月或一个季度的平均收盘价格来衡量。

表2.4列出的是许多投资经理使用的典型分数系统评分标准。该方法是投资机构常用的方法。

表2.4　组合投资经理的权益投资策略

投资经理在评估一家公司时会参考许多信息。对他们来说，其中一些影响因素要比其他因素更为重要。在这个评分系统的例子中，市净率和收益水平比其他因素所占的权重要大。

评分标准	权　重
1. 当前的再投资收益率除以当前的市盈率[①]大于1	1分
2. 当前的再投资收益率大于市场再投资收益率	1分
3. 权益报酬率大于市场平均[②]	1分
4. 总资产回报率大于市场平均	1分
5. 总负债率低于40%	1分
6. 当前市盈率低于市场平均市盈率	1分
7. 市价/现金流比率低于市场市价/现金流比率	1分
8. 市净率低于1.2	2分
9. 当前股利收益率大于市场平均	1分
10. 最近5年收益增长率超过10%	2分

① 市盈率=市价/收益。
② 市场平均=道·琼斯工业平均指数，标准普尔指数，或者是投资经理选定的一系列股票组合。在对比财务比率方面，有比道·琼斯工业平均指数更好的标准。

这个是较为常见的组合投资经理和机构投资者使用的审查和投资评分标准，计算十分简单。例如，这个评级系统可以设计用于剔出得分不在6分以上的股票。收益水平是很重要的因子，70%的评分标准都会选用它。再投资收益率是评分系统的另一关注重点。再投资收益率是权益回报率乘以留存收益比率。

如表2.4所示的分析系统说明了为什么经理层如此关注公司的收益。收益能较大程度地影响市场价格，正因为如此，许多商业决策都受报告收益的影响。

2.10　会计价值与经济价值

公司管理层经常被批评过多地关注收益（会计收益）。管理者则反驳道市场主要还是对报告收益做出反应，他们对此不能忽略。

金融分析师一般认为能够真正衡量企业盈利能力的不是收益，而是现金流。对公司创造现金流能力的分析就是经济价值的基础。关于现金流这一概念的深入讨论将在第4章和第5章进一步展开。当市场经常关注收益时，投资者十分精明，他们知道盈利能力绝不仅仅是报告的收益。但是除此，市场还会关注哪些方面呢？市场是否还关注收益以外的因素来判断公司相关资产的价值呢？

公司被其他公司溢价收购这一现象表明公司股票的交易价格都低于它们的真实价值。图示2.8将最新的油气公司并购中支付的溢价与过去14年的平均溢价进行了对比。

> 1981—2001年间的兼并与收购溢价在20世纪80年代末开始下降，这一趋势贯穿了整个90年代并在90年代末再次上升。较高的溢价与并购浪潮相关。最近一起并购案例的溢价低于平均水平。

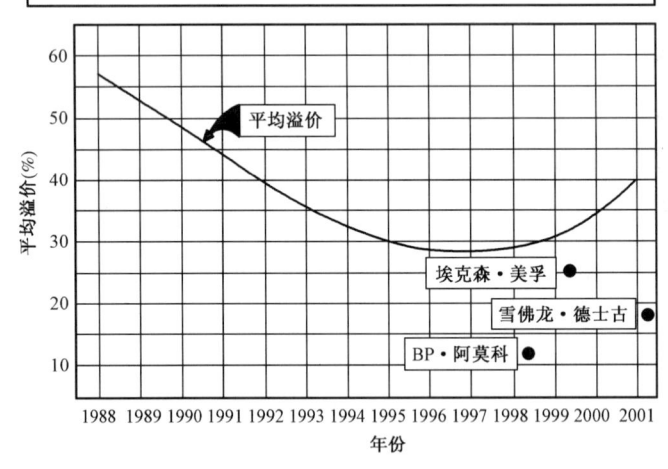

图2.8 平均溢价

评估价值的市场折价就是市场确定的交易价格低于公司资产评估价值间的差额。它主要体现了基于收益的价值与基于资产的价值概念间的差异。20世纪80年代的高溢价收购反映出，对公司而言，与外界所认为其所应具有的价值相比，当时的股价太低，不符合逻辑。在20世纪80年代，一些公司的折价很严重——往往达到50%，从而使他们成为收购目标。

20世纪80年代末期，这个差额已经缩减，但仍然存在折价现象。石油公司的股票常常在低于净资产价值的价位交易。现金流乘数也开始上升，直至20世纪80年代末。这是因为1984年到1989年间利率下降了3%，也归因于20世纪80年代的产业重组。被严重低估的公司在当时或被收购接管，或被重组。

2.11 终值与现值理论

基于收益的财务分析技术的核心就是货币的时间价值（Time Value of Money）。有句老谚语说得很对，"今天的一美元要比明天的一美元更值钱"。今天的一美元与明天的一美元价值间差异取决于利率。大部人对终值概念都很熟悉了。

例2.2　货币的时间价值

假设将100美元存入银行账户，利率7%，一年末将变为107美元。因此，终值就是107美元。由于潜在的利息收入，货币具有了时间价值。

如果按7%的利率进行投资，那么未来107美元的现值就是100美元。现值计算公式是终值计算公式的倒数。

2.11.1 终值

现在支付P元，终值的计算公式如下：

$$F = P(1+i)^n$$

式中　F——支付的终值；
　　　P——本金或现值；
　　　i——利率或折现率；
　　　n——计息期数。

例如，如图2.9所示，按利率10%投资5年，每天投资1000美元，终值计算如下：

$$F = 1000(1+0.1)^5$$
$$= 1611（美元）$$

图2.9　终值

2.11.2 现值

某单一支付的现值计算公式如下:

$$P = \frac{F}{(1+i)^n}$$

式中 $\frac{1}{(1+i)^n}$ 称为折现因子（Discount Factor），用它乘以终值便得出现值，也可以说 F 按折现因子折现。这就是折现率和利率可以交互使用的原因。

假设 5 年后要支付 1000 美元，如图示 2.10 所示。这笔支付按照 5 年期利率 10% 进行折现的现值是:

$$F = \frac{1000}{(1+0.1)^5}$$

$$= \frac{1000}{1.6105}$$

$$= 621(美元)$$

5年期每年支付1000美元
折现率为10%的现值

现值　　　　　　　　　　　　　　　　未来支付
621美元　　　　　　　　　　　　　　　1000美元

第1年　第2年　第3年　第4年　第5年

图 2.10　现值

对未来一系列支付或现金流分析的基础是将未来支出值 F 折现到现在的价值，即现值。

分析一家石油公司或者只是一口油井都是基于预期现金流量的现值。这些现金流有规律地流入企业，不仅是一年一次。因为以年数据为基础会更容易进行预测，所以年中折现通常用来模拟近似连续的流入现金流。

使用年中折现的现值计算公式如下:

$$P = \frac{F}{(1+i)^{n-0.5}}$$

假设一家公司预期计两年后开始，每年有 1000000 美元的现金流入，利率为 10%，那么现值计算如下:

$$F = \frac{1000000}{(1+0.1)^{3-0.5}}$$

$$= 788000(美元)$$

这里折现率为10%，那么折现因子是：

$$折现因子 = \frac{1}{(1+0.1)^{3-0.5}}$$

$$= \frac{1}{1.269}$$

$$= 0.788$$

2.11.3 年金

年金是指在给定时期内每个期间收到或支付固定数额的资金。抵押支付、薪金、计时或计件工资以及股利都是年金的例子。

年金的现值计算公式如下：

$$P = F\frac{1-\frac{1}{(1+i)^n}}{i}$$

若每年支付年金为7000美元，共支付10年，折现率为12%，则现值为：

$$P = 7000\frac{1-\frac{1}{(1+0.12)^{10}}}{0.12}$$

$$= 39552(美元)$$

这就意味着对于一项10年期每年7000美元的年金收入，若投资者接受12%的回报率，那么他现在愿意支付39552美元。这个计算公式将现金支付视为年末支付。

2.11.4 永续年金

永续年金是指永久持续的年金。1815年，英国政府通过发行一种约定永久支付利息的债券筹集战争债。这些债券被称为永续公债（Consoles）。从这点看，优先股和普通股股利也可以视为永续年金，因为理论上讲，公司会一直发放股利。永续年金的计算公式与年金的计算公式一致，只是 n 为无限大。当 n 无限大时，现值公式可以简化为：

29

$$P = \frac{F}{i}$$

例2.3　10000美元投资于雪佛龙·德士古的股票

假设你打算投资雪佛龙·德士古的股票，计划投资10000美元，持有10年后卖掉。请问这10000美元预期未来的价值是多少？

假设条件：

（1）假设证券公司为这笔交易收取75美元，交易时股价为75美元。那么你将能够购买132股股票，每股75美元，并支付75美元交易费用，这样总投资为9975.00美元。

（2）雪佛龙·德士古的股利过去10年间每年上升5.5%。过去10年公司的有形资产账面价值增长率在5%左右。与此同时，股价翻了一番。假设股利将继续按3%增长，股票将会按2倍于购买的价格出售（9900×2=19800（美元）），证券公司在你出售股票后收取150美元的费用（19800-150=19650（美元））。这是一次不错的投资机会，尽管增长率只有5%，但是我们对股利支付还是保守了些。

（3）假设你所在的税率档为20%，而你的资本利得将按15%征税。

注：这些假设仅仅是为了满足计算的目的。要知道若计算最后5年的股价而不是10年的，其结果将大不一样。

计算：

首先要计算10年末售出雪佛龙·德士古股票的现值。

收取15%的资本利得税之前：在不考虑股利的情况下，我们可以计算与投资等价的利率：

$$P = \frac{F}{(1+i)^n}$$

式中　F——支付的终值，为19650美元；

　　　P——本金或现值，为9975美元；

　　　i——利率或折现率；

　　　n——计息期数，10。

这个例子需要求解i。

$$i = \left(\frac{F}{P}\right)^{\frac{1}{n}} - 1$$

$$= \left(\frac{19650}{9975}\right)^{0.1} - 1$$

$$= 7.0\%$$

收取15%的资本利得税：假设对9675美元收取15%的资本利得税（19650 – 9975 = 9675（美元）），等于1451.25美元。这就意味着在第10年末，你将会收到总计19650 – 1451.25 = 18198.75美元。

$$i = \left(\frac{18198}{9975}\right)^{0.1} - 1$$

$$= 6.2\%$$

其次，你会期望从股利中获得何种收益呢？

雪佛龙·德士古最近支付的股利是2.8美元/股，假设接下来的10年股利增长为3%。若股票为75美元/股，2.8美元的股利相当于3.7%的利息收益率。但是税后利率大概是3%。在第10年末，实际利率为3.9%，整个期间的平均利率为3.4%。

加上资本利得和股利，对初始投资我们能够获得9.6%的税后收益率（3.4% + 6.2% = 9.6%）。

图2.11从现金流的角度研究了雪佛龙·德士古的投资潜力。

10000美元雪弗隆·德士古股票投资的现金流提供了初始投资额、10年期内股利收入现金流和10年末股票的卖出价格。我们计算出税后利息率为9.6%，表中使用的10%的折现率。这个表证实了投资的税后收益接近10%。

年	买入卖出(美元)	每股股利(美元)	股票数	股利(美元)	税后股利税率20%	折现率10%	净现值(美元)
2004	−9975	2.80	132	369.60	295.68	0.95	−9224.70
2005		2.88	132	380.69	304.55	0.87	264.05
2006		2.97	132	392.11	313.69	0.79	247.19
2007		3.06	132	403.87	323.10	0.72	231.34
2008		3.15	132	415.99	332.79	0.65	216.65
2009		3.25	132	428.47	342.77	0.59	202.92
2010		3.34	132	441.32	353.06	0.54	189.94
2011		3.44	132	454.56	363.65	0.49	177.82
2012		3.55	132	468.20	374.56	0.45	166.68
2013	18198	3.65	132	482.24	385.80	0.40	7507.85

若投资的净现值为0，则选择的折现率是正确的。这个结果已经非常接近了。 −19.95

假设条件：股票价格=75美元/股
年初买入，年末卖出。
交易费：买入75美元，10年后卖出150美元。
10年后股票价格翻倍。
2004年股利为2.8美元/股，10年内每年增长3%。
所有税率20%，资本利得税税率15%。

注意：假设条件表明股价增长速度快于每股股利的增长速度。这不会让未来的投资者高兴。如果这种情形真的发生，则股票价格会有下降的压力。第4章将讨论股利与股价的关系。

图2.11 雪佛龙·德士古股票投资的现金流计算

2.11.5 现值系数表

附录3和附录4提供了单利和年金的现值系数表。

例2.4 现值折现因子

假设5年期的现金流第1年流入10000美元，预期每年递减10%。可以利用附录3中的折现系数估计现值。若折现率为15%，则现值为多少？下表就展示了计算递减现金流的现值，折现率采用15%。

单位：美元

年 (n)	现金流 (F)	递减折现系数 ($i=15\%$)[①]	年中现值 (P)
1	10000	0.933	9330
2	9000	0.811	7299
3	8100	0.705	5710
4	7290	0.613	4469
5	6561	0.533	3497
			30305

① 参见附录3。

例2.4中这一系列现金流的现值是30305美元。

现金流在油气行业中尤为重要。一块油田的油气产量是逐年递减的，现金流也是递减的。

附录4列示了一系列等额现金流——年金的现值。例如，5年期的年金按15%进行折现，得到的现值将是每年支付额的3.595倍。因此，5年期每年流入10000美元的现金流的现值将是35950美元（按15%进行折现）。

2.12 内部收益率

大部分的企业财务分析都是基于特定的折现率确定现值。有时逆向分析，目的是计算折现率。对于一个5年期每年10000美元的年金，要想获得25000美元的现值，折现因子应该是多少呢？这个问题的答案被称为内部收益率（Internal Rate of Return，IRR）。

内部收益率就是使一项投资的现金流的现值等于投资成本的折现率。

例2.5 现金流入的现值

假设一位投资者欲投资一家公司，需要每年投入10000美元，共投资5年。收入是相对连续的，因此需要使用年中折现率。这个例子中投资者的折现率为20%。

单位：美元

年 (n)	现金流 (F)	中期折现系数 ($i=20\%$)①	现值 (P)
1	10000	0.913	9130
2	10000	0.761	7610
3	10000	0.634	6340
4	10000	0.528	5280
5	10000	0.440	4400

① 参见附录3。

32760

流入现金流的现值可利用附录4进行估计。一项5年期的现金流按20%进行折现，其乘数因子是3.276。

如果投资者对这家公司投资32760美元，那么这项投资的IRR则为20%。如果支付的对价越少，那么IRR就会越大。

若对这家公司投资35000美元又会怎样呢？即无论折现率i是多少，IRR都会得出35000美元的现值。这个计算需要试错法（trial-and-error procedure）。IRR将会少于20%，但会是多少呢？计算机通过迭代计算得到最接近的答案，这种方法被称为迭代法。结果大约为16.4%，也就是说，若购买价为35000美元，则这项投资的内部收益率为16.4%。另一个说法是，按16.4%折现的5年期每年支付10000美元的年金的现值为35000美元。

估计一项潜在收购项目的IRR需要使用两个重要概念：支付金额和现金流乘数。对于生产型企业的收购，收益率通常是递减的，支付金额使用更为频繁。用100除以支付的年数就是预测的IRR。如果一项收购预期需要支付5年，则IRR估计为20%。

估计生产型企业收购的IRR：

$$\text{估计的 IRR} = \frac{100}{\text{支付的年数}}$$

考虑到收益率大幅递减的特性，估计的结果不是很有用。

若在公司收购中用增长率替代递减率，就要使用现金流乘数。这个结果很粗略，但是很方便。

估计公司收购的IRR：

$$\text{估计的 IRR} = \frac{100}{\text{现金流乘数}}$$

2.13 资本成本

资本成本研究的是公司对其经营活动进行融资的成本,而公司管理层以这个成本为基准确定投资原则。资本成本取决于债务成本、权益成本和公司的资本结构。资本结构实际上就是公司的权益(普通股)和债务融资的数额。当金融分析师谈论债务杠杆时,其实他们说的就是公司使用的债务融资的数额。理论上讲,应当存在一个理想的资本结构,一家公司或特定行业的负债率也许是40%。

确定财务资本结构的工作内容之一就是处理债务融资和股权融资的成本。一个典型的石油公司也许要为其债务支付10%的利息,而对普通股仅仅支付5%的股利。乍一看来债务似乎成本较高。

2.13.1 债务成本

公司债务成本通常比长期政府债券利率高出1.5%~2.5%。利息支付可以税前抵扣,因此,如果一家公司的税率为34%,那么债务融资的税后成本就是利率10%的66%,即6.6%。这仍然高于普通股的股利支付,但没有10%那样高了。

2.13.2 优先股成本

从发行公司的角度讲,发放优先股股利并没有税收好处。优先股股利不像利息那样可以税前抵扣。优先股资本成本就是每股股利除以每股价格减去发行成本。发行或可流通优先股的成本范围是2%~4%。例如,大部分优先股的股利市价比率大约是9%。若发行或承销成本为4%,则成本计算结果为9.37%。

$$优先股成本 = \frac{股利}{股票价格 - 发行成本}$$

$$= \frac{9\%}{100\% - 4\%}$$

$$= 9.37\%$$

2.13.3 权益成本

权益资本成本通常要比债务资本的成本高。一些过度杠杆化的公司中,债务已经成为公司的负担,因为债务成本接近于权益成本。垃圾债券就是这样一个例子,这里暂不考虑。权益成本可以从不同角度理解。

一些分析师会采用股票的股利收益率,并将预期增长率加入股利现金流分析中。如果一家公司支付5%的股利,预期增长率为5%,则权益成本为10%。一些股票不支付股利，计算权益成本则通常会选择基于收益的方法。

优先股成本为每股收益除以每股价格，再加上股票的预期增长率：

$$优先股成本 = \frac{每股收益}{股价} + 增长率$$

一只股票预期每年股利增长为5%，按12倍于每股收益的价格进行交易，则权益成本为股利收益率8.3%加上增长率5%，在上述假设条件下，权益成本为13.3%，比债务融资成本——6.6%的两倍还要多。

2.13.4 资本资产定价模型

资本资产定价模型（CAPM）是估计权益成本的更为合理精确的方法，也可以用来确定股票估值所使用的折现率。这个模型的假设基础就是在股票市场中投资者对高风险必然追求高回报。CAPM计算的权益成本是基于无风险收益率的，例如美国的政府债券利率，再加上对特定股票进行调整的风险溢价。调整的风险溢价的基础是股票的市场收益率和贝塔（Beta）系数。

2.13.4.1 市场收益率

市场收益率，即再投资收益率，有两个基本构成要素。第一个就是几乎无风险的美国政府债券的市场利率，大约为8.5%，由实际利率和通货膨胀率构成。实际利率是由公开的名义利率扣减通货膨胀率得出的。第二个要素是投资对权益有价证券要求的风险溢价。历史上，市场溢价的范围是4%~7%。它们之间的关系如表2.5所示。

表2.5 市场利率的构成

两个基本要素构成了市场收益率；无风险利率是根据确定的无风险回报并考虑一定程度上可覆盖风险的溢价计算而得的。风险越高，风险溢价也就越高。

时间	1990年	2000年
项目名称	无风险利率（%）	名义利率（%）
实际利率	3.5	2.7
通货膨胀率	5.0	2.8
政府债券	8.5	5.5
风险溢价	5.5	5.0
市场利率	14.0	10.5

2.13.4.2 贝塔系数

股票的贝塔系数是用来衡量其交易价格相对于某一股票市场指数或一组产业相关的股票指数的波动性。如果一支股票与其产业群指数同步上下波动，则这支股票的贝塔系数为1。如果一支股票在牛市期间比其他股票涨得多，在熊市期间又比其他股票跌得快，则其贝塔系数大于1。高贝塔系数的股票在市场不稳定时，波动会更为剧烈。如果一家公司的股价上涨了12%，而市场仅上涨了10%，那么这家公司的贝塔系数相对于市场就是120%，或者说是1.2。贝塔系数、市场利率以及无风险利率用来计算一家公司的权益资本成本。投资者在投资股票时也会根据相同的参数和方法来计算其要求的收益率。

$$RRR = R_f + B_i(R_m - R_f)$$

$$= 8.5\% + 1.2(14.0\% - 8.5\%)$$

$$= 8.5\% + 6.6\%$$

$$= 15.1\%$$

式中　RRR——股东要求收益率或权益资本成本；

R_f——无风险收益率（美国政府债券）；

R_m——市场收益率；

B_i——投资股票的贝塔系数；

$B_i(R_m - R_f)$——贝塔系数为B_i的某一股票的风险溢价。

2.13.4.3 加权平均资本成本

许多分析倾向于利用加权平均资本成本（WACC）确定折现率、再投资报酬率和公司资本成本。每一项公司融资构成的成本按照其资本结构的百分比进行加权计算。

举一个例子，X公司的贝塔系数为1.2，公司的资本结构包括30%的债务、10%的优先股和60%的普通股，债务的税后资本成本为6.6%，占10%的优先股成本为9.4%，根据CAPM计算的权益资本成本为15.1%。接下来，使用WACC的方法加总计算全部的资本成本。每一种公司融资构成根据其市场价值在公司全部资本的市场价值中的比重加权计算。表2.6列举了这个例子。

表2.6 加权平均资本成本

资本成本是由融资构成在其公司资本结构中所占比重计算的。				

资本来源	成本（%）	权重（%）	加权平均数（%）
债务融资	6.6	30	1.98
优先股	9.4	10	0.94
权益融资	15.1	60	9.06
加权平均数	—	—	11.98

加权平均数11.98%就是X公司的资本成本。理论上讲，公司不会投资于任何一个税后IRR少于12%的风险项目。若考虑收益增长率的计算（Growth Rate of Return），公司将会可能采用12%的再投资报酬率。当然，这也有其他的考虑方法，但是这个指标应当是公司决定融资和投资决策边界条件的基本标准。

在这里列举的例子是阐述资本成本时经常使用的，确定资本成本既有决策的科学性，也具有艺术性。例如，估计市场利率是非常主观的，公司的贝塔系数从一个时期到下一个时期经常变动。对递延税的讨论还需要等到第4章和第7章进一步展开。

2.13.4.4 增长率

所有计算现值的等式中，关键因素都是利率或折现率和增长率。分析师有许多方法估计收益或现金流增长率，其中最常见的一种方法就是估计某一期间的收益和现金流增长率。如果收益保持每年10%的增长率持续增长，那么分析师也许会以此开始设计方案。在石油公司工作的人都知道，石油公司采用这种方法要比其他行业更不具有现实性。因为石油行业要忍受经常波动的价格。

计算公司增长率的一种方法是基于以下公式：

$$增长率 = \frac{净收益 - 股利}{股东权益}$$

理论上讲，如果公司将净收益的大部分用于支付股利，则其获得相对低的增长率。从这个公式能够看出为什么增长型公司的典型特点是不支付股利。股利支付率越低，增长率就越高。当人们讨论投资于增长型公司时，就意味着他们并不期待获得大量的股利——而是资本利得。

从财务角度讲，这会被认为是会计角度的增长率，而不是经济角度的增长率。这个公式必须要依赖于公司价值（股东权益）和公司财富增长（分配股利后的净收

> 石油行业的经济价值与会计价值间的差异要比其他行业大得多。

益）的一些会计估计方法。相对于其他行业，这个方法在石油行业更为不合适。

2.14 总结

金融分析师和投资者经常使用现值公式，现值理论提供了财务分析的基础。通常，会计师对财务理论非常熟悉，但是他们很少在报告财务结果时使用现值技术，正因此，基于财务报表的价值不会反映出公司真实的经济价值，石油公司尤为如此。

财务分析师经常直接利用现值理论分析财务报告确定经济价值，然而，财务报告使用的是与会计准则一致的会计价值。会计准则遵循的指导方法通常与经济价值相背，但会计准则与财务理论也有着内在联系。通过了解会计专业局限的地方，分析师可以通过理解财务报告和会计记录，以达到评估真实的经济价值的目的。

分析财务报告需要理解现值理论和会计理论。

油气公司的会计系统

理解基本的会计概念和会计准则足以深入进行公司财务分析。指导财务报告记录的一些基本问题简单易懂,而且通常是建立在常识的基础上。了解会计惯例背后的理论能够使财务报表分析更加生动深入。

会计实践活动可以追溯到几百年以前。1494 年,Luca Pacioli 在威尼斯首先发明了会计复式计账系统。很幸运,在这里不需要对涉及借贷记账法的基本原理进行解释。

3.1 公认会计准则

1973 年前美国指导会计行业及监督财务报告活动的组织是美国会计师协会(AICPA),1973 年后则包括财务会计准则委员会(FASB)、美国证券交易委员会(SEC)和上市公司会计监督委员会(PCAOB)。

FASB 是一个独立的行业自律性组织,它所创立的行业标准也即大家所熟知的公认会计准则(Generally Accepted Accounting Principles)。FASB 对会计处理程序和规则做了框架性概述,这些规定界定了财务报告的公认会计方法。FASB 也颁布了很多准则指南及财务会计的具体处理程序,这些准则对与公司财务报告一同发布的审计师意见或审计意见书提供指导原则。

若考虑价值概念,根据公认会计准则编制的财务报表不能提供公司的真实情况,但提供了分析的起点。

会计理论属于经济学和财务理论范畴,然而在不同环境下,有关公认会计准则的构成内容总是存在不同的看法。一些严格的准则在一定程度上保持了一致性,但是在很多问题上会计师仍然需要自己做出职业判断。

3.1.1 会计概念

会计理论的基础由 11 个基本会计概念构成，这些会计概念也是理解财务报表的基础。它们也许并不完善，但在特定会计准则或会计处理的应用中，我们几乎都能找到缺点，很容易指出这些概念存在的问题，但是要找到更好的解决办法就不那么容易了。这 11 个基本会计概念如下：

（1）货币计量概念。财务信息是通过货币形式表达出来的。在资产负债表上记录原油桶数或者公司拥有的区块面积都不是可行的，幸运的是，桶数和面积信息都能够在其他地方找到。

（2）会计主体概念。会计账目用来记录企业主体活动。回答任何会计问题前都必须要解决一个问题："企业实体活动是如何影响企业的？"根据会计主体概念，会计师并不关心谁拥有或者谁在运作这个企业，而是关注企业本身。

（3）持续经营概念。会计假设一家企业能够永久持续经营。如果有证据证明这个企业实体即将进行清算，那么会计工作就是要评估这家企业对潜在购买者来说价值多少。在持续经营的假设下，资产负债表各项目的待售价值或者说经济价值都是不相关的。

（4）复式记账概念。一家公司或实体拥有的资源称为资产。对这些资产的要求权被称为权益。权益分为两种：代表债权人要求权的负债和所有者权益。对全部资产的要求权与资产价值相等。

$$资产 = 权益$$

$$资产 = 负债 + 所有者权益$$

这就能够解释为什么资产负债表两边数额相等，其本质就是对公司每一项可用资源都对应存在一项要求权。

（5）会计分期概念。会计记录要满足定期报告公司经营状况的要求。最基本的期间是会计年度（12 个月），许多公司也使用中期报告（通常为季度或月度）。

（6）重要性概念。不重要的项目不需要特别关注。对于一家小型公司而言，500 万美元的资产也许是非常重要的项目；但是对于雪佛龙·德士古而言，还非重要到要为其设立一个单独的资产负债表项目或是附注。雪佛龙·德士古 2002 年资产负债表"递延费用及其他资产"项下列示了 2.992 亿美元的零碎事项。

（7）谨慎性概念。这个原则规定如果可以选择，一项资产将按最低或最谨慎的价格记录。对于利润表，这个理论规定潜在的损失要确认，而潜在的利得或收益只有在实现时才可以确认。理论上讲，依据该原则编制的财务报表反映了企业的谨慎性观点。

（8）一致性概念。一致性概念规定一旦企业选定了一种会计方法，那么在处理会计问题时应当保持一致，除非有很好的理由解释会计方法的改变。有时，公司会考虑改变会计政策，这些变化应当在公司财务报表的附注中进行解释。

（9）实现制原理❶。实现制原理表示收入应当在同第三方的交易完成或价值能够合理确定的时点确认。业内广泛争论的话题之一就是实现制原理在油气行业的可用性问题。一些人认为这个原理不适用于油气行业，因为油气公司的主要资产是它的储量，而公司储量资产的价值没有在资产负债表上直接体现。

无论是资产负债表还是利润表，在取得油气发现的会计期间，都不要求对重要的油气发现进行适当的确认计量。当一家公司获得重大油气发现时，从会计角度看，

> 油气公司的储量价值没有直接在资产负债表上反映。

没有要求相应地报告这一发现结果的机制，然而取得发现会对利润表产生影响，但是此时的经济价值应当是多少呢？这个是会计师很自然首先提出的问题，也是一个很好的问题，因为在发现的时点，储量及其价值的不确定性是最大的，幸好，对一家公司的分析并不局限于财务报表。

与实现制概念相对的另一概念就是会计用于计量收入和费用的权责发生制。在这个方法下，收入在取得时就已记录或者计入应计，换句话说收入已经增加而不必要求实际收到现金。这个概念对于理解现金流表及现金流的概念非常重要。

例3.1 应计与现金

假设一家公司以20美元/桶的价格售出1000桶原油，但是在会计期末仅仅收到17000美元。从权责发生制的观点看，收入应当记录为20000美元。

收入	20000
期初应收账款	+1000
潜在现金流	21000
期末应收账款	−4000
实现现金流	17000 = 销售收入 − 应收账款的增加

利润表可以反映20000美元的收入，因为根据权责发生制在销售时点就确认了收入，而不是在收到实际现金的时点确认。资产负债表反映为现金增加17000美元，同时应收账款增加3000美元。

---

❶ 这一概念对于理解石油行业的财务报告非常重要。

然而实际收到的现金是17000美元。这就是为什么现金流量表将营运资本项目的增加量作为现金流的减项处理。随着公司规模的扩大，营运资本的需求也在增加，因此，大部分详细的现金流分析都会根据增加的营运资本对现金流进行减项调整（这点将在第4章深入讨论）。

(10) 配比原则[1]。配比原则规定收入必须要与产生这些收入的成本费用相匹配。油气行业的一系列会计问题都是与配比原则相关的，因为将发现油气的成本与生产获得的收入进行配比十分困难。在公认会计准则下，资产负债表上报告的资产由资本化的历史成本构成，收入在储量开采时就进行确认，而不是在发现或调整的时候。

在油气行业内，存在两个独立的会计方法，分别为完全成本法（Full Cost）和成果法（Successful Effect），其核心基础就是配比问题，因为它涉及如何处理勘探成本。两种系统下收入都是在油气出售时进行确认，完全成本法和成果法的根本区别就在于如何将储量发现成本与收入进行匹配，这点将在本章稍后的部分进行详细讨论。

(11) 成本原则[1]。在会计学中，资产是按照历史成本价格记录的。这个成本价格是后续有关资产的会计处理的基础。历史成本理论下的主要逻辑是资产的价值会随时间变动，且确定价值需要进行主观判断，而一项资产的实际成本价格则不存在主观性。

正因为历史成本原则的应用，油气公司的资产负债表上关于油气资产的会计记录通常与资产真实价值的联系不大。例如，如果一家公司即将获得一项矿区租赁权，这将会带来数百万桶储量的发现，会计记录不会因为油田的发现而改变。除了已扣除折旧后的相关成本外，会计记录也不会反映任何其他变动，仅有净有形资产代表了这些石油储量。

在这个例子中，公认会计准则忽略了重要的价值增值，然而会计师并不会完全忽视经济价值。在资产负债表上，成本原则规定资产应当按照历史成本反映，除非资产的效用或经济价值衰减。会计师并不关心资产的账面价值低于其真实的市场价值的情况，但是对于超过经济价值的部分会计师会很认真地进行会计处理。

3.1.2 治理、透明度及披露

如今，在会计和信息的管理及披露方式上，

> 遵守成为新的公司口号。

---

[1] 这两个概念对于理解石油行业的财务报告非常重要。

公司管理层和会计组织都在经历一次彻底的改变。今天，管理者和会计师头脑中认为的最重要的关注点很可能就是如何遵守新的治理和透明性原则、以及《萨班斯·奥克斯利法案》和《公平披露条例》中的监管规则。如今遵守这些法律对公司来说相当重要，这些法律将在第10章进行总结概述。

3.2 储量确认会计

人们已经尝试了多种手段试图找到一种能够准确反映油气储量资产真实价值的方法。1978年，作为对美国证券交易委员会（SEC）一项要求的回应，美国会计准则委员会（FASB）颁布了一项财务报告公告——FASB19号公告，被称为"储量确认会计"（Reserve Recognition Accounting，RRA）。该公告中，公司的储量价值可以确认为资产，储量的增加可在收益中体现。

起初，SEC打算利用RRA代替完全成本法和成果法，不久这个公告就被替换掉了。在1979年1月至1982年11月的试用期间RRA仅被要求作为补充信息披露。1979年2月FASB发布了第25号公告，暂停试行19号公告但是保留了其在披露方面的要求。由于RRA对储量也不能精确报告，这就决定了RRA不能取代完全成本法和成果法。作为对SEC要求的回应，FASB再次制定了披露要求，即1982年11月发布的第69号公告，被称为"石油和天然气生产活动的披露"（Disclosure About O&G Producing Activities）。这些披露要求提供了大量的信息，基本信息总结如下：

（1）对美国境内已证实的油气探明储量（Proved Reserves）及英国和其他国家的已证实探明储量和概算储量（Probable Reserves）的定量评价。储量可以进一步区分为已开采和未开采储量。

（2）年度产量信息和勘探开发钻井的成果、产量获得及对以前年度储量估计数的调整。

（3）与生产资产相关的资本化成本及与矿区租赁权取得、勘探和开发成本相关的成本。

（4）以已证实可采储量的标准化折现现金流分析为依据的标准计量方法（SEC储量估值方法）。

SEC要求提供的标准计量的基本假设如下：

① 会计年度末出售产品的价格（石油、天然气、煤、硫黄）；

② 价格保持一致，没有增加❶

③ 成本没有增加；

---

❶ "增加"的假设情景是成本或价格在一段时期内上升。

④ 折现率为10%；

⑤ 仅包括探明储量（美国境内）。

（5）油气标准计量方法（SMOG）和SEC估值方法的变化以及变化的原因需要在报告中说明。

（6）采用的会计方法及对资本化成本的处置方法必须披露。

与油气勘探生产相关的成本分为如下四个基本类别：

（1）矿区租赁权取得成本。与获得矿区租赁权或勘探及生产许可和权力的相关成本。

（2）勘探成本。勘探石油天然气发生的成本，如地质及地球物理勘探成本、勘探钻井等。

（3）开发成本。与油气储量开发相关的成本，如钻井成本、储存及油处理设施，等等。

（4）操作费。将油气采集到地面的成本、处理成本、运输成本等。

处理这些成本非常简单。只有勘探成本的处理方式是一个例外，这就是两种不同的会计方法（完全成本法和成果法）的根本区别所在，自从这些标准被接受并实行之后，在过去20几年的时间内几乎没有发生变化，详见第8章。

在20世纪80年代石油公司的并购浪潮即第四次浪潮中，SMOG价值非常重要。分析师利用SMOG价值替代上游油气资产账面价值对资产负债表进行调整，之后重新计算股东权益，并除以发行股票数计算每股价值。这个结果是"评估后的权益价值"，通常是股票交易价格的两倍。

3.3 完全成本法与成果法

完全成本法（FC）与成果法（SE）这两种会计方法会导致利润、权益回报及账面价值的结果大不相同。两种方法都最大程度地遵循了配比原则、收付实现制原则和成本原则，但是对于哪种方法最精确仍存在争论。主要来讲，两种方法的区别在于勘探钻井的相关成本如何处理。主要差异就是在完全成本法下不成功的勘探井钻井成本要予以资本化，而成果法下则费用化。

3.3.1 完全成本法会计

完全成本法会计于20世纪50年代提出。1957年Belco Petroleum成为第一家采用完全成本法的公司，那时公司刚刚公开上市。完全成本法使得规模较小的公司，特别是处于创立初期的公司，更容易满足资本市场的要求。这些公司认为这套会计系统更加公允，且报告利润波动更小。

完全成本法认为，取得、勘探和开发成本是油气生产必不可少的，干井是勘探过程中不可避免的一部分。完全成本法下，可以将整个公司作为一个成本中心,油气勘探发生的全部成本予以资本化。跨国公司一般把每一个国家或地区作为独立的成本中心。

1977年,由于当时八大会计师事务所中的七家也表示反对使用完全成本法,FASB第19号公告宣布停止使用完全成本法。FASB认为在公认会计准则下完全成本法会计不被接受,而1978年SEC则声称完全成本法是可以接受的。SEC规定完全成本法和成果法可以同时存在,且公司可以根据自己的意愿选择任一方法。FASB拒绝为完全成本法编制准则,所以SEC出台了完全成本法的指导框架。1979年,FASB撤销了所有公司都要使用成果法会计的要求。截至1986年,69%的上市石油公司采用了完全成本法。

完全成本法的提倡者认为将全部干井的成本费用化,而仅仅将一部分能带来油气储量发现的成本资本化并不符合逻辑。他们指出,将干井的成本费用化会低估当期的利润,与未来收入相匹配的资本化数额也被低估。完全成本法会计试图将干井成本作为发现过程中不可缺少的一部分进行匹配。这一点符合了配比原则,但违背了谨慎性原则。

3.3.2 成果法会计

在20世纪50年代以前,所有的石油公司实际上采用的会计方法在某种程度上与成果法相似。成果法的逻辑是预期未来不会产生经济效益的支出应当在发生当期予以费用化。成果法将干井的勘探成本在发生的会计期间进行费用化或冲减,这与其他行业相似,将失败业务冲减掉。成果法的提倡者认为只有与碳氢化合物的发现直接相关的支出可以资本化。成果法公司对勘探支出的处理类似于其他公司对研发费用的处理。如果一项研究项目能够带来经济可行的产品,则费用支出资本化;否则,这些成本费用化。

1969年,美国注册会计师协会(AICPA)公布第11号研究报告——《采掘业财务报告》。这项报告的中心主旨就是倡导采用成果法。

两种会计方法的主要差异之一就是成本规模的选择和成本中心的使用,该差异对财务结果造成了最重要的影响。成果法下,成本中心发生的成本能够延迟到最终确定了油气商业量时进行处理。以一口油井或租赁权作为成本中心时,若为干井则费用化,若为商业发现则资本化,这是一种非常主观的判定。有时,由于考虑到万一钻井失败对特定会计时期内财务报告的影响,钻井的决策也许会就此搁置。

3.4 油气资产价值的上限测试

完全成本法要求如果油气储量的账面价值超过SEC价值或油气标准计量方法的价值,则需要将超出的部分注销冲减。正因此,完全成本法公司使用较大范围的成本中心。这就是SEC对资产负债表上油气资产所要求的上限测试。报表

45

上记录的用于石油天然气生产的资本化成本被限制在按 10% 折现的储量净现值以内，即 SEC 或标准计量方法的储量价值。如果 SEC 评估法下的储量价值低于资产负债表上的资本化成本，就会对两者中的最高者，即资产账面价值进行冲减处理。

例 3.2 上限测试

如果公司拥有的已探明可采石油天然气资产的账面价值为 1 亿美元，这些储量的 SEC 价值为 1.3 亿美元，则不需要进行减值处理。公司有 3 千万美元的减值缓冲空间。1983 年，在石油价格暴跌时，缓冲空间消失了，且许多完全成本法公司都进行了大量的减值处理。由此引发的最重要的问题是许多公司突然发现自己正处于违反贷款合同条款的境地。

资产价值减值的情况在成果法下同样存在，但是通常不被视为重要的问题，因为勘探成本中一大部分已经费用化，而不是资本化。但是，与谨慎性原则保持一致，若一项资产的经济价值低于记录的账面价值，则成果法下的石油天然气资产的账面价值需要进行减值处理。为确定矿区租赁权的价值没有因钻井或租赁权到期临近的不利因素而产生价值减损需要定期进行评估。

两种会计方法下，签字定金的支付、相关法律成本和开发钻井成本都需要资本化。一个成本中心内的资本化成本通常按照产量法进行摊销（在本章稍后进行讨论）。表 3.1 所示为两种会计系统的基本要素对比。

表 3.1　会计系统对比

规模较小的公司采用完全成本法，将勘探成本资本化。如果这些较小规模的公司将这些成本费用化（成本冲减），它们的财务报表会受到相当大的影响。规模较大的公司则不存在这些问题。

项目名称	成果法	完全成本法
地质及地球物理勘探	费用化[①]	资本化[②]
干井勘探成本	费用化	资本化
租约获得成本	资本化	资本化
成功勘探井成本	资本化	资本化
开发干井成本	资本化	资本化
成功的开发成本	资本化	资本化
操作费用	费用化	费用化

续表

项目名称	成果法	完全成本法
典型应用该方法的公司	大型石油公司	小型独立公司
采用的成本中心规模	小	大
评论	单一井、租赁权或油田 FASB 倾向采用 SEC 认可	公司、国家或半球 SEC 认可

① 费用化，在一个会计期间内进行折旧或摊销冲减。
② 资本化，在几个会计期间内冲减。

3.4.1 储量的账面价值、SEC 价值和公允市场价值

资产负债表上油气储量的账面价值与完全成本法或成果法下的储量价值没有直接的联系。因为成果法公司会将地质和地球物理勘探成本及干井勘探成本费用化，储量的账面价值将会低于完全成本法下的储量价值。

储量的 SEC 价值通常低于其市场价值。因此，分析师的分析不能仅限于资产负债表上的报告数据和储量的 SEC 价值。

初创期公司的会计影响的比较。表 3.2 列示了一家拥有 1000 万美元创立资本的公司。第一年，该公司打了 15 口井，有 2 口井获得发现。这个表格描述了两种会计系统下经过第一年运作后的财务成果的总体特征。

成果法下，全部的干井勘探成本都要费用化。对于初创的公司而言，第一年就报告 550 万美元的损失对公司来说是非常不利的。这就是为什么众多的小规模初创的公司倾向于使用完全成本法的原因。如果一家公司设法找到了 160 万桶储量的石油，那么它会认为按成果法核算的 250 万美元账面价值作为储量的价值非常不公允。

在两种会计系统下，影响净利润事项的反映方式也不同，对于初创的公司尤其如此。由于使用平稳的现金流进行再投资，因此，在任一会计系统下，成熟公司的利润几乎一样。

图 3.1 描述了在两种会计系统下利润表是如何反映钻井活动的变化的。假设钻井活动在过去获得了同样的成果。随着勘探活动的增加，成果法下的净利润相对于完全成本法要低一些。因为完全成本法会将勘探的干井成本费用化。在两种方法下，减少勘探钻井活动在最初都会增加净利润，但是成果法下的变化会更大些。

表3.2 完全成本法和成果法下公司初创期财务成果

> 下表包括单一会计期间的勘探工作成果及完全成本法和成果法下的简化资产负债表和利润表。这表明为什么理解两种会计系统的差异如此重要。这个会计期间的期初现金为5000万美元。

勘探已钻井数	钻井成本（千美元）	成果
3	15000	堵塞放弃
1	5000	发现700万桶的储量
2	10000	堵塞放弃
1	5000	发现500万桶的储量
7	35000	发现1200万桶的储量

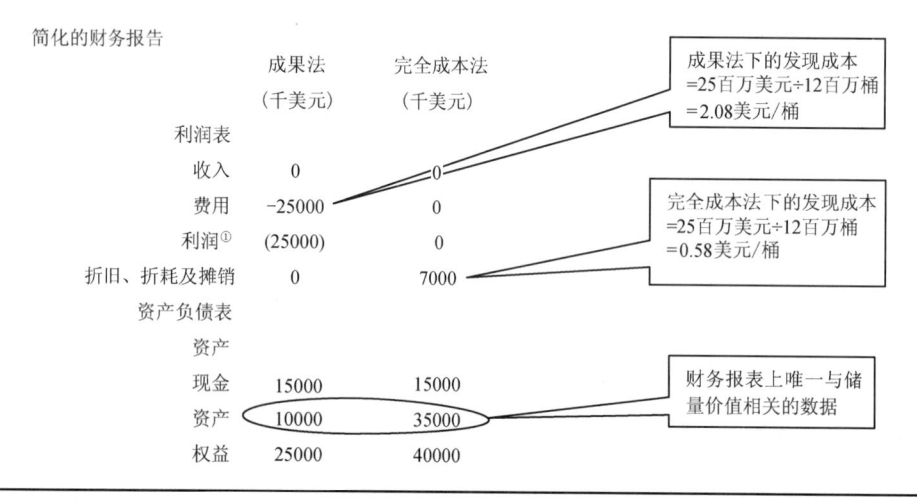

简化的财务报告	成果法（千美元）	完全成本法（千美元）	
利润表			
收入	0	0	
费用	−25000	0	成果法下的发现成本 =25百万美元÷12百万桶 =2.08美元/桶
利润①	(25000)	0	
折旧、折耗及摊销	0	7000	完全成本法下的发现成本 =25百万美元÷12百万桶 =0.58美元/桶
资产负债表			
资产			
现金	15000	15000	
资产	10000	35000	财务报表上唯一与储量价值相关的数据
权益	25000	40000	

① 不考虑所得税及行政管理费。

图3.2比较了提高的成功发现率即成功井所占比重大于干井的情况下对收益的影响。在完全成本法下，当额外的已发现井开始逐步投入生产后，对净收益的影响开始显现。同一情景下的差异在于成果法下公司已将少量的干井成本冲减了。完全成本法公司会将勘探井进行资本化，无论是成功井还是干井。

对成果法公司而言，如果是每口井都有储量发现而非成功井所占比例提高，那么这个结论将与完全成本法公司更为相似。

成果法和完全成本法的共同难点是新增的勘探取得成果要在若干年后才能在财务报表上获得体现。将公司的净储量在报表上列示是很有帮助的，这样分析师

> 在增加勘探钻井活动期间，成果法公司将成本及时地在当期财务结果予以体现，同时也对当期净利润产生影响。完全成本法公司将这些支出资本化，实际上是将其分散在以后的会计期间。当钻井活动减少时，成果法公司的利润不会负担以前勘探活动的成本，完成成本法公司就开始承受这些负担。

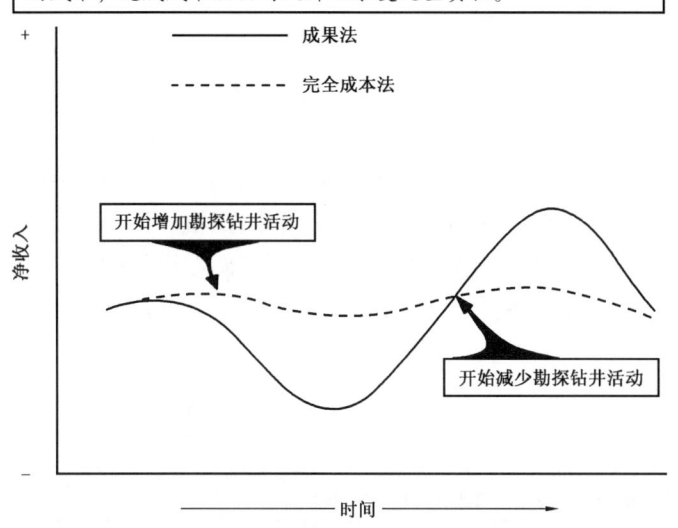

图 3.1　会计技术比较分析——钻井活动导致的结果

> 在勘探发现率上升期间，成果法公司似乎比完全成本法公司表现得更为盈利，因为在以前的期间内成果公司已经冲减了大部分的勘探成本。完全成本法公司将前期的勘探成本资本化，因此必要要从净收入中划出一部用以涵盖折旧费用。

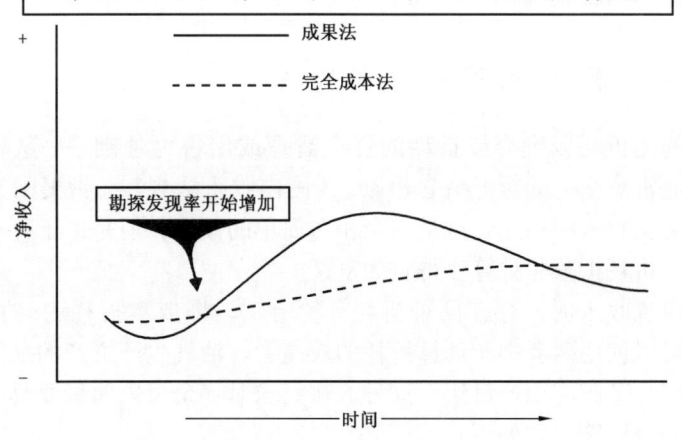

图 3.2　会计技术比较分析——勘探发现率增加后的结果

就能够至少判断出储量是在增加还是在消耗。储量的 SEC 价值不仅可以在接替储量方面还可以在价值上量化公司取得的成果。对公司而言，生产并销售高品质的储量后，用低品质、低价值的储量来替代并不是一个令人满意的境况。

3.4.2 折旧、折耗及摊销

折旧（Depreciation）是将资产成本在预计的资产使用寿命期间内进行分摊，用以收回固定资产成本的一种会计方法。若将这个概念应用于矿产资源，如油气储量，则被称为折耗（Depletion）。若应用于无形资产，则称为摊销（Amortization）。折旧、折耗和摊销（DD&A）这三个术语有时也可以相互替代，或经常一并用 DD&A 表示。DD&A 的重要性在于这些费用要从应纳联邦和国家所得税所得额中扣除。资产的折旧年限通常是根据法律规定的估计资产使用寿命来决定。表3.3 列举了一些基本的石油行业资产种类。

表3.3 折旧和摊销的典型资产寿命

石油行业资产	折旧摊销时间（年）
无形的钻井成本（IDC[①]），必须摊销部分（IDC 的 30%）	5
车辆及钻井设备	5
生产设备，大部分油田设备及办公设备，石油加工设备	7
炼油设备	10
运输管线	15
办公楼	30

① IDC = Intangible Drilling Costs。

3.5 成本折耗法及百分比折耗法

减税目的的折耗以废弃或折耗的资产清理或出售为基础——这里指油气资产。折耗与通常意义上的折旧概念相似，《国内收入法规》（指美国）规定将油气资产的折耗从收入中扣除，这是一个相对简单的概念，但是由于存在许多限制和免除条件，折耗抵减额计算变得较为复杂。

在估计应税收入时，存在两种折耗计算方法，即成本折耗法与百分比折耗法。纳税人可以使用两者中所计算折耗的较高者。油气生产资产的成本折耗法准许以单一资产为基础应用产量法，这种方法要求对剩余可采储量要具有合理准确的估计。产量法计算公式如下：

$$年折旧额 = (C - AD - S)\frac{P}{R}$$

式中　　*C*——设备的资本化成本；

　　　　AD——累计折旧；

　　　　S——残值；

　　　　P——年产油桶数❶；

　　　　R——纳税年度期初剩余可采储量。

1975年，所有一体化公司采用百分比折耗法享有的有利税率被取消。独立生产商和一体化公司均可采用成本折耗法。

百分比折耗法的抵减额通常要高于成本折耗法的抵减额。百分比折耗法准许生产商将总收入的一定比例作为费用扣除。最初，在1926年，美国国税局规定，对于油气井，可将来自生产的总收入的27.5%作为应纳税所得额的抵减数。这种折耗方法非常具有争议，大型石油公司现在不能采用此法，但是独立公司仍允许一定百分比的折耗抵减额。自1984年开始，这个百分比折耗抵减额设定在总收入的15%，且不能超过净应纳税所得额的65%（按未扣除折耗抵减计算），而在1975年之前，该限定比为50%。

许多公司的DD&A数额都相当庞大。以桶为单位计算可从应纳税所得额中扣除的金额范围从3美元/桶到10美元/桶以上。在美国，大部分油气资产的估值都按税前基础计算，第7章提供了税前、税后分析的案例。

3.6　总结

分析师很清楚会计方法的选用对报告的利润能够产生重大影响。与成果法公司相比较，完全成本法公司的利润被看做是逐步上升的。完全成本法公司为了获得相对较高的利润也付出了代价，因为它们必须为此支付较多的税，或者说付税的时间提前了。然而，若忽略这点，不考虑采用何种会计方法，一家石油公司的内在价值应当是一样的。

分析一家公司拆分价值的分析师就会忽略因选用不同会计系统造成的不同账面价值。资产价值分析会忽略完全成本法和成果法的差异。现金流量分析也是如此，若分析师不考虑报告利润而分析现金流量，则完全成本法和成果法的差异就会消除。

---

❶ 如果是同时生产石油和天然气的资产进行折旧，则可以将天然气按照热量单位转换为桶油当量（6千立方英尺天然气=1桶石油）。

4

财务报表分析

几乎每个人都熟悉公司的年报。但是谈起报表，很多人感觉并不轻松。年报中包含了太多信息，就连阅读一张报表的想法都让人感到畏惧。其实大可不必这样。本章讨论的内容就是财务分析——分析一家公司的核心。进行分析工作之前，需要从年报中读懂三样东西，并要分析能源部门上游企业在 10-K 报告中披露的储量信息。

4.1 年报

分析财务报表，需要从年报中读懂三样东西。

4.1.1 利润表

毫无疑问，净利润对任何一家公司而言都是重要的财务指标，此外，利润表还包含了更多其他的信息。但最关键的指标应当是现金流，这将在第 5 章讨论。利润表分析的主要目的是通过调整利润表获得该会计期间的现金流量信息。

利润表动态地反映了公司经营活动，其描述了在一个时间单位内（月度、季度或年度），公司是否盈利、是否有能力偿还负债及履行其他义务。

利润表分析重点关注如下问题：

(1) 公司规模如何（营业收入）？
(2) 盈利能力如何？
(3) 债务利息是多少？
(4) 收入增长率如何？
(5) 收入来源有哪些？
(6) 净利润是多少？

(7) 有哪些异常项目（见第 5 章）？

4.1.2 资产负债表

资产负债表描述了在给定时点上公司的经营状况。恰当的比喻是资产负债表就是公司的财务"快照"，没有时间量纲❶。它反映了在给定时点上公司的资产及对这些资产的要求权——负债和公司股东权益。

对资产负债表的分析需要关注共性的基本问题：
(1) 公司规模（资产）有多大？
(2) 公司的账面价值是多少？
(3) 公司真正的价值是多少？
(4) 公司拥有多少营运资本？
(5) 公司拥有多少负债？
(6) 公司是否高度杠杆化？
(7) 公司正在增加还是在减少负债？
(8) 公司在成长么（资产）？

具体的调整资产负债表分析方法将在第 5 章详细讲述。

4.1.3 现金流量表

使用"流量"概念是因为现金流量表记录的是账目的变化，而非绝对的美元数额。现金流量表将公司提供或使用的现金信息分为以下三类：
(1) 经营活动（来自经营的现金流量，Cash Flow From Operations，CFFO）；
(2) 投资活动；
(3) 融资活动。

现金流量表提供的信息可以帮助决策以下问题：
(1) 产生了多少现金？
(2) 创造现金的能力如何？
(3) 履行财务义务的能力如何？
(4) 投资战略取得的成效如何？
(5) 融资战略的效率如何？

4.2 10-K 报告

对于能源部门的上游行业而言，需要分析 10-K 报告披露的石油天然气储量信息。

---

❶ 即反映的是时点状态，而非一个时间段的。

4.2.1　10-K报告的石油天然气储量信息

石油公司（上游部分）区别于大部分其他行业公司的一个事实是其主要资产（油气储量）没有直接包含在资产负债表上。举个例子，雪佛龙2000年年报的资产负债表显示共有410亿美元的资产，但是这其中没有包括价值近400亿美元的油气储量。

油气储量是许多公司的血液。油气生产逐渐消耗储量，而公司必须要努力替换逐渐消耗的储量。衡量此项工作的指标就是储量替代率（Reserve Replacement Ratio）。关于储量，我们需要了解以下内容：

（1）公司的储量分布情况？
（2）储量价值多少？
（3）储量构成是什么？主要是开发或未开发的石油与天然气。
（4）公司的储量替代率是多少？
（5）储量的替代成本是多少？

4.2.2　财务分析

财务分析的大部分工作就是处理各种各样信息的内部关联，财务比率可用来解释其中多种联系。分析需要的信息几乎都可以在资产负债表、利润表或现金流量表中找到。

这里将雪佛龙、德士古及雪佛龙·德士古（CVX）的资产负债表、利润表、现金流量表和10-K报告中关于油气储量的部分作为案例进行分析。换句话说，所使用的财务信息来自雪佛龙2000年年报、德士古2000年年报、雪佛龙·德士古2001年年报及10-K报告。这些报表提供了对比分析需要的信息，即Chevron和Texaco在2001年合并前的对比及各自与合并后的实体——CVX的对比。同样需要用到关于这些公司的分析报告，也要注意其中的差异和变化。

> 并不是所有的计算结果都以比率形式展现，本书中所指的比率包括比例、计算及常用的衡量方法。

值得注意的是，CVX2001年年报使用了权益结合法，将Chevron和Texaco以前年度的数据合并，将它们视为一个"合并主体"。

2002年3月22日公布的价值线（Value Line Investment Survey，Value Line）投资调查和2002年版本的标准普尔之能源股指南（Standard & Poor's Guide to Energy Stocks，S&P）对2001年以前CVX的数据并没有采用权益结合法。

这点在表4.1中列示的数据和计算上体现得很明显。

表 4.1　财务比率数据来源

> 以下分析使用了多种数据来源。有一点值得注意，不同的信息来源对价值或定义的解释并非一致的。CVX2000 年的数据与 S&P 和 Value Line 的数据差异如此之大，是因为 CVX 将 2000 年的 Chevron 和 Texaco 视作一个实体重新计算了 2000 年的数据，而 S&P 和 Value Line 的计算方法则不同。

（百万美元） Source	收入		长期负债		流动资产		流动负债	
	2000	2001	2000	2001	2000	2001	2000	2001
Chevron 2000	50592	—	4872①	—	8213	—	7674	—
Texaco 2000	51130	—	6815②	—	30867	—	17423	—
CVX 2001	117095	104409	12494	8704	17913	18327	16661	20.654
S&P	52129③	106245③	5153②	8989②	8213	18327	7674	20.654
Value Line④	52129③	104409	5153②	6323②	8213	9937	7674	8144

① 没有包含长期负债中的融资租赁义务。
② 包含了长期负债中的融资租赁义务。
③ 包含主营业务收入和其他收入净额。
④ Value Line2001 年数据截至 2001 年 9 月 30 日。

说明：数据存在差异，因计算基础不同。Value Line 的数据仅截至 2001 年 9 月 30 日，S&P——信用评级公司——包含了全部的长期负债，以便提供更为精确的公司评级。

例 4.1　收入

Chevron 2000 年年报显示其 2000 年收入为 50592 百万美元，同年 Texaco 的收入为 51130 百万美元。CVX 2001 年年报在报告 2000 年数据时，将这些数据的大部分进行了合并。但是 S&P 和 Value Line 仅仅使用了 Chevron 前一年的数据。

分析合并实体过去的业绩，CVX 2001 年年报的信息是最好的可用信息。

本书将分别对 Chevron、Texaco 和 CVX 进行单独分析。Chevron 和 Texaco 在合并前估值的基本原则是什么？为什么 Texaco 每股股票兑换 0.77 股 Chevron 股票？合并带来什么样的结果？合并后的实体要比各自独立时的实力更强吗？合并为股东带来价值了吗？

4.2.2.1　CVX 的财务报表

修正的财务报表由 Chevron 和 Texaco 2000 年年报、CVX 2001 年年报及提交

SEC 的 10-K 报告构成。表 4.2 为合并利润表，表 4.3 为合并的资产负债表，表 4.4 为合并现金流量表，表 4.5 为修正的净探明可采储量的 10-K 报告，表 4.6 为标准化计量方法。

表 4.2　合并利润表

单位：百万美元　（每股数据除外）

项　目	雪佛龙 2000	德士古 2000	雪佛龙·德士古 2001
收入及其他所得			
销售收入及其他经营收入	50592	50100	104409
权益法子公司收入	750	1030	1144
其他所得	787	—	692
全部收入及其他所得	52129	51130	106245
成本及其他扣除项			
购买原油及原材料	27292	39576	60549
经营费用	5177	2808	7650
销售及管理费用	1725	1291	3984
勘探费用	564	358	1039
折旧、折耗及摊销	2848	1917	7059
收购相关费用	—	—	1563
非所得税税费	4793	379	15156
利息及债务费用	460	458	833
少数股东损益		125	121
全部成本及其他扣除项	42859	46912	97954
税前利润	9270	4218	8291
所得税费用	4085	1676	4360
扣除非常事项前净利润			3931
非常损失所得税税后			(643)
净利润	5185	2542	3288
每股净收益			
基本收益	7.98	4.66	3.10
稀释后	7.97	4.65	3
年末在外发行加权平均普通股（以千计）	649.0	—	—

56

续表

项 目	雪佛龙 2000	德士古 2000	雪佛龙·德士古 2001
基本普通股		542.3	
稀释后		543.9	
普通股，2001年12月31日			1149.5

数据来源：雪佛龙·德士古2001年年报，合并资产负债表，第46页。

表 4.3　合并资产负债表

单位：百万美元　（每股数据除外）

项 目	雪佛龙 2000	德士古 2000	雪佛龙·德士古 2001
资产			
现金及现金等价物	51896	207	2117
有价证券	734		1033
应收账款及票据	3837	5583	8279
存货			
原油及石油产品	631	—	2207
石化产品	191	—	209
材料、物资及其他	250	—	532
	1072	1023	2948
待摊费用及其他流动资产	674		1769
递延收入及其他流动资产		194	
流动资产合计	8213	7053	18327
长期应收款	802	—	1225
投资及预付款	8107	6889	12252
财产、厂房及设备原价	51908	—	99943
减去：累计折旧			
折旧、折耗和摊销	29014	—	56710
财产、厂房及设备净额	—	15681	—
递延资产及其他	1248	1244	2535
资产总额合计	41264	30867	77572
负债及所有者权益			
短期负债	1079	376	8429

续表

项　目	雪佛龙 2000	德士古 2000	雪佛龙·德士古 2001
应付账款	3163	3314	6427
预计负债	1530	1347	3399
联邦政府及其他应付所得税	1479	947	1398
其他应付税金	423		1001
流动负债总额合计	7674	5984	20654
长期负债	4872	6815	8704
融资租赁额	281		285
递延贷项及其他非流动负债	1768	1246	4394
非流动递延所得税负债	4908	1547	6132
计提职工福利		1118	3162
少数股东权益		713	283
负债总额合计	21339	17423	43614
所有者权益			
在外发行普通股数	712487068	567576504	1137021057
股本	534	1774	853
超面值缴入的股本	2758	1301	4811
优先股的市场价格		300	
递延补偿	(611)		(752)
累计的其他综合收益	(180)	(130)	(306)
留存收益	20909	11297	32767
库存股成本	(3485)	(788)	(3415)
所有者权益合计	19925	13444	33985
负债及所有者权益合计	41264	30867	77572

注：括号表示负值。

表4.4　合并现金流量表

单位：百万美元　（每股数据除外）

项　目	雪佛龙 2000	德士古 2000	雪佛龙·德士古 2001
经营性活动产生的现金流量			

续表

项　　目	雪佛龙 2000	德士古 2000	雪佛龙·德士古 2001
净利润	5185	2542	3288
调整项目			
折旧、损耗及摊销	2848	1917	7059
干井费用	52		646
权益子公司分配的股利低于按比例享有净利润的部分	(154)		(489)
权益子公司分配的股利高于按比例享有净利润的部分		77	
因资产报废及处置所获得的税前净收入	(236)	(141)	(116)
外币汇兑净损益	(67)		(122)
递延所得税费用	408	134	(768)
合并资产处置所引起的税前非常损失			788
经营性营运资本的净减少额	846	(747)	643
净利润中的少数股东损益		125	121
其他净现金流量	(220)	(43)	407
经营活动产生的现金流量净额	8662	3864	11457
投资活动			
资本支出	(3657)	(2947)	(9713)
出售资产产生的现金净流入	524	684	298
出售（购买）有价证券	35	279	(183)
出售（购买）其他短期投资	(84)	(340)	56
从雪佛龙菲利浦石化公司分配的现金流量	835		
其他净现金流量	(73)		
投资活动的现金流量净额	(2420)	(2315)	(9542)
融资活动			
短期债务产生的借款变动净额	(2484)	(1359)	3830
增加长期负债产生的现金流量	24	915	412
偿还长期负债及其他债务	(216)		(2856)
市场竞价优先股赎回			(300)
发行给子公司的优先股赎回			(463)
子公司发行优先股			12
普通股认购		(169)	

续表

项　目	雪佛龙 2000	德士古 2000	雪佛龙·德士古 2001
支付股利	(1688)		
普通股股票		(976)	(2733)
优先股股票		(15)	(6)
支付给少数股东的股利		(125)	(119)
库存股出售（回购）净额	(1329)		128
融资活动所产生的现金流量净额	(5693)	(1729)	(2095)
现金及现金等价物的外汇汇兑损益	2	4	(31)
现金及现金等价物的变动	551	(212)	(211)
现金及现金等价物的期初余额	1345	419	2328
现金及现金等价物的期末余额	1896	207	2117

注：括号表示负值。

表 4.5　10－K 报告雪佛龙·德士古探明可采储量

单位：百万桶

原油、凝析油及天然气液体（NGL）探明可采储量	母公司 美国	母公司 非洲	母公司 太平洋地区	母公司 其他地区	子公司	全球
截至 2000 年 12 月 31 日的探明储量	2614	1505	1894	822	1684	8519
变化额						
调整额	(255)	45	135	(60)	44	(61)
提高采收	79	35	47	51		212
新增探明储量	67	88	34	40	203	432
购买量	1				146	147
销售量	(11)					(11)
生产量	(224)	(129)	(204)	(108)	(49)	(714)
截至 2001 年 12 月 31 日的探明储量	2301	1544	1906	745	2028	8524

单位：十亿立方英尺

天然气探明可采储量	母公司 美国	母公司 非洲	母公司 太平洋地区	母公司 其他地区	子公司	全球
截至 2001 年 12 月 31 日的探明储量	7923	772	4442	2991	1716	17844
变化额						
调整额	(20)	780	330	(10)	317	1397

续表

天然气探明可采储量	母公司				子公司	全球
	美国	非洲	太平洋地区	其他地区		
提高采收	24	7	11	16		58
新增探明储量	587	329	164	445	139	1664
购买量	41		6	6	187	240
销售量	(180)					(180)
生产量	(988)	(16)	(194)	(360)	(55)	(1613)
截至2001年12月31日的探明储量	7387	1872	4759	3088	2262	19410

注：括号表示负值。

表4.6　10－K报告按探明可采储量计算的未来净现金流折现的标准化计量法（2001年12月31日）

单位：百万美元

探明可采储量	母公司				子公司	全球
	美国	非洲	太平洋地区	其他地区		
来自生产的未来现金流量	54238	28019	43389	20432	29433	181433
未来生产及扩大的支出	(30871)	(10106)	(20845)	(8873)	(9958)	(80653)
未来发生的所得税	(7981)	(10476)	(9858)	(4370)	(7447)	(40132)
未贴现的未来现金流净额	15386	7437	12686	7189	17950	60648
每年中期对未来净现金流量折现，10%	(6882)	(3609)	(5857)	(2602)	(11554)	(30504)
对未来现金流量净额折现的标准化计量法	8504	3828	6829	4587	6396	30144

注：括号表示负值。

由各自财务报告信息组成的比较报表有助于快速对比分析Chevron与Texaco 2000年的财务状况，也有助于各自与合并后的主体——CVX进行对比分析。

注：本章所述财务比率分析所需变量参数几乎都可在利润表、资产负债表、现金流量表及净探明可采储量10－K报告中找到。不能够在这些报表中直接获得的数据在表4.7中进行了归纳。尽管有关在外发行股票的信息包含在利润表和资产负债表中，但我们仅采用了资产负债表中的数据。

表 4.7　补充财务信息

项目	Chevron 2000 年	Texaco 2000 年	CVX 2001 年
年股利率	2.60	1.80	2.65
每股收益（美元）	7.97	4.47	3.10
在外发行股数（百万）	712	567	1137
每股股价（美元）	88	53	78

4.2.2.2　快速分析

表 4.8 至表 4.11 所示的快速分析仅包含了 CVX 的重要信息。

表 4.8　快速分析利润表

项目	数值
CVX 规模	1060 亿美元——大部分人使用总收入衡量企业的规模，但也有少部分人使用总资产
利润	
净利润	33 亿美元
每股收益	3.10 美元
债务利息	8.33 亿美元
异常项目金额	6.43 亿美元
从收入角度衡量公司是否在成长	是

表 4.9　快速分析资产负债表

项目	数值
公司规模（总资产）	770 亿美元
所有者权益的账面价值	340 亿美元（全部股东权益）
公司拥有的债务	87 亿美元——这里使用长期负债，但有些分析师会使用总负债
公司在增加还是在减少债务	减少——同样使用长期负债
从资产角度衡量公司是否在成长	是

表4.10　快速分析现金流量表

项　目	数　值
经营活动产生现金	114570 亿美元
投资活动产生现金	−90420 亿美元
融资活动产生现金	−20950 亿美元

表4.11　快速分析净探明可采储量报告

项　目	数　值
CVX 的全部储量构成	
原油、凝析油和天然气液体（NGL）	85.24 亿桶
天然气	19410 亿立方英尺（Bcf）
全部当量桶数（BOE）	117.59 亿桶油当量[①]（BOE）
储量价值（以6美元/桶油当量计算）	705.54 亿美元
标准化计量方法价值	301.44 亿美元
储量替代率	102.3%[②]

[①] 雪佛龙·德士古将 Bcf 换算为油当量气（OEG）使用了相同的转换系数：Bcf÷6 = Millions of OEG or BOE，即 19410÷6 = 3235 + 8524 = 11759（百万桶油当量）。

[②] 2000 年末全部储量 = 11493 百万桶油当量，11759÷11493 = 1.023 或 102.3%。

对财务数据的快速分析能够使我们对公司规模有一定的认识。目前这些信息还不足以判断出公司的经营健康状况，然而，了解公司的规模能够帮助我们确定出行业内的可比公司。

4.3　财务比率分析

下面的财务比率及计算方法可用于监测公司的财务健康状况。需要注意不同方法、定义及计算间的差异。表4.12 列示了本章将要讨论的财务比率及其分类。

表4.12　财务比率及分类

以下的比率仅代表了分析能源公司所采用的众多比率中的一小部分。比率的组成范围没有统一的标准，哪个比率应当属于哪个分类也没有统一的观点。
1. 流动性比率
a. 流动比率
b. 速动比率或酸性测试
c. 营运资本

续表

2. 盈利性比率

　a. 净利率

　b. 资产报酬率（ROA）

　c. 权益报酬率（ROE）

3. 活性比率

　a. 利息倍数

　b. 现金流对长期负债比

　c. 长期债务对权益比

　d. 利息、税、折旧和摊销前收益（EBITDA）

4. 股利

　a. 股利收益率

　b. 股利支付率

5. 估值比率

　a. 市盈率

　b. 市价对现金流比率

　c. 现金流及每股现金流

　d. 市净率

6. 能源特有比率

　a. 产储比

　b. 储量寿命指数

　c. 产量替代率

　注：实际中存在很多种比率，但在企业中，哪些比率应划定为何种分类或究竟有多少种比率，尚没有统一的结论。比率本身的定义及用于计算这些比率的变量的定义没有统一的标准，进一步讲，哪些信息可用于一个部门、产业或子产业的分析，或说哪些公司适用哪些分类标准也一直没有统一的定论。

　　投资者关注股东价值。他们期望公司成长，获得股利，期待公司能够持续一定时间，这便是持续经营假设。分析师也是如此，但也有例外，例如，如果公司被分拆或出售清算，分析师会试图确定此时公司的价值。或者，他们也许会关注短期回报，或是预期并购交易。

　　每一种方法都有所不同，表 4.13 列举了一些衡量指标以说明，注意它们的区别。

表4.13　不同的分析角度

估值方法	清算价值	短期回报	持续经营估值
指标	资产 负债	市价/现金流 税息折旧及摊销前利润（EBITDA）	市净率 股利增长率

（1）清算。清算分析的一个有趣的例子就是最近的 Dot.com 公司危机。风险投资公司将 Dot.com 公司列为目标，主要是想通过较小的投入获得较大的回报。事实证明 Dot.com 公司具有价值的资产仅仅是办公家具，然而这些二手办公家具几乎没有任何市场。那么全部的计算机设备又如何呢？事实上，大多数情况是这些设备都是租赁的。

（2）短期分析。短期分析主要关注目标公司创造现金的能力及为获得现金流而支付的对价。分析师也许会提出这样的问题"如果我们购买这家公司，那么退出投资后，它会带来多少现金回报？"这种情况下，市价/现金流比率和 EBITDA（或抵扣前收益）是很好的衡量指标。市价现金流比率和 EBITDA 指标将在后文讨论。

（3）持续经营。持续经营方法假设公司能够持续存在很长时间。投资者和分析师想要知道投资能带来多少回报？股票价格是否合理？股票价值是否会上升，股利是否会支付，是否可靠？

（4）对比。比率及指标对比分析经常用到。对比分析方法有很多，分析师会为不同的比率及指标设定权重，但是，不是所有的对比分析都是可行的，表4.14 列示了对比分析的简要总结。

表4.14　对比分析方法总结

对比项目	描　述
历史信息	将公司的指标或比率与以前月度、季度或年度进行对比分析。40 美元的股价本身没有什么特别的意义，但是，如果在过去 3 年间股票的平均交易价格为 120 美元，这时就应当引起注意。历史信息对比分析就是趋势分析，任何一个指标都可以与其自身的历史趋势进行对比。通过这种方法总能获得有价值的信息。该方法也可用于整个行业的分析。最近，我们可以看到油气行业的 P/E 值波动。分析师预期这个典型保守型行业的能够回归合理的价值区间。
可比公司	可比法可用于可比公司、可比行业及可比领域间的对比分析。P/E 值为 15 看似不错，但是如果可比公司的 P/E 值只有 10，就不好说了。 必须要小心的是，这些公司是否具有可比性
与行业对比	经常会将一家公司的业绩与其同领域或行业的公司进行对比分析，但是必须要注意这一领域或行业中都有哪些公司。将墨菲石油的比率指标与一体化的油气公司做对比分析具有风险性，墨菲石油的资产不到 33 亿美元，而它所在行业则是由巨型公司组成的，排名前 10 的公司资产规模总计达到近 3500 亿美元

续表

对比分析方法	描述
与指数对比	一家公司的业绩可以同指数的表现进行对比分析，如道琼斯工业平均指数（DJIA），或 S&P 500 指数。如果一家公司的股价相对于指数表现较弱，是这家公司的原因还是整个市场都在萧条？我们经常会听到诸如公司的业绩优于或不如指数表现的此类报道。
任意比较	包括埃克森·美孚与 Lucent 公司的比较、油气行业与航空业的比较、全球经济中排名前十的公司间对比、产业发展与油价的比较，或指数的表现与消费信贷市场的波动比较，但是一定要小心。

注：除股价外，除非有特别说明所有的美元数据都是以百万为单位。

4.4 比率分析

4.4.1 流动性比率

流动性比率用来审查公司的偿债支付能力，在对不同行业类型公司的评估中频繁用到。

4.4.1.1 流动比率

流动比率是衡量企业短期偿债能力的指标。比率越高，公司流动性越好。这个指标对相同行业内的对比分析是很有用的。图 4.1 对比了能源行业内 3 家公司过去 10 年的平均流动比率。从对比中可以很清楚地看到，与油气钻井公司和设备与服务公司相比，大型一体化油气公司不是很关注流动比率。这并不能说明一体化油气公司存在问题，而是提醒我们不同行业内情况是有所不同的。

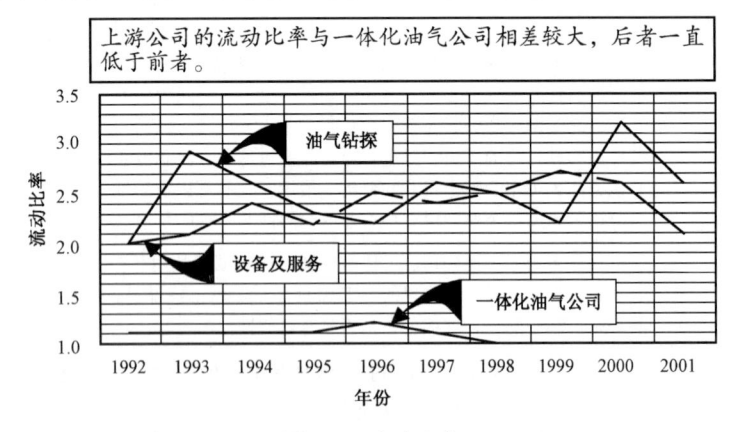

图 4.1 流动比率

来源：Stand ard & Poor's Guide to Energy Stocks 2002 Edition

以下是 Chevron 和 Texaco 的各自年报与合并后 CVX 的第一年年报进行的对比分析。

$$流动比率 = \frac{流动资产}{流动负债}$$

Chevron 2000　　　　Texaco 2000　　　　CVX 2001

$$= \frac{8213}{7674} \qquad = \frac{7053}{5984} \qquad = \frac{18327}{20654}$$

$$= 1.07 \qquad\quad = 1.18 \qquad\quad = 0.89$$

注意到该指标有所下降——CVX 2001 年年报第 38 页关于影响这个指标的两点说明：

（1）以前年度的流动资产所含存货是按照后进先出法计价的，2001 年末的存货要比置换成本低将近 16 亿美元。这个情况没有在流动资产的数据上直接得到体现，18327 美元明显高于 8213 美元 + 7053 美元，即 15266 美元。参照前述举例。

（2）合并后的公司担负的短期债务规模扩大；连续通过商业票据（见每年年报）再融资能够享受到低利息成本的好处。换句话说，现在的短期借款成本要优于长期借款成本。然而，如果预期短期借款成本将显著上升，公司会将债务转换为长期负债，并锁定较低利息率。

4.4.1.2　速动比率（酸性测试）

速动比率也是反映公司财务实力的指标——公司的资产要多久才能转换为现金。如果存货的流动性存在问题，则应将存货扣除。速动比率经常用"酸性测试"来表示，因为这个指标揭示了可用营运资本的流动性和灵活性。

$$速动比率（酸性测试） = \frac{流动资产 - 存货}{流动负债}$$

Chevron 2000　　　　Texaco 2000　　　　CVX 2001

$$= \frac{8213 - 1023}{7674} \qquad = \frac{7053 - 1072}{5984} \qquad = \frac{18327 - 2948}{20654}$$

$$= 0.94 \qquad\qquad = 0.99 \qquad\qquad = 0.74$$

从计算中可以看出这个指标也在下降，主要是短期负债的显著增加所导致的。另一点也值得注意，新合并的公司规模较大，具有更强的借款融资能力。

CVX 的债务评级包括：

项目	标准普尔	穆迪	多美年债券评级服务机构
CVX 优先债券	AA	Aa2	
Texaco 优先债券		Aa3	
CVX 商业票据	A1+	Prime 1	
CVX 加拿大商业票据			R-1（middle）

注："全部是高质量、投资级别的有价证券"，CVX 2001 年年报，第 37 页。

4.4.1.3 营运资本

营运资本是指当债权人要求立即偿付时公司可以获得的可立即变现的资产。与速动比率相似，这个指标不考虑存货，且提供的是一个美元绝对数而不是一个相对比率。

图 4.2 比较了 CVX 与 Exxon Mobil（XOM）1992—2001 年的营运资本。

> 除合并年度外，两家一体化油气公司的运营资本十分接近。❶

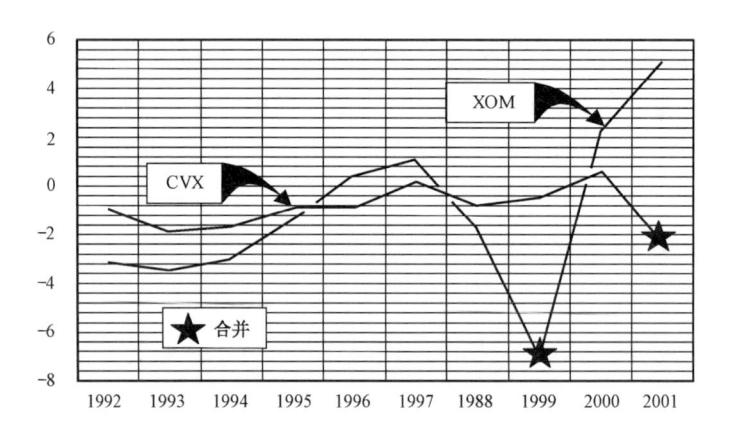

图 4.2 营运资本

来源：Standard & Poor's Guide to Energy Stocks 2002 Edition

两家公司规模都较大，都具有相当高的信用评级。与较小规模公司相比，它们借款融资的能力使得营运资本这个指标的重要级别相对较低。

$$营运资本 = 流动资产 - 流动负债$$

---

❶ 与 CVX 的年报一样，合并年度以前年度的数据都不是合并数据。换句话说，1992 年到 1998 年的曲线所示对比实际上是 Chevron 与 Exxon 之间的对比。1999 年与 2000 年是 Chevron 与 Exxon Mobil 之间的对比，2001 年是 CVX 与 Exxon Mobil 之间的对比。

Chevron 2000	Texaco 2000	CVX 2001
= 8213 − 7674	= 7053 − 5984	= 18327 − 20654
= 539（美元）	= 1069（美元）	= −2327（美元）

2001年CVX营运资本的下降很可能就是将长期负债转换为短期负债所致。CVX 2001年年报和2001年年报补充材料中对营运资本降低的解释，没有提供任何证据表明这个指标的降低是异常的或是值得特别关注的。

需要注意的是，有许多种比率指标和计算方法可用于评估公司的各个方面，比率和计算的方法及定义也多种多样，而且每个人对这些指标的计算方法和含义的理解可能也不尽相同。

4.4.2 盈利能力比率

4.4.2.1 净利率

净利率是净利润与销售额的比率。正数表明公司盈利。在互联网科技繁荣时期，许多这类公司并不盈利，但是仍然有投资者青睐这些公司，因为投资者对其未来的增长和盈利有着很好的预期。图4.3的对比可以看出，CVX的净利率波动剧烈，而XOM的净利率相对较为稳定。

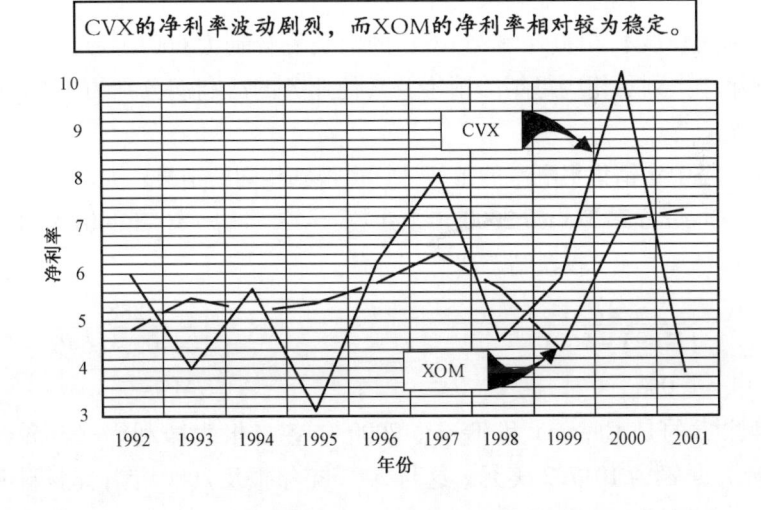

图4.3 净利率

来源：Standard & Poor's Guide to Energy Stocks 2002

$$净利率 = \frac{净利润}{净销售额} = \frac{净利润}{全部销售收入 + 其他收入}$$

Chevron 2000	Texaco 2000	CVX 2001
$=\dfrac{5185}{52129}$	$=\dfrac{2542}{51130}$	$=\dfrac{3288}{106254}$
$=9.9\%$	$=4.9\%$	$=3.1\%$

CVX 2000 年和 2001 年净利率	2000 年	2001 年
CVX 2001 年年报	7.0%	3.4%
S&P Stock Guide	10.2%	3.8%
Value Line（截至 2001 年 9 月 30 日）	9.9%	3.5%

CVX 也将净利率表述为销售报酬率❶（Return On Sales）。将 Chevron 和 Texaco 视作一个经营实体，2000 年计算的销售报酬率为 7.0%，2001 年计算的销售报酬率为 3.4% 而不是之前计算的 3.1%。虽然在结果上差异不是很显著，但应当理解这个差异形成的原因。

CVX 2001 年年报补充材料第 61 页词汇说明表中对销售报酬率的定义是"净收入除以销售额和其他营业收入（扣除消费税）"。

合并利润表显示 2000 年和 2001 年的消费税分别为 6601 美元和 6546 美元，补充材料第 2 页列示相应每年的销售及其他业务的净利润分别为 117095 美元和 104409 美元。

补充材料中对销售报酬率的重新计算也得到相同的结果，如下所示：

Chevron 和 Texaco 2000 年合并数（权益结合法）	CVX 2001 年年报
$=\dfrac{7727}{117095-6601}$	$=\dfrac{3288}{104409-6546}$
$=7.0\%$	$=3.4\%$

值得注意的是 Chevron 和 Texaco 2000 年各自报表净利润（50592 美元和 51130 美元）总额为 101722 美元，这与 2001 年年报及 2000 年补充材料上所示的两家公司合并净收入 117095 美元之间存在差异。诸如这样的调整是由于合并所致，非常容易理解。

---

❶ 销售报酬率：扣除息税前的净利润除以销售额。

4.4.2.2 资产报酬率（Return on Assets，ROA）

资产报酬率，有时也用投资报酬率（Return on Investment）表示，用于衡量公司全部资产的获利能力。它是最重要的计算指标之一，对于同行业内公司的对比十分有用。值得注意的是，这个计算指标同其他指标一样在计算方法上存在差异。

$$资产报酬率 = \frac{净利润}{总资产}$$

Chevron 2000　　　　　Texaco 2000　　　　　CVX 2001

$$= \frac{5185}{41264} \qquad = \frac{2542}{30867} \qquad = \frac{3288}{77572}$$

$$= 12.6\% \qquad\quad = 8.2\% \qquad\quad = 4.2\%$$

在合并之前的 2000 年，Chevron 的资产报酬率要高于 Texaco。但是在合并之后，我们看到该指标显著下降，合并后总资产的增加和净收益的减少导致了该指标的下降。

CVX 2001 年的补充材料中，资产报酬率的计算结果为 4.2%。前一年 Chevron 和 Texaco 的合并计算结果为 10.1%，与合并调整后两家公司该指标的平均值十分接近。Chevron 2000 年年报的补充资料显示平均总资产回报率（Return on Average Total Assets）为 12.7%。

4.4.2.3 权益报酬率（Return on Equity，ROE）

权益报酬率用于衡量权益资本的获利能力。该指标受到投资者和分析师的广泛关注。以下是 CVX 2001 年年报、S&P 和 Value Line 对权益报酬率计算结果的比较，差异并不是很明显。

$$权益报酬率 = \frac{净收益}{股东权益}$$

Chevron 2000　　　　　Texaco 2000　　　　　CVX 2001

$$= \frac{5185}{19925} \qquad = \frac{2542}{13444} \qquad = \frac{3288}{33958}$$

$$= 26\% \qquad\quad = 19\% \qquad\quad = 9.7\%$$

CVX ROE 计算	2000 年	2001 年
CVX 2001 年年报	24.5%	9.8%
S & P Guide to Energy Stocks	25.1%	10.7%
Value Line Investment Survey❶	26.0%	10.0%❷

能源行业平均的资产报酬率和权益报酬率在表 4.15 中做了详细描述。

> ROE（股东投资回报率）是投资者的底线："什么是股东的投资回报率呢？"

表 4.15　不同行业的 ROA 和 ROE

行业部门	ROA（%）	ROE（%）
一体化油气公司	7.6	19.5
油气设备及服务公司	6.6	12.6
勘探生产公司	7.1	17.4
油气钻井公司	6.7	11.1
炼化公司	8.9	22.3
行业部门	ROIC（%）	ROCE（%）
电力公用事业公司	10.1	12.1
天然气公用事业公司	6.4	12.4
多元公用事业公司	7.6	12.5

注：这些数据都是 Standard & Poor's Guide to Energy Stocks 上结果的近似数，对明显偏离公司平均数的结果进行了很多调整。

S&P 对投入资本回报率（ROIC）的定义是"扣除固定费用前的利润除以平均总投资资本的百分比"。

对已动用资本回报率（ROCE）的定义是"可分配给普通股的利润（净利润减优先股要求的股利）除以平均普通股权益"。

---

❶ Value Line Investment Survey 数据截至 2001 年 9 月 30 日。
❷ 估计数。

4.4.3 营运比率（Activity Ratio）

4.4.3.1 利息保障倍数（Interest Coverage）

利息保障倍数用于评估公司的债务清偿能力或偿付债务本金和利息的能力，有时也被称为 Times Interest Earned Ratio，或简写为 Interest Coverage。如果一家公司具有较大的长期资本租赁义务或其他合同性的长期义务（称为固定费用），则要修改利息保障倍数的计算，以包含这些数据。修改的或扩展的利息倍数被称为固定费用倍数（Fixed Charge Coverage）。图 4.4 将 CVX 与 Exxon Mobil（XOM）进行了对比。对于这一比率，XOM 显得波动性更强。

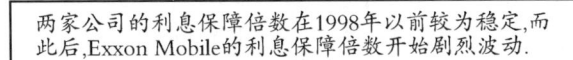

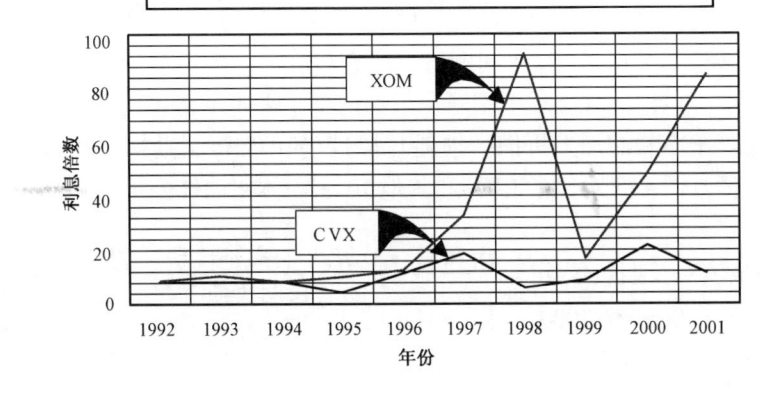

图 4.4 利息倍数

来源：Standard & Poor's Guide to Energy Stocks 2002 Edition

许多分析师认为若要满足利息费用或固定费用，该指标至少要达到 3 比 1。低于 3 则表明风险水平较高。

> 利息倍数是衡量公司财务杠杆程度的一个很好的指标。与利润相比，若利息费用较高，则说明公司的杠杆化程度较高。

$$利息倍数 = \frac{税前利润 + 利息}{利息}$$

Chevron 2000
$$= \frac{9270 + 460}{460}$$
$$= 21.15$$

Texaco 2000
$$= \frac{4218 + 458}{458}$$
$$= 10.21$$

CVX 2001
$$= \frac{8219 + 833}{833}$$
$$= 10.95$$

CVX 2001 年补充材料显示 2000 年（合并后）的利息倍数为 12.5，低于同年两家公司的简单平均数为15.68［(21.15＋10.21)÷2］。CVX 2001年的结果为9.68，与之前计算的10.95相比，两者差异较小。

CVX 2001年补充材料对利息倍数的定义为，"税前利润加上利息、债务费用和摊销资本化利息，除以税前利息成本"。

Chevron 2000

$$= \frac{9271 + 460 + 32}{460 + 32}❶$$

$$= 19.84❹$$

Texaco 2000

$$= \frac{4218 + 458}{458}❷$$

$$= 10.21❺$$

CVX 2001

$$= \frac{8291 + 833 + 122}{833 + 122}❸$$

$$= 10.95❻$$

4.4.3.2 现金流对长期负债比（Cash Flow to Long–Term Debt）

现金流的概念经常令人混淆造成误用。现金流的定义有很多种，与之密切相关的术语也颇多，诸如现金收益（Cash Earnings）、经营活动现金流量（Cash Flow From Operations）、自由现金流量（Free Cash Flow）和可任意支配的现金流（Discretionary Cash Flow）。这个问题值得注意和澄清。第5章折现现金流分析部分，将对此展开讨论。现在举个例子，下面的例子采用了常用的定义：现金流对长期负债比等于净利润加上折旧、损耗与摊销（DD&A）、勘探费用和递延税费除以长期负债。图4.5对比了CVX和其他10家一体化油气公司。

$$\text{现金流对长期负债比} = \frac{\text{净利润} + \text{DD\&A} + \text{递延税费} + \text{勘探费用}}{\text{长期负债}}$$

Chevron 2000

$$= \frac{5185 + 2848 + 408 + 564}{4872}$$

Texaco 2000

$$= \frac{2542 + 1917 + 134 + 358}{6815}$$

CVX 2001

$$= \frac{3288 + 7059 - 768 + 1039}{8704}$$

= 185% = 72% = 122%

---

❶ 资本化利息见Chevron 2000年年报附注3，第43页，Special Items and other Financial Information。
❷ Texaco 2000年年报没有可比数据。
❸ 资本化利息见CVX 2001年年报附注5，第53页，Special Items, Merger and other Financial Information。
❹ Chevron 2000年年报第10页报告的利息倍数为19.9，Miscellaneous Data。
❺ Texaco 2000年年报和年报补充材料都没有对利息倍数的计算。
❻ CVX 2001年年报报告的利息倍数为9.68，第38页，Financial Ratios。

> 对比现金流对长期负债比，可以看出CVX相对于其他10家公司具有相对优势。

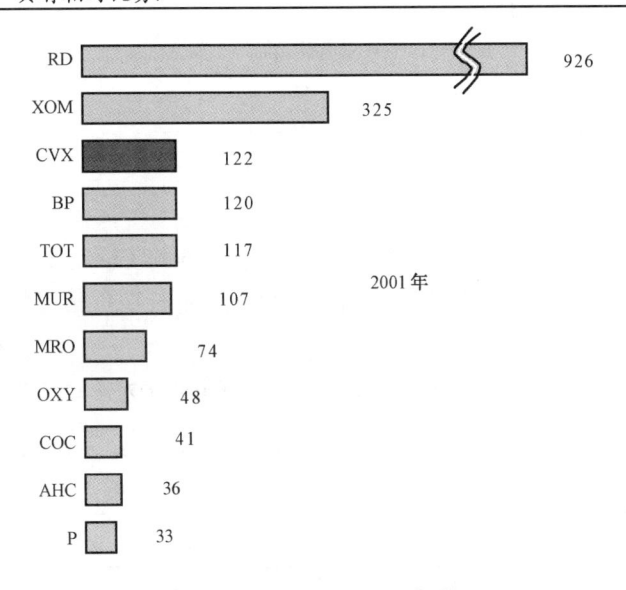

```
RD  ████████████████████~~~~ 926
XOM ████████████ 325
CVX ███ 122
BP  ███ 120
TOT ███ 117
MUR ██ 107              2001年
MRO ██ 74
OXY █ 48
COC █ 41
AHC █ 36
P   █ 33
```

图 4.5　2001 年现金流对长期负债比

注：图中字母为公司股票代码（编者加）

其他资料没有计算现金流对长期负债比。应当注意到长期负债已经减少，正如之前提到的，但净利润也在减少。

4.4.3.3　长期负债对权益比（Long－Term Debt to Equity）

长期负债对权益比（或 Debt to Equity Ratio）将公司的长期负债与股东权益相比，该指标显示了公司偿付长期负债义务的能力。

$$长期负债对权益比 = \frac{长期负债}{股东权益}$$

Chevron 2000　　　　Texaco 2000　　　　CVX 2001

$$= \frac{4872}{19925} \qquad = \frac{6815}{13444} \qquad = \frac{8704}{33958}$$

$$= 24.5\% \qquad\quad = 51\% \qquad\quad = 25.6\%$$

Chevron 2000 年年报和 CVX 2001 年年报提供的总负债÷（总负债+权益）的比率为：

Chevron 2000　　　　　　　　　　CVX 2001

$$= \frac{6232}{19925 + 6232} \qquad\qquad = \frac{17418}{33958 + 17418}$$

$$= 23.8\% \qquad\qquad\qquad\quad = 33.9\%$$

Texaco 2000 年年报没有对前述的这些比率提供任何可比信息。

长期负债对权益比计算总结如下：

对比	2000 年	2001 年
上述计算	24.5%	25.6%
CVX 2001 年年报❶	23.8%	33.9%
S&P	23.7%	24.2%
Value Line	25.9%	31.1%❷

总体来看，这些指标结果都非常接近。表 4.16 将 Chevron 和 Texaco 与美国安然公司（Enron）2000 年的现金流对长期负债比及长期负债对权益比进行了对比，其结果更为有趣。

表 4.16　Chevron，Texaco 与 Enron 的对比

对比分析 Chevron 和 Texaco 与 Enron 2000 年的指标十分有趣。从这个角度看，Enron 看上去并不是很好。设想如果我们对它们的负债有了更清楚的认识，又会是怎样的结果呢？

单位：%

2000 年指标	Chevron	Texaco	Enron
现金流对长期负债比	185	72	26
长期负债对权益比	24.5	51	75

4.4.3.4　息税折旧及摊销前利润（EBITDA）

EBITDA 就是简单地在净利润基础上加回利息费用、所得税、折旧和摊销。该指标用于衡量扣除非经营活动费用支出前，公司经营活动的盈利能力。该指标也可用于公司间和行业间盈利能力的比较分析，因为它将复杂的财务计算工作排除在外。需要小心的是——EBITDA 并不被一般公认会计原则（GAAP）认可。

EBITDA = 净利润（加回所得税、利息、折旧和摊销），如表 4.17 所示。

表 4.17　EBITDA 示例表

单位：百万美元

项目	Chevron 2000 年	Texaco 2000 年	CVX 2001 年
净利润	5185	2542	3288
+所得税	4085	1676	4360
+税费（其他）	4793	379	15156

---

❶ CVX 对负债权益比的定义不同——全部负债比全部权益。
❷ 使用两个变量的估计数计算。

续表

项目	Chevron 2000 年	Texaco 2000 年	CVX 2001 年
+利息费用	460	458	833
+DD&A	2848	1917	7059
=EBITDA	17371	6972	30696

一些人认为EBITDA被误用了而且实际价值不大,其他人则主张这个指标完全无用,然而其仍被频繁使用。该指标的计算方法的确倍受争议。

EBITDA的一项应用就是并购估值和计算基于EBITDA的交易价格。如果Texaco的交易价值为410亿美元,则交易价值对EBITDA的比为:

$$交易价值比 EBITDA = \frac{41000}{6972} = 5.9$$

这个结果高于之前石油公司并购中3.0的基准。

4.4.4 股利

4.4.4.1 股利收益率(Dividend Yield)

股利收益率是分配给每股股票的收益与股票价格的百分比。

$$股利收益率 = \frac{每股股利}{每股价格}$$

Chevron 2000
$$= \frac{2.60}{88}$$
$$= 24.5\%$$

Texaco 2000
$$= \frac{1.80}{53}$$
$$= 51\%$$

CVX 2001
$$= \frac{2.65}{78}$$
$$= 25.6\%$$

注:由于计算需要,本章所采用的股票价格分别为:Chevron 2000年88美元,Texaco 2000年53美元,CVX 2001年78美元,见表4.7。

股东的全部回报包含了资本利得。投资者期望获得潜在的股票价格增长,作为全部的投资回报当然也应考虑股利收益率。

S&P指出5年前投资10000美元的CVX股票,今天将价值11537美元。这表明10000美元的投资收益率大约为3%。加上3.40%的股利收益率,Chevron股票的总收益率为6.4%。

4.4.4.2 股利支付率(Dividend Payout 或 Payout Ratio)

股利支付率反映了股利支付占净利润的比例。图4.6对比了CVX与BP的股利支付率。1992—2001 年间两家公司的股利都在增长，CVX 更稳定一些。两家公司该指标的波动是由利润波动所导致的。

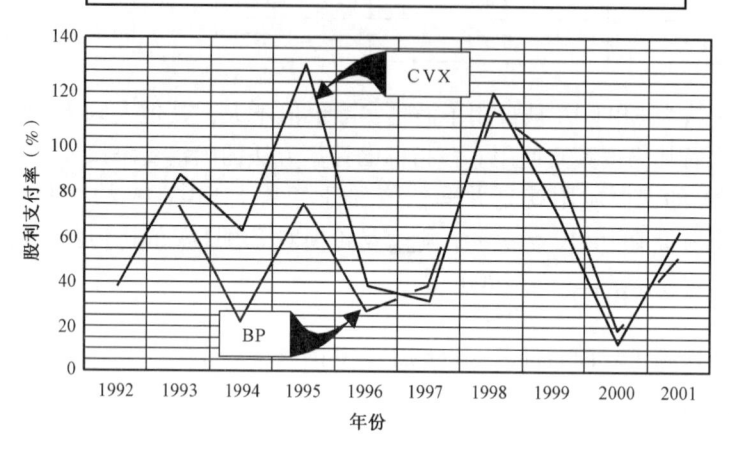

尽管CVX和BP支付的股利总额较为稳定,然而利润和波动造成了这些年股利支付率的剧烈波动。

图 4.6 股利支付率

来源：Standard & Poor's Guide to Energy Stocks 2002 Edition

$$股利支付率 = \frac{每股股利}{每股收益}$$

Chevron 2000 年	Texaco 2000 年	CVX 2001 年
$=\dfrac{2.60}{7.97}$	$=\dfrac{1.80}{4.47}$	$=\dfrac{2.65}{3.10}$
$=32.6\%$	$=40.3\%$	$=85.5\%$

CVX 股利支付小结	2000	2001
上述年报计算结果❶	32.6%	85.5%
S&P	33%	72%❷
Value Line	33%	86%❸

尽管 CVX 的收益利润下降，但仍坚持支付股利，其实这种情况很常见，若

---

❶ 年报没有提供股利支付率的计算。

❷ S&P 所使用的每股收益数值较大。分析中，与 CVX 2001 年年报中 3.10 的每股收益对比时，他们前后两次使用到这个指标，第一次为 3.70，而后变为 3.68。对增加的每股收益的一个原因可能是 S&P 使用的在外发行股票数量不同，为 10.68 亿股。

❸ 估计数。CVX 与 Value Line 计算结果的差异主要是其采用的 2001 年每股收益分别为 3.10 和 3.08。

不考虑收入业绩，Chevron 支付的股利从 1992 年起每年都在增加。

4.4.5 价值比率

市盈率因其计算简单直观成为广泛应用的指标之一。市盈率有时也表述为乘数（Multiple），因为它表明投资者愿意为 1 美元的收益支付多少。图 4.7 展示了 1992—2001 年间一体化油气行业市盈率的最高值与最低值，市盈率整体呈下降趋势。1998 年石油价格跌至 10 美元/桶，许多一体化油气公司的收益状况都呈现一片混乱。

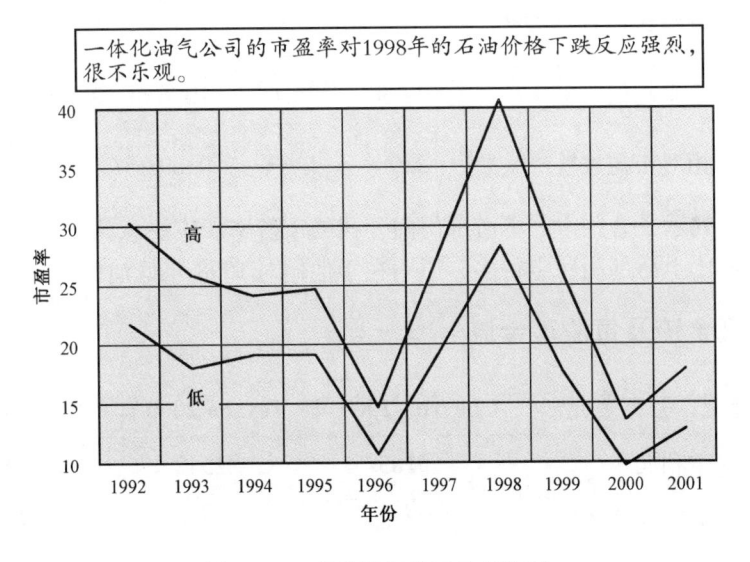

图 4.7 一体化油气公司的市盈率

来源：Standard & Poor's Guide to Energy Stocks 2002 Edition

市盈率也反映了投资者的情绪，如投资者 20 世纪 90 年代末对网络科技股表现得乐观热情。高市盈率反映了对未来收益预期的高企。

这个指标可在整体上衡量市场的情绪或者进行跨行业的公司对比，也可用于行业和部门内的公司对比，也能较好地衡量公司的历史业绩。

$$市盈率 = \frac{每股价格}{每股收益}$$

Chevron 2000 年

$$= \frac{88}{7.97}$$

$$= 11.0$$

Texaco 2000 年

$$= \frac{53}{4.47}$$

$$= 11.9$$

CVX 2001 年

$$= \frac{78}{3.10}$$

$$= 25.2$$

CVX 市盈率	1998 年	1999 年	2000 年	2001 年
标准普尔能源股票指南❶				
最高值	44	33	12	27
最低值	33	23	9	21
价值线投资调查❷				
年平均值	39.9	28.6	10.6	28.9
相对市盈率❸	2.08	1.63	0.69	1.48

附录9列示了一些上、下游部门内公司的市盈率。应注意到下游部门，如设备企业，要比上游部门稳定得多，原因在于他们对1998年低油价的反应不同。

4.4.6 现金流及每股现金流

现金流，百万美元	Chevron 2000 年	Texaco 2000 年	CVX 2001 年
净利润	5185	2542	3288
+折旧、折耗和摊销	2848	1917	7059
+勘探费用	564	358	1039
+递延所得税费用（贷方）	408	134	(768)
	9005	4951	10618
发行在外普通股，百万	712	567	1137

$$每股现金流 = \frac{现金流}{发行股份数}$$

---

❶ 参照当时的股票价格78.43美元。

❷ 参照当时的股票价格89.42美元。

❸ 相对市盈率是股票市盈率除以市场市盈率——一组公司股票的市盈率，如道·琼斯指数。换句话说，它是与市场平均水平的比较。大于1表明股票市盈率高于市场平均水平，小于1表明低于市场平均水平。

Chevron 2000 年	Texaco 2000 年	CVX 2001 年
$=\dfrac{9005}{712}$	$=\dfrac{4951}{567}$	$=\dfrac{10618}{1137}$
$=12.65$	$=8.73$	$=9.34$

CVX 每股现金流	2000 年	2001 年
Value Line 每股现金流	12.52	6.60❶
S&P 每股现金流	12.34	10.34

我们可以再次看到同一指标的计算结果或定义存在着不一致的情况，其结果差异一部分是由于 Value Line 2001 年使用了估计数导致的。

分析师不会每年改变计算指标的定义，当然，他们也不应当如此。所以，无论怎样定义，趋势分析仍然可行。在前述的每股现金流计算中，三种方法下的计算结果都呈下降趋势。这再次表明，净利润影响显著。

CVX 2001 年年报中所披露的 DD&A 信息❷（单位：百万美元）：

年份	DD&A	资产减值调整	调整费用
2001	7.1	2.3	4.8
2000	5.3	0.7	4.6
1999	4.9	0.4	4.5

4.4.6.1 市价对每股现金流量比（Price to Cash Flow）

与市盈率相似，市价对每股现金流量比也是衡量企业财务健康状况的指标之一，该指标将每股价格与每股现金流作比。比率值越高，风险越大。

图 4.8 将 CVX 与另外 10 家一体化油气公司进行对比。这个样本组的平均市价对每股现金流量比在 2001 年 8 月为 6.8。Exxon Mobil 和 BP 较高均为 10.8，Marathon Oil 较低为 3.0，CVX 为 7.5，其每股现金流位于第二，为 10.34 美元，股价为 78 美元。

$$\text{市价对每股现金流量比} = \frac{\text{每股价格}}{\text{每股现金流}}$$

---

❶ 估计数。
❷ 见 CVX 2001 年年报第 33 页。

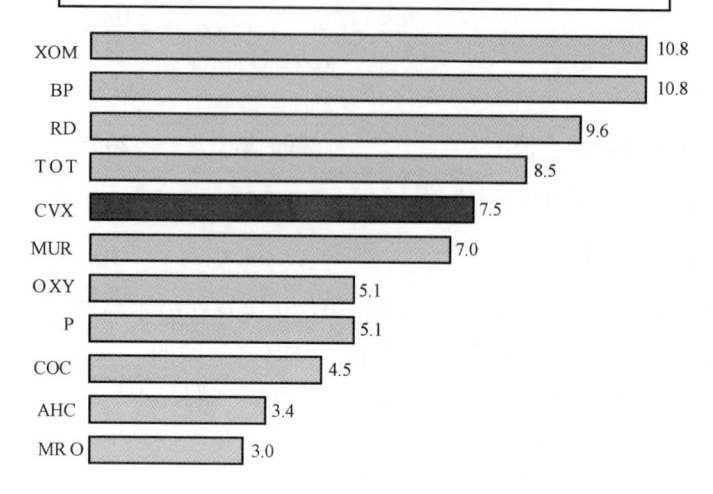

可以看出公司规模与市值/现金流之间存在一定的关联性。

XOM	10.8
BP	10.8
RD	9.6
TOT	8.5
CVX	7.5
MUR	7.0
OXY	5.1
P	5.1
COC	4.5
AHC	3.4
MRO	3.0

图 4.8　2001 年市价对每股现金流量比
来源：Standard & Poor's Guide to Energy Stocks 2002 Edition

Chevron 2000 年
$$=\frac{88}{12.65}$$
$$=6.96$$

Texaco 2000 年
$$=\frac{53}{8.73}$$
$$=6.07$$

CVX 2001 年
$$=\frac{78}{9.34}$$
$$=8.35❶$$

4.4.6.2　市净率（Price to Book Value）

市净率是衡量股票价值的指标，将股价同最新的股票账面价值比较。低市净率表明股票价格被低估，也反映出公司经营基础层面上有些问题，或者简单反映了投资者的情绪。该指标也可表述为市价对权益比（Price to Equity Ratio）。

$$每股账面价值 = \frac{资产-负债}{发行股票数量}$$

$$市净率 = \frac{每股价格}{每股账面价值}$$

Chevron 2000 年
$$=\frac{88}{\left(\dfrac{41264-21339}{712}\right)}$$
$$=3.15$$

Texaco 2000 年
$$=\frac{53}{\left(\dfrac{30867-17423}{567}\right)}$$
$$=2.24$$

CVX 2001 年
$$=\frac{78}{\left(\dfrac{77572-43614}{1149}\right)}$$
$$=2.64$$

---

❶ 图 4.8 计算的市价对每股现金流量比的差异（8.35 和 7.5），是由于其所使用的发行在外的股票数量不同所致。

每股账面价值简单地计算为每股资产减每股负债的差额。

对比分析一家公司关键比率的变化趋势，能够获得比单纯的比率分析更多的有价值信息。通过这种分析能够判断出企业是在发展还是在衰退。

4.4.7 能源比率

能源比率是那些具体用于采掘行业的特有指标。对于油气公司而言，油气储备就是血液，首要关注的应当是这些储量的替换情况。

4.4.7.1 产储比（Production to Reserves Ratio）

产储比能够告诉我们公司是否有新增储量替换已生产消耗的储量。该指标非常重要。也有助于我们了解这些已消耗的储量是否在通过钻井或收购的方式进行替换。有个有趣现象是，最近我们注意到许多储量都被调低——毫无疑问是受到萨班斯法案（SOX法案）的影响，这将在第11章展开讨论。

利用表4.5中CVX 2001年10-K报告中披露的净探明可采储量信息可以分析产储比指标的情况。

CVX 储量和产量	天然气 十亿立方英尺	天然气 （十亿立方英尺/6）[1] （百万桶当量）	石油 百万桶	总计 （百万桶当量）
世界范围储量2000年12月31日	17844	2974	8519	11498
世界范围储量2001年12月31日	19410	3235	8524	11759
产量	1613	269	714	983

$$产储比 = \frac{产量}{储量}$$

$$= \frac{983}{11759}$$

$$= 8.36\%$$

4.4.7.2 储量寿命指数（Reserve Life Index，RLI）

储量寿命指数（RLI）是产储比的倒数。该指标表明在储量没有新增的情况下，按照目前的生产水平，储量能够开采多长时间。一个较长的RLI指数并不一

---

[1] 天然气已经从十亿立方英尺单位（Bcf）转换为百万当量桶单位（MMBBLS），将Bcf数额除以6 Mcf/BBL可以得到百万当量桶数据。

定是好信号，这也许意味着开采活动的不足。1999 年，Norsk Hydro 收购了 Saga Petroleum，对 Saga 的储量判断是能够开采 24 年。Norsk Hydro 打算开采 Saga 的储量资产。

$$储量寿命指数 = \frac{1}{产储比}$$

$$= \frac{1}{0.0836}$$

$$= 12 \text{ 年}$$

4.4.7.3 产量替代率（Production Replacement Ratio）

产量替代率能直观地告诉投资者公司是否在进行产量替代。也就是说，公司是在增加储量还是在消耗储量。

$$CVX \text{ 产量替代率} = \frac{储量的增加 + 当期产量}{当期产量}$$

$$= \frac{11759 - 11498 + 983}{983}$$

$$= 126\%$$

2001 年第四季度，CVX 报告中指出将加利福尼亚州的 Midway Sunset 油田减值 10 亿美元，因为他们的蒸汽驱提高采收率系统（Enhanced Recovery System）没有达到预期的效果。

4.5 比率赌局

比率分析必须要考虑一些重要的限制。由于会计处理存在差异，我们之前看到的比率和计算有可能存在误导。即使是两家相似的公司或分析采用了不同的会计方法，结果都有可能产生相当大的差异，进一步讲，公司管理层也可能采取短期行为来影响这些比率。这就是所谓的"报表粉饰"。

例如，具有正营运资本的公司可以在资产负债表日前尽可能低地降低流动负债来改善流动比率。假设公司 A 拥有流动资产 150 美元、流动负债 100 美元，则流动比率为 1.5。如果这家公司利用流动资产偿付了流动负债 50 美元，那么新的流动比率就为 100/50，即 2。流动比率为 2 显然要比 1.5 看起来更好些，然而营运资本仍仅为 50 美元。而营运资本为负的公司则不愿在报告日期之前用流动资产偿付流动负债，这样做会降低流动比率。

比率分析一定要小心，确保对比率的定义一致。一些常用的比率或术语会有不同的定义，例如，负债对权益比率就有三种不同的定义（见附录专业述语表）。

4.5.1 CVX

Chevron 和 Texaco 在 2001 年 10 月合并后，形成了美国第二大石油公司——CVX。Chevron（CHV）用 0.77 股兑换 1 股 Texaco（TX）股票，假设负债为 100 亿美元（包括了 Caltex Corporation）。抵消合并成本后，新公司（CVX）预计每年实现税前收益 18 亿美元。

FTC[1] 要求剥离 Texaco 在 Equilon Enterprises LLC（Equilon）和 Motiva Enterprises LLC（Motiva）两家合资公司的投资及其他投资，作为合并批准的条件。Equilon 是 Texaco 与 Shell 合资成立的销售公司。Motiva 是 Texaco、Shell 和 Saudi Refining 合资成立的销售公司。

4.5.2 CVX 主要业绩（2001 年）

世界范围内的原油和液化天然气产量	2.25 百万桶/日
世界范围内天然气产量	4.42 十亿立方英尺
净探明石油可采储量	8524 百万桶
净探明天然气可采储量	19410 十亿立方英尺（3325 百万当量桶）
储量增加	12.5 亿桶（产量的 126%）
总管道长度（英里数）	12531
油轮	31
炼油厂	22 家（全球）
炼油产能	2348 百万桶/日
炼油产能利用率	87%
销售机构	21000 家（全球）
2001 年收入	106245 美元
雇员数	55763

4.6 总结及主要概念

比率分析的一个重要应用就是快速分析公司或股票。分析师经常会寻找在某一方面有价值的投资机会，对这些机会都进行详尽地分析并不可行。比率有助于分析师缩小分析范围。

---

[1] FTC：Federal Trade Commission，联邦商业委员会。

比率分析的最重要应用就是评估公司杠杆，或者公司使用的负债数额，以及公司偿付利息和本金的能力（债务清偿能力）。通常情况下，财务分析都是使用财务比率分析，因为这些比率容易获得而且计算简单。但是，报表附注同样也很重要，如果没有这些附注，比率分析并不完整。

负债多少算是多呢？债务比率越高，财务杠杆越大。

例4.2 杠杆

假设两家公司，一家借入资金，而另一家没有。考虑以下因素：
(1) 两家公司投资资本的税后报酬率均为15%。
(2) 两家公司借款利息率均为10%。
(3) 公司X的资本中有50%为借入资本（500美元）。
(4) 公司Z的资本中没有任何借款。
(5) 两家公司的总投资均为1000美元。
(6) 税率为34%。

因为投资报酬率均为15%，两家公司通过投资均获得150美元。公司X支付了50美元的利息（借入500美元的10%）。因利息可以税前扣除，因此税后利息成本为33美元（税款减少 $0.34 \times 50 = 17$ 美元，因此实际利息费用为33美元）。

公司X	公司Z	
500美元	1000美元	投入资本（权益）
500美元		借入资本
1000美元	1000美元	总资本
150美元	150美元	息前税后收益
33美元		税后利息费用
117美元	150美元	扣除税后利息费用后的税后收益

由于借入资金，收益为117美元低于150美元，但是股东权益回报率从15%上升到23.4%。这就是财务杠杆的意义所在。杠杆能够扩大投资资本的收益性，但也能夸大风险。同杠杆能够放大收益一样，它也能够放大损失。

	公司 X	公司 Z
ROE	$\frac{117}{500}=23.4\%$	$\frac{150}{1000}=15.0\%$
ROA	$\frac{117}{1000}=11.7\%$	$\frac{150}{1000}=15.0\%$

从实务角度看，公司的最优资本结构更多地是通过经验确定而不是理论。商业环境实际上就是决定负债多少的实验室。从某种程度讲，某一特定行业中，最适应环境的幸存者证实了负债的最高界限。石油公司的债务门槛似乎是全部资本的40%。高于这个水平，债务成本就会显著上升。这个相对的杠杆统计方法必须要通过密切关注公司的债务清偿能力加以判断，单一的负债比率不能够说明问题。利息保障倍数很重要，公司若想能够支付利息和固定费用，这个指标至少要达到2，令公司感到更为安全的比率为3。所有公司的利息保障倍数平均为2.2。

若要分析拆分价值，大部分比率意义不大。这种情况下，一些估值比率还是值得注意的，但是其他的将视情况而定。

表4.18列出了许多计算方法和比率，这些都是在快速分析或对比方法中用到的。

表4.18 财务报表分析底稿

公司：＿＿＿＿＿＿ 日期：＿＿＿＿＿＿ 来源：＿＿＿＿＿＿

a.年股利率(4) ＿＿＿＿

b.每股账面价值* ＿＿＿＿   *每股账面价值$\left(\frac{v-w}{d}\right)=$ ＿＿＿＿

c.每股现金流量* ＿＿＿＿   *每股现金流量$\left(\frac{v}{d}\right)=$ ＿＿＿＿

d.普通股数量(3) ＿＿＿＿

e.流动资产(2) ＿＿＿＿

f.流动负债(2) ＿＿＿＿   流动比率$\left(\frac{e}{f}\right)=$ ＿＿＿＿

g.折旧、折耗及摊销(1) ＿＿＿＿

h.递延税(2) ＿＿＿＿   速动比率$\left(\frac{e-m}{f}\right)=$ ＿＿＿＿

i.净利润(1) ＿＿＿＿   营运资本$(e-f)=$ ＿＿＿＿

j.每股利润(4,5) ＿＿＿＿

k.勘探费用 ＿＿＿＿

l.利息费用(1) ＿＿＿＿   净利率$\left(\frac{i}{p}\right)=$ ＿＿＿＿

续表

m.存货(2)	———	ROA $\left(\dfrac{i}{v}\right)=$ ———————
n.长期负债(2)	———	
p.总收入(1)	———	ROE $\left(\dfrac{i}{s}\right)=$ ———————
q.税前利润(1)	———	
r.每股价格(4,5)	———	利息保障倍数 $\left(\dfrac{q+l}{l}\right)=$ ———————
s.股东权益(2)	———	
t.所得税(1)	———	负债权益比率 $\left(\dfrac{n}{s}\right)=$ ———————
u.其他税费(1)	———	
v.全部资产(2)	———	市盈率 $\left(\dfrac{r}{j}\right)=$ ———————
w.全部负债(2)	———	

现金流 $(i+g+h+k)=$ ———————

现金流/长期负债 $\left(\dfrac{i+g+h+k}{n}\right)=$ ———————

股利支付率 $\left(\dfrac{a}{j}\right)=$ ——————— 股利收益率 $\left(\dfrac{a}{r}\right)=$ ———————

EBITDA $(i+t+u+l+g)=$ ———————

股价对现金流量比 $\left(\dfrac{r}{c}\right)=$ ——————— 市净率 $\left(\dfrac{r}{s}\right)=$ ———————

(1)利润表　　　(2)资产负债表　　(3)现金流量表　　(4)年报
(5)其他来源　　　计算取得

5 股票估值

现在已有多种分析技术，针对价值评估也有多种分析方法。而某一特定的方法通常仅适用于特定的目的，因此，明智的方法常常是采用不同处理方法的组合。不同的方法会得到不同的结果，形成一个估值区间。对比任一单一的估值方法，调整这些结果的不一致性能够进行更为深入的分析。IRS[1] 和 SEC[2] 针对估值提供了许多指导意见。

5.1 估值原则

5.1.1 IRS 原则

IRS 发布的 Revenue Ruling 59-60 描述了评估一家股权或股票持有较为集中的公司必须考虑的若干因素。在后来公布的准则中，IRS 扩展了 Revenue Ruling 59-60 原则的估值应用范围，包括公司股票估值、以税收筹划为目的权益安排以及对公允市场价值的确定。

IRS Revenue Ruling 59-60 Section 4 考虑了以下因素：
(1) 公司的性质及历史（从初创期开始）。
(2) 整体经济展望及公司所在特定行业的状况及预期。
(3) 股票的账面价值及公司的财务状况。
(4) 公司的收益能力。

---

[1] IRS = Internal Revenue Service，美国国税局。
[2] SEC = Securities and Exchange Commission，美国证券交易委员会。

(5) 股利支付能力。
(6) 商誉及其他无形价值。
(7) 股份的出售及待估区块的规模。
(8) 交易较为活跃的相似公司的股票价格。

很显然，这些因素不能全部采用相同的权重。IRS 强调价值评估应当在考虑了所有因素之后的判断基础上进行，因此金融分析师被赋予了很大的操作空间。独立分析师在进行商业判断时，可以重点关注特定因素或技术。

5.1.2 SEC 原则

1934 年公布的《证券交易法》第 13（e）条款给出了判断股票交易公平性所需考虑的因素。SEC 描述了以下 8 个因素：

(1) 待估股票的现行市场价格。
(2) 股票的历史价格。
(3) 净账面价值。
(4) 持续经营价值。
(5) 清算价值。
(6) 以前交易中所支付的股票对价。
(7) 所有报告、观点及评论。
(8) 最近两年内任何来自外部收购者的实价要约。

后续部分将详细讨论估值技术。有时，在特定条件下，并不存在一种最优的估值方法。那些熟悉各种不同估值方法的分析师，会从不同的角度进行分析。每一家公司的情况都不一样，分析师拥有多角度分析的经验越丰富，其分析就越深入。

5.2 账面价值

公司或股东权益的账面价值是资产负债表上的普通股、股本溢价及留存收益的总和。一项或一类资产会根据取得时的成本入账，如果存在应计的 DD&A，就应扣除，所得净值即为该资产或该类资产的账面价值。如果无需考虑存货的实际价值，资产负债表上的存货记账价值可能是 1000 万美元，这就是账面价值。

股本溢价（Paid – in Surplus）指投资者支付每股股票的对价超过每股面值部分。也被称为 Additional Paid – in Capital，Paid – in Capital，或 Contributed Capital。

面值（Par Value）指普通股在发行时分配给每股的名义美元价值——通常面

值很小,且与股票的市场价格没有任何联系。

账面价值通常确定了一家石油公司最保守的价值,这主要取决于会计的成本原则及公认会计准则,已经在第3章讨论过。

在并购中,若公司的估值按可比价值进行评估,账面价值通常会被忽略掉,在分析中也不会获得很大的权重。

> 账面价值通常确定了一家石油公司最保守的价值。

石油公司的评估价值通常是账面价值的1.5倍到3倍。与使用成果法核算的公司相比,完全成本法公司的账面价值相对于评估价值会较高一些。

单位:百万美元

账面价值,CVX 合并时	Texaco	Chevron
普通股面值	1774❶	534❷
+股本溢价	1301	2758
+留存收益	11297	20909
=账面价值	14372	24201
股数(百万)	567	712
每股账面价值	=14372/567	=24201/712
	=25.32	=33.97

账面价值比 = Texaco ÷ Chevron = 25.32 ÷ 33.97 = 0.75❸

5.2.1 账面价值乘数(Book Value Multiple)

在一些行业中,股票的交易价值和并购价值经常与账面价值对比,而石油行业上游部门的公司则不同(表5.1)。在评估下游部门企业时,账面价值乘数更有效。大型炼厂的评估价值通常为其账面价值的0.75~1.25倍,公用事业公司也呈现了这一特点,公用事业公司的股票交易价格大概为账面价值的1.5倍。另一方面,公用事业公司的并购价值在其账面价值的2.2~2.8倍之间。这为评估提供了一种参考与比较的方法。

---

❶ 2000年 Texaco 股票账面价值3.125美元。
❷ 2001年 Chevron 股票账面价值由1.50美元变为0.75美元。这一变化实际上是将普通股账面价值转移了5.34亿美元到股本溢价科目上。
❸ 该比率十分接近合并时的估值水平,Chevron 提供给 Texaco 的换股方案是0.77股 Chevron 股票换1股 Texaco 股票。

表 5.1　账面价值乘数（能源行业）

能源行业该乘数大约是 S&P500 的一半。S&P500 的该指标被投机公司和非资源型公司推高，20 世纪 90 年代初期，S&P500 账面价值乘数约为 3.0，在 90 年代末期，稳步上升到 6.5 左右，之后又下降到现在的 4.0。记住，正是收购溢价推高了这些乘数。

公司类型	股票市场	收购乘数
一体化油气公司	2.4	Texaco 在合并时的乘数约为 2.7
勘探生产公司	2.1	
油气设备服务公司	2.8	非资源型公司的账面价值乘数也许会较高
油气钻井公司	2.0	
炼化公司	1.9	大型炼化公司乘数通常为 0.75~1.25
天然气公用事业公司	1.9	
电力公用事业公司	2.0	公用事业公司范围为 2.2~2.8

该比率的最常用方法是将收购价格与账面价值作比较。例如，某公司的股票以 30 美元价格出售，其账面价值为 15 美元，则账面价值乘数为 2。

合并时 Texaco 的账面价值乘数。为了得到收购 Texaco 时的账面价值乘数，需要获得支付价格的数据。衡量购买价格的方法有很多，通常采用以每股为基础的价格，即每股 64.8725 美元。但是，打包出售价格或全部购买价格范围则要较大些。

该乘数可以采用两种方法计算：

（1） $\dfrac{64.87\ \text{美元}/\text{股}（支付价格）}{25.32\ \text{美元}/\text{股}（账面价值）} = 2.56$

（2）此例中，假设基本支付价格为 350 亿美元、债务 60 亿美元，因此 Chevron 的全部购买价格为 410 亿美元。

$\dfrac{410\ \text{亿美元全部购买价格}}{143.72\ \text{亿美元账面价值}} = 2.85$

5.2.2　债务调整账面价值乘数

如果将债务考虑进去会使该比率更具意义。这样使得杠杆化和非杠杆化的公司处于平等的比较水平上。

合并时 Texaco 的债务调整账面价值乘数：

$$\text{债务调整账面价值乘数} = \dfrac{\text{每股价格} + \text{每股负债}^{❶}}{\text{每股账面价值} + \text{每股负债}^{❶}}$$

---

❶ 该例中的负债为总负债。

$$=\frac{64.87+30.73}{25.71+30.73}$$

$$=1.78$$

考虑了资本结构中的负债后,账面价值乘数为 1.78。

5.2.3 调整账面价值

调整账面价值(Adjusted Book Value)的方法有很多种名称:评估价值(Appraised Value),调整的资产负债表价值(Adjusted Balance Sheet Value),特定资产价值,清算价值,或评估权益价值。它以资产负债表为中心,将账面价值调整为公允市场价值,每一个资产负债表项目都按其独立的市场价值表示。有时,特定的资产、资产组或业务实体会分离出来,重新分组估值。

大部分情况下,估计单个资产负债表项目的实际价值很容易。稍后要述及的原则提供了如何对一家石油公司资产负债表上大量的资产和负债项目进行价值分配的方法。

按 SEC 要求估计清算价值时,特定资产的市场价值取决于估值的时点选择、现值折现率及与资产出售相关的成本。例如,假设一家公司拥有一块 500 英亩❶的未开发地产,其账面价值为 200 万美元。表 5.2 列出了典型的分析方法。

表5.2 资产负债表项目调整举例

该项调整由于考虑了出售费用及货币时间价值,因此预期的从房地产出售中获得的收入能够更贴近实际情况。	
房地产(500 英亩) (账面价值2000000 美元)	
公允市场价值①(美元)	3000000
减:佣金及出售费用(7%)	$\frac{-210000}{2790000}$
出售时折现比率 (假设年折现率为12%)	0.89
调整资产负债表价值(美元)	2843100

① 基于当时可比销售交易。

该方法在进行 SEC 和 IRS 估值的尽职调查中经常用到。然而,所报告的公司资产价值或权益评估价值中通常不是对每一个资产负债表项目都进行如此处理。

---

❶ 1 英亩 = 4046.86 平方米。

一家公司的清算价值通常也不包括前述的细节调整。

> 公司的账面价值仅仅代表会计价值，而评估的权益价值则代表的是经济价值。

通常，每一项资产负债表项目都会按照预计公允市场价值调整，而没有对佣金和销售费用进行调整或按照出售时间进行折现调整。最后的评估权益价值（Appraised Equity），是根据经验、资产负债表的复杂性及资本利得税进行折现或调整的。公司的账面价值仅仅代表会计价值，而评估的权益价值则代表的是经济价值，因此，Appraised Equity 与 Adjusted Book Value 含义相同。会计上的账面价值可以通过简单调整，来反映真实的经济价值。

5.2.3.1 调整账面价值法

　　总流动资产
　　－总流动负债
＝营运资本
　　＋存货或其他流动资产增加的价值
　　＋石油资产的评估价值
　　＋天然气资产的评估价值
　　＋非生产性资产的土地价值
　　＋其他资产，如超额养老金计划
　　－长期负债
　　－递延税的50%（一般地）
　　－其他债务，如资本化租赁义务
＝调整账面价值
＝评估的股东权益价值

5.2.3.2 应收项目（Receivables）

　　对应收项目的评估主要是考虑其现值。理论上讲，应收项目应当考虑部分不能收回的可能性，因为全额偿还支付是不可能的。有时，公司对坏账计算有很大的操作空间。如果应收项目中坏账所占比重在两个连续会计期间内发生了变动，这暗示着可能存在问题。例如，如果相邻的两个会计期间内，坏账占应收项目的比率从9%降为4%，则需要有一个好的理由来解释。另一个需要考虑的现象是，销售额没有大幅变化而应收项目却显著增加。这表明应收款项的质量存在问题，或者是由于输油管线满载油、销售缓慢和回收不利导致的。

5.2.3.3 固定资产（Fixed Assets）

　　固定资产，也称为"财产、厂房和设备"（Property, Plant & Equipment,

PP&E）包括办公楼、设备、车辆和生产机器。在上游部门中，PP&E 包括钻井平台、输油管线、生产设备和船舶等。它们都在资产负债表上以扣除折旧后的净值列示，但是应当按照当前市场价值进行评估列示。有时，一项资产在会计上可能折旧已全额计提完毕，然而仍具有较大的市场价值。

5.2.3.4　地产（Real Estate）

公司拥有的土地价值会远远超出其在资产负债表列示的价值。评估价值应当反映最近类似资产交易的价格。这类资产经常成为公司投机者所关注的隐形财富。

5.2.3.5　长期负债（Long-term Debt）

长期负债和应付票据应按照支付金额的现值进行评估。为确保与市场利率差异不大，相关人员应当对长期负债的利率进行检查。因为经常会存在这样的情况，即长期负债的现值与资产负债表上列示的价值差异显著。如果利率异常高，则很可能的解释就是负债被严重低估了。报表附注要对所有发放的债券利率进行披露。将年度利息费用与平均的长期负债快速比较便是一个很好的方法，可以检查利率是否与主流的公司债利率接近。

1982 年，Exxon 的资产负债表显示其已有 2009 年到期的 5.15 亿美元的长期负债，这些负债利率较低（5.8%～6.7%）。公司购买了利息率为 14% 的 3.12 亿美元美国政府有价证券，并对其安排了不可撤销委托，用以偿付已有债务的本金和利息。这样 Exxon 就可以从资产负债表上减少负债。这就是所谓的债务抵消（defeasance）。这样 Exxon 当季可能增加 0.132 亿美元利润。这 0.132 亿美元来自于已抵消的 5.15 亿美元负债与 3.12 亿美元美国政府有价证券之间的税后差异。

负债的账面价值通常以面值记录。一般而言，不对长期负债进行资产负债表调整。Exxon 的例子说明几乎每个规则都存在例外的情况。

5.2.3.6　存货的后进先出法（LIFO Inventories）

从事炼化和销售的公司若采用 LIFO 法的存货价值报告收益，在存货价格上升期间通常会低估存货的价值。因此，超过存货 LIFO 价值的市场价值部分必须要考虑。存货的账面价值与市场价值间的差异通常要在财务报表的附注中进行说明。

CVX 2001 年的财务报告对存货有如下的描述：原油、油气产品及化工品使用后进先出法，一般按成本计价报告。总体来讲，这些成本低于市场价格。原材料、物料和其他存货一般按平均价格计价报告。

> 上游公司可以在成果法（SE）和完全成本法（FC）会计方法间进行选择。炼化和销售公司能够在先进先出法和后进先出法之间进行选择。

5.2.3.7 存货的先进先出法（FIFO Inventories）

存货的 FIFO 会计处理方法能够在收益上产生很大的扭曲。FIFO 会计方法不像 LIFO 那样容易进行，且能够操纵。在 FIFO 会计方法下，计算存货的销售成本（COGS）使用的是较早期进货时的成本。这种方法会在存货价格上升时产生相对较高的收益，而在价格下降期则会导致收益变低。存货的 FIFO 会计选择在报告收益时，会明显夸大正常商业经营的成果。

理论上讲，由于存货按当前的成本计算，因此，LIFO 会计方法下计算的收益更接近实际情况，然而 FIFO 更能反映存货的真实价值。价格稳定时期，两种会计方法会获得相同的收益和存货价值。

5.2.3.8 递延税（Deferred Taxes）

关于递延税项目的性质问题存在很大争议。会计师将其作为负债处理，但是递延税并不能严格满足传统的负债定义。

> 对于公司而言，报告给美国税务局的收益低于报告给股东的收益是完全合法的。

递延税问题产生于税务会计上加速折旧和财务会计上折旧处理方法（一般为直线法）的差异。这是因为税法允许采用加速折旧法。对于公司而言，报告给美国税务局的收益低于报告给股东的收益是完全合法的。例如，会计师对一项资产会采用直线法折旧，而在税务上，则会采用加速折旧法，如表 5.3 所示。资产负债表上的递延所得税负债就是这个原因产生的。

表 5.3 递延税项目举例

该表体现了直线法和年数总和法在财务会计和税务会计上的差异。最终，这项投资支付的税是同样多的。它们只是被推迟缴纳了而已。

单元：美元

年	收入	DD&A 直线法	DD&A 年数总和法	差异	收益 财务会计	收益 税务会计	年递延税额	资产负债表项
1	800	250	400	150	550	400	75	75
2	800	250	300	50	550	500	25	100
3	800	250	200	(50)	550	600	(25)	75
4	800	250	100	(150)	550	700	(75)	0
合计		1000	1000		2200	2200		

注：设备成本 = 1000 美元；税率 = 50%；括号代表负值。

20世纪70年代尼克松管理当局引入了加速折旧法。财政部的资产折旧体系将折旧期限缩短20%，并允许采用加速折旧法。该项措施试图鼓励投资、恢复经济。有人认为这个措施为某些人提供了政策漏洞，因此，充满争议。

表5.3以1000美元的设备为例，说明了递延税项目是如何产生的。

该例中，每年收入为800美元，递延税科目（资产负债表上）在第2年达到100美元。税务折旧采用了年数总和法，会计折旧采用了直线法。第2年以后，递延税科目下的数额开始减少，在第4年末变为0。

从分析的观点看，将递延税项的账面价值视作负债通常并不合适。对于估值来讲，将视为负债的递延税项账面价值的一部分记为负债是最好的方法。该方法确认了未来一系列所得税支付的现值——由支付时点的差异造成，理论上讲，这个差异是实际存在的。

5.2.3.9 递延税项和持续经营假设

在将来的某个时点，递延税是必须要偿付的。这意味着：（1）公司资本支出降低到一定程度，使得暂时性差异所导致的递延税科目内的数额下降；（2）公司要保持盈利。这两个假设并不相互排斥，但是它们间的确会逐渐产生矛盾。因为要一个盈利的可持续经营公司停止再投资是不现实的。

递延税也许可能在很远的将来支付，使得现值小到可以忽略。为了方便快速分析和持续经营分析，一个常见的做法是在分析中只使用递延税账面价值的一半。在调整的资产负债表分析中，减少递延税账面价值，或者任何资产负债表内的负债项目，将会使得被评估的权益价值增加。

递延税项也可能是一项数额较大的资产负债表项目。阿科公司（ARCO）1989年的资产负债表就包含了价值34.07亿美元的递延税项。股东权益仅是其两倍，为65.62亿美元。仅将递延税项账面价值的一半视为负债，实际上会使股东权益的价值增加25%。

有时，税法也会调减公司所得税税费。这样的情况下，存在递延税负债的公司在未来期间支付的数额会少于资产负债表上列示的递延税项科目内余额。那么，资产负债表上递延税项目会随之调整以反映负债的实际减少额。损益表上则会反映相应的利得，增加了报告利润。一般，由于公司实际上并没有收到现金，这些增加是非现金增加。相反，如果应纳税额增加，递延所得税负债也会增加，则记录一项支出，从而减少了收益。

5.3 油气资产

对油气储量和勘探区块面积的调整是最重要的资产负债表调整项目。估计油气储量的真实价值是石油公司分析中的一个关键目标。因此，第8章将重点讨论油气资产价值。

5.4 长期股权投资

有些公司会对其他公司的股票进行数额巨大的投资,这些投资通常都在分析师的调查分析后做出。分析师重点关注股东所持股份的价值。长期股权投资可以根据对特定公司的持股程度进行分类,表5.4列示了分类和对每种投资种类的会计处理方法。

表5.4 长期股权投资的会计处理

这是常被操纵的地方。有些公司持股低于50%,以避免合并一项投资。实际上,他们对整项投资都具有完全的控制权。有些情况下,公司具有一定的选择权,若合并投资会带来好处,则买入一定的股票,以合并被投资公司。

持股水平	所有者权益百分比(%)	会计处理
无重大影响、非控制性	<20	成本法:投资在资产负债表上按成本与市场价格孰低进行计量
重大影响、非控制性	20~50%	权益法:投资在资产负债表上按成本加上根据投资者份额获得的收入减去股利
控制性	>50%	合并财务报表

这些方法下股东所持股份的实际市场价值与资产负债表上的价值不同,附注通常会对这些投资提供有用的补充信息。

权益法因其被滥用而在近些年来逐步受到关注——事实上,有些公司使用这个方法使负债游离在资产负债表之外。

5.5 表外活动:成本法与权益法

第一,正确选择会计方法并不是严格依据投资公司所持有的具有表决权股票的比例。这些数字仅仅是一个引导。根据分类选择更为精确。投资方是具有"重大影响"还是"控制性"股权?实际上,很多持股少于具有表决权股份的50%的投资者都对被投资公司具有实际控制权。一些情况下,持股比例少于20%的股东对被投资公司具有重大影响。

第二,权益法的优点是可以降低资产负债表上的负债。资产与负债抵消后,其差额计入投资者的资产负债表。因为大部分公司的资产都大于负债,所以对投资者的资产负债表而言,就仅仅是资产的增加——负债没有得到体现。

第三，当被投资公司亏损时，成本法核算在财务会计及报告上有一些优势，而当被投资公司变为盈利后，这个优势将会消失。

例5.1 成本法

一家公司投资于一家亏损公司，他们想对这家公司实施影响，而同时又想采用成本法核算。这家公司会购买被投资公司不超过20%的表决权股票，但也购买了一项可以购买额外股份的选择权（看涨期权）。

当被投资公司不盈利时，投资公司可以采用成本法。而一旦出现盈利，投资公司就会采用权益法，所以他们会行使选择权购买额外的股份以满足权益法的要求。

SEC没有明确规定投资公司行使选择权时，对投资应当如何处理，但是很显然，无论采用哪种方法都违背了会计原则。

例5.2 合并法

比上例更为普遍的是，公司试图控制被投资公司，却不想采用合并会计法。这种情况下，投资公司会采用拥有不超过50%表决权股票方式，但是实际上却可以全面地对被投资公司实施控制。这仅是降低资产负债表中负债规模的一种方法。

债权投资是投资的一种形式，包括短期和长期。短期投资包括可供销售或交易的有价证券，长期投资包括了持有至到期投资。表5.5给出了不同种类的债务证券采用的会计方法。

表5.5 长期债权投资的会计处理

债权分类	会计方法
可供出售	市价法
可供交易证券	市价法
持有至到期	成本摊销法

成本法下的可交易证券。 该项在资产负债表上按成本与市价孰低法计量，但应当按照评估的价值计价。如果资产负债表上的记录以市价为基础，那么在资产负债表日之后有价证券的价值会增加或减少，有必要进行调整。通常，附注会披露有价证券的实际市场价值和报告日期。

权益法下的非控制性权益。 附注通常会描述权益法下股票投资的性质。由于存在多种估计方法,这样一笔投资的会计记录也许并不能代表所持股份的真实价值。

5.5.1 合并与少数股东权益

若一家公司拥有另一家公司或子公司超过50%的控制性权益,则需要合并财务报表。假设母公司拥有子公司80%的权益,账面价值2亿美元。子公司的全部资产和负债要合并入母公司报表。但是母公司要承担20%不属于自己的权益,这就是所谓的少数股东权益。资产负债表上,这20%的少数股东权益以负债形式列示。

最常见的方法是将少数股东权益在资产负债表的负债部分列示,但有时也会按权益处理。它并不是对公司资产的立即求偿权,而代表母公司已合并的子公司中少数股东所占有的权益比例。

如果子公司的账面价值为负,该项目看起来更像一项资产。值得注意的是,少数股东权益是基于账面价值的。如对该资产负债表项目的分析应当按市场价值评估子公司,而不是账面价值。

假设子公司收益1000万美元。收入和费用都要合并入母公司的报表,而收益的20%并不属于母公司,因为少数股东的缘故需要从损益表中扣除这部分收益。有时,少数股东权益的处理会令人混淆。如果子公司的收益为负,母公司的损益表会体现出一个正向调整。这是因为在合并中,母公司100%地合并了全部损失。

无形资产包括许可、专利和特许权。理论上,这些资产的价值应当在公司的收益中得到体现。但是在某些情况下,一项许可或专利需要投入额外的资本以实现其全部的潜在效益,因此拥有充足资金的收购公司认为这些无形资产的真实价值应当高于其历史业绩所展现的价值。

5.5.2 表外资产和负债

在调整资产负债表方法下,在资产负债表上没有列示出来的资产和负债必须加以考虑。长期租赁义务就是一个很好的例子。SOX法案401(a)节要求表外交易必须要披露:

2003年1月22日,华盛顿——证券交易委员会今日投票通过修正案,即2002年萨班斯—奥克斯利法案401(a)条款执行生效。在1934年《证券交易法》401(a)条款中加入了13(j)条款,要求委员会于1月26日开始正式采用最终规定,并要求公司向委员会提供月报和季报,披露所有重要的表外交易、协议、义务(包括或有义务)和发行主体与未合并企业或其他个人的关系,这些可能会对当前或未来的财务状况、财务状况变动、经营成果、流动性、资本性支出、资本来源或重要的收入或费用构成产生影响。

5.5.3 长期租赁

长期租赁是特定条件下没有在财务报表中明确披露的特定负债。1973年，SEC公布了一项规定要求公司披露租赁和租入承担的义务及对现在和未来收益的财务影响。重要的租赁义务要求必须在附注中披露，但是租赁所形成的全部负债金额可能难以立即确定。这一点要记住。

分析一家公司的清算价值时需要将租赁义务视为必须偿还的负债，条件是这个假设要与融资的条款一致。持续经营假设下，基于收入的分析要将融资支付费用作为企业经营的持续成本。预期融资的支付费用应作为收入或现金流分析的一部分。

5.5.4 合成租赁

合成租赁（Synthetic Lease）是一项结构化安排的长期租赁（有时含有在租赁期末购买资产的义务），考虑到税收目的会将其视为一项贷款，而会计上会将其确认为经营性租赁，因此称为"合成租赁"。在利润表上，被当作费用处理，可以减少税负，而不必在资产负债表上体现出来（反过来可以减少资产负债表上的负债）。

> 人们都承认合成租赁本身没有问题，而是隐匿债务的行为颇受诟病。

合成租赁已经存在了很长一段时间。若不是安然公司滥用表外会计，合成租赁也不会如此臭名昭著。租赁仍然是减少资产负债表内负债的一种方式。信用评级机构在对公司进行信用评级时会对租赁事项进行调整。

5.5.4.1 税损结转或转回（Tax Loss Carry Forward/Back）

大部分情况下，存在经营亏损的公司，可以将亏损在亏损年度前3个会计期间转回，调减利润。如果在前3个年度内转回后仍有余额，剩余部分可以在以后的15个年度内结转。

因为亏损前三年的收益可知，那么税损转回的价值可以直接得出。然而由于需要估计未来应用税损结转年度的收益，因此税损结转的价值难以确定。

偶尔，一家公司也会获得税损结转（TLCF）的好处，即可以抵消收购的应纳税所得额。然而，IRS的规定相当苛刻。不论什么时候，并购公司都要重点考虑结转条件，通常收购公司必须要满足IRS提出的先决条件。

评定TLCF资格标准的主要依据是股权持续性概念（Continuity of Interest

Concept)。亏损的公司会被给予 TLCF 的权利，但这项权利并不能转给其他公司享用。如果一家公司被并入另一家公司，则可能要保证 TLCF 的完整性。持续性权益的一般要求如下：

（1）被收购公司应当按照持续经营原则被收购，即业务性质没有重大变化。

（2）如果收购是一项非应税交易，实质上终止了其中某一家被收购公司的法人实体，目标公司的股东必须要在存续的公司中持股不少于 20%。如果不满足这个条件，则调减转移的 TLCF 金额。

如果在收购中确实符合 TLCF 条件，那么就要估计 TLCF 的净现值，TLCF 现值可以通过使用存续公司在税前收益中税损结转的比例和折现率确定。

5.5.4.2 养老金计划（Pension Programs）

有时，超额养老金计划也有价值。基金状况通常会在年报的附注中讨论。养老金计划分为三类：

（1）固定收益计划（Defined Benefit Programs）——雇员福利主要依据工作年限和收到的工资，雇员没有独立的账户。用于支持养老金计划的资金一般由公司成立的信托公司负责管理。

（2）固定缴款计划（Defined Contribution Programs）——公司为雇员开设独立的账户，定期向其账户内存入资金。雇员获得的保证收益就等于账户内的金额。

（3）现金余额计划（Cash Balance Plans）——雇主每年向参与计划员工的账户存入资金，雇员可获得与长期政府债券利息率接近的收益。所谓的固定缴款计划与 401K 条款相似，将风险从公司转移至雇员。有些公司承诺利息率保证在 4% 左右。

20 世纪 80 年代，采用固定收益计划公司的养老金计划基金价值急剧膨胀。一些经理和总监开始挪用这些基金，通常这些挪用行为损坏了雇员的利益。1990 年，为限制养老金计划基金被挪用，一项税率法案获得批准执行。大概也是在这一时期，现金余额计划在公司中逐渐盛行。

1974 年通过的《职工退休收入保障法》（Employee Retirement Income Security Act）由员工福利保障管理局（Employee Benefits Security Administration）负责管理和实施，该法案重点关注员工福利的管理和披露，其中规定了基于利息及死亡率计算基金价值的方法。

5.5.4.3 其他退休福利（Other Post-Employment Benefits）

不幸的是，如果一家公司的首席执行官获得了 500 万美元的金色降落伞计划（Golden Parachute），其不会作为资产负债表项目列示出来。但是评估一家公司的清算价值时需要知道这些义务。这些为管理层提供的保障计划数额可能巨大。过去，许多义务并没有被披露出来。这点在将来可能会改变。

新的财务会计准则委员会（FASB）第132号公告，即员工养老金及其他退休后福利的披露，要求增加披露投资计划、投资战略、投资假设、福利义务及未来现金流的信息。

5.6 诉讼

诉讼的潜在责任或补偿能够对公司的价值产生实质影响。因此任何重大的诉讼都应当说明，包括审计师的报告、董事长致股东的信和报表附注。一项诉讼的财务结果也许难以估计，但有时可以在诉讼的严重性上找到一些线索。

5.7 环保责任

石油行业面临的最大潜在责任就是有关环境问题。漏油、爆炸、泄漏和污染的治理成本日益上升，也受到了监管机构和公众的严格监督。近些年来，披露环境问题的或有事项和义务的公司数量显著增加。

目前，石油行业在环境方面面临的主要挑战包括：

（1）石油泄漏诉讼；
（2）清洁能源；
（3）更严格的排放控制政策；
（4）离岸钻井；
（5）空气质量；
（6）污染与清理；
（7）废弃、拆除及恢复（DR&R）；
（8）教育及公共关系。

许多公司都面临着有关环境赔偿和法律诉讼等重大财务风险。美国环保署（EPA）在《超级基金法案》❶中明确规定了承担被污染地区清理的潜在责任者（Potentially Responsible Party，PRP）。估计潜在的财务影响比较困难，在10-K报告的法律事项部分及报告后面的事件列表和8-K文件（第14项）中可以寻找相关线索。

环境风险和潜在的诉讼案件犹如一块布满地雷的土地，预计今后的情况只会变得更糟。几乎所有的企业都在一定程度上存在风险，分析师会对预防措施和已有的或有财务事项展开逐步深入分析。

---

❶ 超级基金法案，即Superfund，有毒废物堆场污染清除基金。

1989年，威廉王子湾，埃克森公司瓦尔迪兹漏油事故：

1989年3月24日，埃克森公司瓦尔迪兹——埃克森船务有限公司（Exxon Valdez——Exxon Shipping Co.）的一艘油轮，在阿拉斯加的威廉王子湾（Prince William Sound）海域搁浅，导致大约260000桶原油泄漏到该海域。直至当年底，Exxon用在漏油污染清理上的花费已经超过16亿美元。公司收到170多项针对这次漏油事故的法律诉讼，包括集体诉讼。Exxon在其1990年年报中披露道，1990年2月，一项控告被Alaska州Anchorage美国联邦地方法院驳回——控告Exxon违反了废物排放法案（Refuse Act）、候鸟法案（Migratory Bird Treaty Act）、清洁水法案（Clean Water Act）、水运安全法案（Ports & Waterways Act）及危险货物法案（Dangerous Cargos Act）。

> Exxon曾在2002年12月10日预计Exxon Valdez漏油事故赔偿可达40亿美元，并请求上诉。

十余年后，XOM在其2002年给股东的委托书中指出："Exxon Valdez搁浅的最终成本花费难以预计，最终的解决可能需要数年的时间。"

5.8 废弃、拆除及恢复——弃置义务

有些情况下，废弃、拆除及恢复（DR&R）成本相当大，离岸的钻井平台尤为如此。理论上讲，会计应当将其确认为负债，然而情况通常并非如此。据估计，阿拉斯加的北坡（North Slope）海域大约存在27亿到60亿美元的清理义务，但绝大部分没有在公司的资产负债表上得到体现。公司必须为满足最终的DR&R成本投入大量资金。因此，必须要充分披露这些潜在的成本，然而目前许多公司并没有这样做。

如果分析师怀疑大额DR&R成本支出的情况即将发生，必须要对其可能性进行调查。一些公司所拥有资产的废弃及清理成本远远超过了资产的实际可收回残值。是否已对这些废弃成本或清理成本设置基金？已设置的基金是否充足？

不同地区对DR&R的观点也不同。在墨西哥湾地区，Rig-to-Reef工程（平台被废弃后，遗留在海上形成人工的暗礁）是被接受的且认为是成功的，加利福尼亚不太愿意接受Rig-to-Reef遗弃方案，挪威则根本不接受这个方法。

5.9 表外承诺义务

安然公司破产后，其所用的特殊目的实体（Special Purpose Entity，SPE）和表外会计方法在能源行业内备受关注。许多公司过去都使用过特殊目的实体，并且是合法的。尽管并没有在记者发布会上最初报道的那样多的SPE，安然公司仍然拥有大量的复杂SPE。

除了租赁（前面述及过），还存在其他类型的表外义务。这方面非常复杂，分析师必须要认清租赁的各种变化形式。

必付合约（Take – or – pay Agreement）20世纪80年代在天然气行业广泛采用。必付合约规定，即使购买者最终没有购买天然气，天然气购买者也必须承担一项义务，即必须支付一定的最低款项。一些这样的合约形成了实质性负债，但没有在财务报表或其他财务报告中披露。附录7列举了其他类型的表外交易。

5.10 钻井义务

油气行业的上游勘探领域中，大部分的主要支出都用于钻井。通常，在资本实际投入之前，钻井义务工作量就已经规定好了。这些钻井承诺实质上已经形成短期或长期义务，但没有在资产负债表中揭示。

按照持续经营假设评估一家公司时，这种承担的义务没有评估其清算价值时那么重要。

5.10.1 总结

对公司资产负债表的分析很少有像本章所阐述的这样苛刻的要求。每一个类型的资产负债表项目都有可深入详细讨论的参考依据。人们永远不会知道将会发生什么。

独立的石油公司中（勘探和生产型公司），资产负债表调整通常较为简单，并没有一体化石油公司的分析那样复杂。这是因为其资产组合没有后者复杂，主要资产的类别也较少。不管怎样，他们计算方法还是相同的。

5.10.1.1 调整账面价值法（一体化石油公司）

　　总流动资产
　－总流动负债
＝营运资本
　＋存货或其他流动资产的价值增值
　＋石油资产的评估价值
　＋天然气资产的评估价值
　＋非生产性资产的土地价值
　＋炼化运营的评估价值
　＋加油站和销售机构的评估价值
　＋其他资产，如超额养老金计划
　－长期负债
　－递延税项的50%（一般情况下）

       －优先股（市场价值或清算价值）
       －少数股东权益
       －其他负债，如资本化租赁义务
    ＝调整的账面价值
    ＝评估的股东权益价值

5.10.1.2 股利折现估值（Dividend Discount Valuation）

股票所有权最吸引人的一面就是每季度的股利支付。这也是股利容易影响投资者情绪的一个原因，管理层非常关注股利增减变动信号传递的影响。

股利折现估值技术的基础就是预期股利现金流的现值。有时这种方法也被称为投资价值法（Investment Value），因为股利在过去曾被认为是投资公司股票的决策依据。从投资者观点看，收益应当包括股利和未来出售时点的资本利得。理论上讲，出售价值取决于出售时点另一个投资者愿意为预期股利现金流所支付的对价。

股利模型通常假设股利的支付是永续的。这个分析技术要求对未来股票业绩进行分析，不仅包括股利支付方式，也包括潜在的增长率。估计股票价值的一个简单方法就是依据股利率和预期股价增长率进行分析，也就是所谓的"戈登股利模型"（Gordon Dividen Model）。

戈登股利模型：

$$P = \frac{D}{(i-g)}$$

式中　P——股利现金流的现值；
　　　D——股利；
　　　i——要求收益率；
　　　g——增长率。

该模型假设每年年末支付股利，尽管实际上股利是每季度支付的。

5.10.1.3 CVX 的股利折现估值

CVX 在 2001 年年报中披露每股股利为 2.65 美元，增长率为 5.4%（1992 年至 2001 年），假设折现率为 10%，则股利现金流的现值为：

$$P = \frac{2.65}{(0.10 - 0.054)}$$

$$= \frac{2.65}{0.046}$$

$$= 57.61（美元）$$

股利按10%资本化，在上述假设条件下，股票价值为每股57.61美元。而这一时期，股票的交易价格范围为每股80~100美元。

按照惯例，股利折现方法假设公司符合持续经营原则，会持续经营下去。

石油天然气行业的股利很少能成为股价的驱动因素。20世纪90年代初，本书第一版问世之际，油气公司的股票收益率为5%~6%；如今，收益率在2%~3%间波动。

5.10.1.4 资本化收益（Capitalized Earnings）

P/E值是披露最广泛的统计指标，几乎每个股票都公布这个指标。投资者在选择股票时，总是首先选择P/E值较低的股票。尽管不再具有以前的优势地位，这个指标仍常常被股票分析师用于估计股票的合理交易价格。

由于许多公司都不支付股利，基于增长率的股票估值方法就会采用收益资本化模型，与股利折现模型所用的方法一样。

假设股票的每股收益为5美元，相近股票的交易价格为每股收益的8倍。这个乘数暗示净折现率为12.5%。如果的确与同一行业内的其他同类股票相似，则该股票的交易价格为应当为每股40美元。然而，如果股票预期增长率比其他类似股票高2%，那么相应的乘数将是：

$$P/E = \frac{1}{0.125 - 0.02}$$

$$= 9.5$$

若P/E值为9.5，每股收益为5美元，那么每股价值为9.5×5.00美元 = 47.5美元。

5.10.1.5 推导的P/E乘数（Theoretical P/E Multiple）

戈登股利模型的一个衍生形式提供了计算一家公司股票理论P/E乘数的方法。

$$P/E = \frac{D/E}{(i - g)}$$

式中　P——每股价格；

　　　E——每股收益；

　　　P/E——市盈率；

　　　D——股利；

　　　D/E——股利占收益的百分比；

　　　i——利息率或折现率；

　　　g——增长率。

在石油天然气行业中，支付的股利大约为净收益的35%。假设折现因子为12%，预期增长率为8%，则 P/E 计算结果为：

$$P/E = \frac{0.35}{0.12 - 0.08}$$

$$= \frac{0.35}{0.04}$$

$$= 8.8$$

与股利模型一样，当增长率接近利息率时，等式值开始突增——趋于无限大。模型本身没有实用价值，但是可以帮助分析影响股票 P/E 值的不同因素之间的关系。

股利占收益的百分比在不同公司和行业中是不同的。当收益随不稳定的油价波动时，比率也随之变动，而公司管理层试图要保持稳定的股利政策。股价较为稳定的时期，股利支付政策存在一个总趋势，这点在表5.6中进行了总结。

表5.6 股利支付率（1992年和2001年）

需要注意——股利支付率是收益的函数，而收益是油价的函数。另外，本表格所选择的公司仅仅包含本行业内支付股利的公司。

单位：%

行业类别	股利支付率 1992年	股利支付率 2001年
能源部门		
一体化油气公司	88	40
油气钻井公司	55	14
油气设备及服务公司	49	31
油气勘探及生产公司	48	23
油气炼化、销售及运输公司	42	16
事业部门		
电力事业公司	80	69
天然气事业公司	70	66
多元化事业公司	78	49

来源：Standard & Poor's Guide to Energy Stocks, 2002 Edition。

可以看出，能源部门和公用事业部门公司的股利支付率都在下降。这并不意味着公司支付的股利总额也降低了。所选样本中，很多公司都保持股利总额不变，因此随着收益的上升，比率下降。

5.10.1.6 基本要素发生变化

重要的基本要素就是利率和增长率。其他因素也很重要，但是它们取决于特定股票的增长预期。而基本要素发生变化时，整个市场都会对此作出反应。所有的估值公式都表明随着利率的上升，总体来讲，股票价格和 P/E 值都会降低。这些公式同样表明，类似于增长率一类的假设只能用于解释判断特定的收益乘数。

过去几年间，利率水平发生了显著的变化。和其他因素共同作用形成的结果就是，P/E 值的发展趋势也发生了变化。20 世纪 40 年代末和 50 年代初，通常一只股票的交易价格是其每股收益的 8~12 倍。到 20 世纪 60 年代，P/E 值开始上升，股票在 15~20 倍收益的价格交易。自 1940 年开始的 40 年间，DJIA（道琼斯工业平均指数）的 P/E 值为 14.4。1961 年至 1962 年危机前，DJIA 的平均交易价格为收益的 23 倍。1974 年，道琼斯工业平均指数 P/E 值最低点为 6，第二年保持在 10 以上。1987 年 10 月危机之前，道琼斯工业平均指数 P/E 值高于 20。到 20 世纪 90 年代初期，有所上升，之后在 90 年代中期再次下降，随后开始反弹。表 5.7 总结了利息率和其他市场指标的一些变化趋势。

表 5.7 市场的历史趋势

年份	道·琼斯指数[2] 平均 P/E 值	股利率（%）	穆迪 Aaa 公司债券收益率（%）	银行最优惠利率[3]（%）	CPI 增长率[1]（%）	美国长期政府债券利率[4]（%）
1973	10.7	3.8	7.4	8.03	6.2	7.12
1974	7.7	5.0	8.6	10.81	11.1	8.05
1975	10.6	4.7	8.8	7.87	9.1	8.19
1976	10.1	4.2	8.4	6.84	5.7	7.86
1977	10.0	5.1	8.0	6.83	6.5	7.75
1978	7.3	5.9	8.7	9.06	7.6	8.49
1979	6.8	6.0	9.6	12.67	11.3	9.29
1980	7.3	6.1	11.9	15.27	13.5	11.30
1981	8.2	6.0	14.2	18.87	10.3	13.44
1982	14.3	6.1	13.8	14.86	6.1	12.76
1983	14.0	4.7	12.0	10.79	3.2	11.18
1984	9.8	5.1	12.7	12.04	4.3	12.39
1985	12.5	4.7	11.4	9.93	3.5	10.79
1986	15.8	3.7	9.0	8.33	1.9	7.78
1987	14.1	3.1	9.4	8.20	3.7	8.59
1988	9.0	3.9	9.7	9.32	4.1	8.96
1989	10.7	4.1	9.3	10.87	4.8	8.45
1990	13.4	4.0	9.3	10.01	4.5	8.61

续表

年份	道·琼斯指数② 平均 P/E 值	股利率（%）	穆迪 Aaa 公司债券收益率（%）	银行最优惠利率③（%）	CPI 增长率①（%）	美国长期政府债券利率④（%）
1991	31.8	2.8	8.8	8.46	4.2	8.14
1992	19.7	3.2	8.1	6.25	3.0	7.67
1993	17.7	2.9	7.2	6.00	3.0	6.59
1994	14.2	2.8	8.0	7.14	2.6	7.37
1995	13.1	2.6	7.6	8.83	2.8	6.88
1996	15.2	2.3	7.4	8.27	3.0	6.71
1997	17.7	1.8	7.3	8.44	2.3	6.61
1998	21.8	1.8	6.5	8.35	1.6	5.58
1999	21.8	1.6	7.0	8.00	2.2	5.87
2000	21.5	1.6	7.6	9.23	3.4	5.94
2001	24.7	1.8	7.1	8.38	2.8	5.49
2002			6.6	4.75		5.43

① 来源：Department of Labor。
② 来源：Value Line Publishing Inc。
③ 来源：www.economigaic.com/en-cgi/data.exe/fedbog/prime。
④ 来源：www.fedralreserve.gov, 30-year bonds。

资本化收益实质就是净现值理论。但是基于收益的公式并没有考虑股利，因此，获得相同收益而采取不同股利政策的公司之间在估值上没有区别。然而不支付股利的公司决不会与将收益的一半用于支付股利的公司具有相同的交易价格。

使用收益法确定一家公司或商业实体的价值需要先估计出收益增长率并采用合适的资本化率。许多证券分析师对特定的行业或同类型的企业会选择采用以常用的 P/E 值为基础的收益乘数进行分析。

分析师通常采用预期三年平均收益或当前的收益水平计算收益乘数。在能源行业，预测收益的关键主要基于对下列因素的预期：

（1）产品价格；
（2）生产率；
（3）成本及费用。

到目前为止，如果分析师想要详细阐述每一个问题，那么最好的办法很可能就是继续进行现金流量分析，而收益分析恰恰缺少对现金流的分析。

影响 P/E 比率的其他因素同样值得注意，如下：

（1）稳定性。波动性相对较低的股票同类似股票相比，其 P/E 乘数会高出 1 至 2 个基点。波动性，或 beta 值，用于衡量风险水平。

（2）现金流强度。市场更信任充足的现金流，而不是收益。收益为负的公司仍可以其现金流或资产的价值为基础进行交易。在存在大量冲销或行业环境恶化的情况下，收益短期内受到较大影响时，这一方法尤为适用。对于公司而言，最关键的指标就是现金流。

（3）杠杆。市场似乎更青睐低负债的公司，熊市时期尤其如此，P/E 值通常会比平均值高出 1 或 2 个点。

（4）收益率。假设其他因素相同，特别是增长预期，理论上，市场通常会给股利支付较高的公司确定一定的溢价。支付股利且股利收益率较高的公司一般来讲其 P/E 值也较高。有些分析师认为股票价格与股利增长率关系更为密切，而不是收益增长率。然而，反对者也指出，一些未支付股利的股票却比支付股利的股票有较高的 P/E 值。这看起来有点让人迷惑，也很有挑战性，对于那些试图确定公司股利政策的总监和管理层而言尤为如此。尽管这些关系普遍存在，但也有许多例外情况。

反对支付股利的最主要争论点在于股利实际上被重复征税，这点是股东很关注的。如果公司不支付股利，理论上讲，股东将只获得资本利得。然而，随着 1986 年税务改革法案的实行，两者的税收差异其实已经消除了。个人所得税率最高为 31%，资本利得税率为 28%，这样不支付股利的观点再也站不住脚了。

收益资本化方法其实就是净现值估值方法的一种应用形式，是一种很粗略的经验方法。但是，与许多经验方法一样，这种方法有时可以很快速地给出价值的近似值，或者至少很形象地指出发展趋势。

估值最好的方法应当是现金流折现分析法（Discounted Cash Flow Analysis）。

5.10.2 现金流折现分析法

现金流分析是财务理论领域中较为复杂且广受争议的话题。现金流的概念经常被误解，也因存在大量相关的定义并涉及众多的变量，而被误用，甚至在不同的行业有着不同的定义。

5.10.2.1 现金流

最简单、最常用的石油公司现金流计算公式如下：
现金流 = 净利润
　　　　+ 折旧、折耗及摊销
　　　　+ 勘探费用
　　　　+ 递延税

表 5.8 列示了现金流概念的不同观点，华尔街有时对此也有不同的看法。
在大部分行业内，对现金流的处理其实就是扣除折旧前的净利润，有时也被

> 完全成本法公司会将勘探干井的成本进行资本化。将勘探费用和DD&A加回到净收益中，完全成本法和成果法公司的差异就会消除。

称为现金收益,这种定义对快速分析很有帮助。现金流是评估利润表和现金流量表首先要考虑的因素。对于细分市场而言,比如炼化、销售运营或管道,净利润和折旧、折耗及摊销也许是用于估计现金流的全部可用信息。

总体来讲,这些公式就是最常用的。虽然这些简单的定义存在缺陷,但是大部分分析师对此很清楚,他们仍然经常使用。

表5.9对比分析了两家公司的简化利润表,以说明现金流的重要性。

表5.8 现金流的两种概念

相同的事物,不同的理解! 油气行业工程师或经济师在与华尔街的工作人员讨论采用现金流分析法时,通常会进行这样的简单对比分析,华尔街习惯于将利润表中的净利润数加回DD&A,以获得现金流。

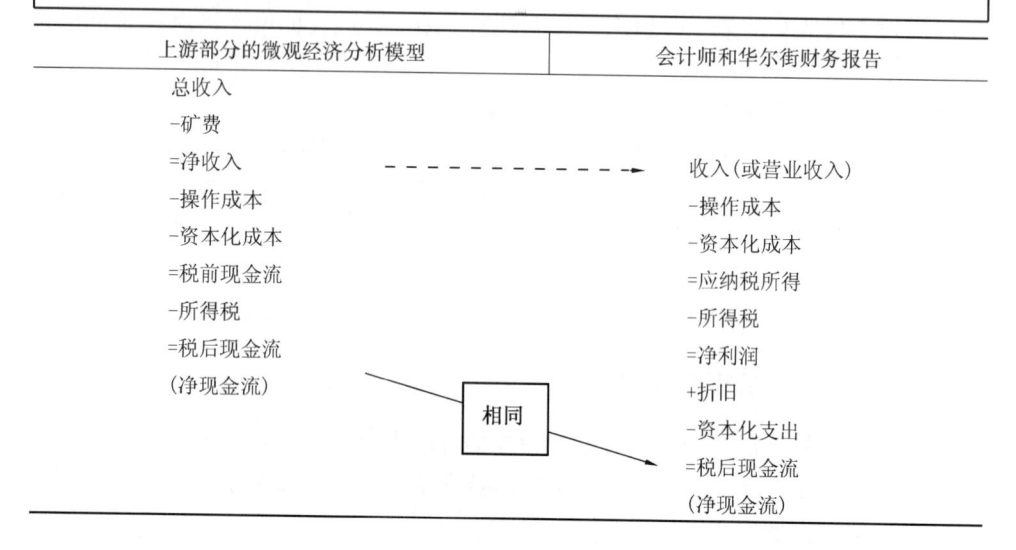

上游部分的微观经济分析模型	会计师和华尔街财务报告
总收入	
-矿费	
=净收入	收入（或营业收入）
-操作成本	-操作成本
-资本化成本	-资本化成本
=税前现金流	=应纳税所得
-所得税	-所得税
=税后现金流	=净利润
（净现金流）	+折旧
	-资本化支出
	=税后现金流
	（净现金流）

表5.9 收益与现金流对比

成果法和完全成本法会计方法在折旧上的差异会对纳税产生影响。"税前现金流"可以使公司分析基础相对一致。

单位：美元

项 目	公司A 成果法（SE）	公司B 完全成本法（FC）
收入	10000	10000
减：费用支出	7000	7000

续表

项　目	公司 A 成果法（SE）	公司 B 完全成本法（FC）
干井成本	1000	0
折旧、折耗及摊销	1500	2000
税前利润	500	1000
所得税（34%）	170	340
税后利润	330	660
一般概念的现金流	2830	2660
税前现金流	3000	3000

公司 B 的净利润是公司 A 的两倍，但公司 A 的现金流更多。会计折旧方法上的差异影响了税收支付金额。利用税前现金流分析是一种能使两家公司更具可比性的方法。

5.10.2.2　净利润与现金流

同净利润相比，投资委员会是不会忽视现金流的重要性及其优先地位的。净利润和收益乘数由于数据容易获得，经常被媒体使用，但许多分析师仍然关注现金流。

在石油行业，不同会计方法的应用往往会导致不同的报告利润。通过将净利润调整为现金流，就能消除完全成本法与成果法会计方法之间的差异。这样现金流量分析就可以将公司置于同一口径上进行对比分析。

然而，根据定义，现金流概念仍不能像利润指标那样很好地反映企业真实的盈利能力。

折旧的处理是一个很重要的问题，简单地将 DD&A 加回净利润应当给予合理的解释。通常对现金流的处理方法是将非现金费用加回到净利润中，这就错误地忽略了资产的更新问题。分析师很清楚资产折旧和摊销计提的合理性。

现金流最佳的定义应该是在持续经营假设下维持公司运作所需的资金。如果是公司进行自我清算的情况，现金流分析应当忽略注入资本或维持资本的需要。有限合伙制公司的现金流实际上就符合这一观点。

5.11　会计调整

有时，在特定行业或特定情况下，现金流计算会需要一些会计调整和变化。详细的现金流分析包含了公司战略调整的假设。某些支出也许并不是必要的，尤其是在短期财务困境的情形下。

大部分分析师都是以净利润为起点，通过调整计算出合理的现金流。对非付现费用和非常事项的调整可以消除现金流和净利润间的差异。非付现费用因其概念有些抽象，理解比较困难，然而，一旦理解了这个概念，就能够掌握财务分析的真正内涵。计算现金流需要调整的部分包括以下事项：

（1）DD&A；

（2）递延税；

（3）非常事项；

（4）资产出售损失；

（5）资产账面价值核减；

（6）资产出售利得；

（7）勘探费用；

（8）研究开发成本；

（9）运营资本变化。

5.11.1 净利润

净利润是现金流分析的起点。影响净利润的一次性非常事项需要调整。最简单的调整就是资产出售的利得和损失。分析师会在利润表和现金流量表中寻找相关信息。如果创造利润的资产被出售，预测利润和现金流时则需要更进一步的调整。

5.11.2 DD&A

DD&A 通常是计算现金流所要考虑的重要因素。现金流这一概念之所以被误用和错误理解，原因就在于过分关注了 DD&A 的非付现方面。

对三年前购买的计算机所计提的折旧是非付现的费用，但是不久的将来便要考虑设备更换的问题，这便突出了现金流量理论最重要的一方面。许多人都关注在折旧的非付现角度，而忽视了——理论上讲——资本应当是能够维持企业经营所需的资金。对于折旧存在着三种不同角度的理解：

（1）税收目的的折旧：通常是加速折旧。

（2）会计折旧：通常采用直线法，尽管有时采用加速折旧法，但在附注中会进行解释。

（3）经济折旧：考虑角度是物理折耗、磨损和技术过时。

经济折旧是不可忽视的真实损耗。从持续经营角度评估一家公司时，这方面必须加以考虑。仅将折旧加回的现金流分析实际上忽视了经济折旧问题。

税收目的的折旧和会计折旧间的差异就是递延税产生的原因。

5.11.3 递延税

利润表上的递延税费用科目并不是实际支付给政府的税项，本章前面已经讨论过。实务中，公司实际仍然持有这笔资金，而且暂时不需要支付递延税费科目内的金额。正因如此，递延税费被视作非付现费用。大部分分析师都会将会计期间内的递延税费和其他非付现费用加回到净利润中计算得出现金流。

5.11.4 非常项目

诸如资产出售的利得和损失、资产账面价值冲减等这类非常项目通常会在计算现金流时剔除。因为这些一次性的、非重复发生的事项不是正常公司业务的组成部分。现金流分析的目的就是要剔除这些事项的影响，而真实地反映出公司创造现金流的能力。一些非常事项本质上是非付现的，而另一些或为公司提供了现金、或消耗了公司的现金资源。判别非常事项的关键问题就是其是否为一次性的独立事项。

5.11.5 其他调整

少数股东权益并不常见，但是对其调整却较为复杂。合并子公司的少数股东权益在前面已经述及。

由于分配的收益并非是实际获得的现金，少数股东损益的调整会夸大现金流。对未纳入合并范围的子公司的股东权益只核算收到的现金股利。

5.11.6 勘探费用

将勘探费用加回到利润中，可以抵消完全成本法和成果法会计方法的差异，从而可对公司的现金流创造能力进行对比分析。勘探支出较多的公司通常支付的税较少。因此，对勘探费用的常用调整方法是将其乘以1减税率t（即$1-t$）。

5.11.7 研发支出

研发支出（R&D）也需要加回到净利润中。投机者经常会将 R&D 支出视为可用的现金流用以偿付并购带来的负债。这点实际上困扰了很多人，因为很显然这将有损公司的竞争力。

注：在油气行业，R&D 支出大约为收入的 0.5%，对比其他行业是一个相当小的比例。然而，如果将勘探和开发费用视为 R&D 支出的一部分，其比例就上升至 5%，与其他行业相当。

5.11.8 利息费用

另一项常见的调整就是将利息费用加回，用以评估公司债务偿付前的现金创造能力。这能够使公司的对比分析不受财务杠杆的影响。因为利息费用可以税前扣除，那么对税收影响的调整就是将利息费用乘以1减税率 t（即 $1-t$）。

估计公司价值时，利息费用通常已经包含在了预测的现金流中，债务从现金流折现价值中扣除。

5.11.9 自由现金流

作为必要资本性支出的维持资本，需要处理的其实就是自由现金流与普通现金流间的差异，即简单加回净利润中的 DD&A 和其他非付现费用。对于石油公司而言，维持资本包括钻井和维护设备（如炼油设备和管道）所必需的资金。

> 自由现金流是扣除维持生产所必需的资本性支出后的可用现金流。

自由现金流 = 净利润
　　　　　+ DD&A
　　　　　+ 勘探费用
　　　　　+ 递延税项
　　　　　+ 其他非付现费用
　　　　　- 维持生产设备所必需的资本性支出
　　　　　- 优先股股利

按照持续经营原则分析时，对维持资本的处理会因决策的成败而不同。许多分析师在快速分析时将其忽略，但他们是不会忘记其重要性的。

估计维持资本需求的一个方法就是确定勘探及开发成本的合理支出。储量替代成本，虽然并非完全可信，但却被广泛应用。针对特定的公司估计储量替代成本仍是可行的。

5.11.9.1 可支配现金流（Distributable Cash Flow）

可支配现金流就是已支付优先股股利而尚未支付普通股股利时的现金流。这些资金可以满足再投资和支付普通股股利的需求。大部分可支配现金流的定义都是对分配普通股股利前的现金流概念进行了一定程度的变化——使之更符合这个定义。

5.11.9.2 自由支配现金流（Discretionary Cash Flow）

自由支配现金流这个术语使用的相当频繁。这里的定义是实际全部可用的现金流。可以用这部分现金流进行股利支付或开展风险勘探活动。类似的定义并没有将普通股股利和优先股股利视作可自由支配现金流的一部分，因此将其扣除。支持这一逻辑的合理解释就是管理层实际上并没有太多的空间来决定股利是否可以自由支配。

以下列举了几家公司对自由支配现金流的定义：

（1）自由支配现金流就是净利润加非付现费用和勘探费用。Cabot Oil&Gas Corp. Form 8 – K，30 – Oct – 2003.

（2）自由支配现金流的定义就是由经营活动提供的、在支付营运资产和负债费用及勘探费用前的现金流。Pogo Producting Co. 2003 Annual Report.

（3）自由支配现金流——净利润加折旧、勘探费用、来自非合并子公司的损失、来自非合并子公司的利润分配、递延所得税、减资本化利息。Noble Energy 4 th Quarter 2003.

这些定义看上去不同，但实际上阐述的是相同的概念。自由支配现金流作为衡量企业维持勘探活动能力的指标，已经被广泛使用和接受了。但其还不是一般公认会计原则（GAAP）的衡量指标，必须同其他 GAAP 的指标和对比方法一同使用。

5.11.9.3　经营活动现金流（CFFO）

经营活动现金流是指在特定会计期间内能获得的现金数额。经营活动现金流在现金流表的第一部分列示。

CFFO 数值有时会被视作现金流量。尽管同常用的用于估计公司价值或预测长期盈利能力所使用的现金流不同，但是偶尔情况下是可以接受的。CFFO 与现金流两者的主要区别在于现金流快速分析中营运资本增加或减少的处理。这就解释了为什么现金流量表要在解释营运资本变化前，先总结经营活动提供的净现金流量。

这里要考虑的一个重要问题就是并非所有的成果法公司现金流表内对干井成本的处理方式都相同。可能有一半的成果法公司在计算 CFFO 时会将干井成本作为净利润的调整项加回，另一半的公司则不这么做。2000 年，Chevron 就是这样操作的，而 Texaco 则没有。

5.11.9.4　预计现金流的估值分析（Valuation Analysis of Cash Flow Estimates）

估值对现金流有两种不同的处理方法。最好的方法就是现金流折现法——以收入、费用、DD&A 及资本需求所预期的现金流为依据。另一种方法就是简单地资本化现金流或使用现金流乘数，可以作为现金流折现分析方法的一种替代。

5.11.9.5 预计现金流分析（Pro forma Cash Flow Analysis）

若分析师决定对一家公司进行详细的分析，预计现金流模型是一个标准的工具。表 5.10 列举了一个标准的现金流分析模型的案例。

表 5.10　X 公司预期现金流量

单位：百万美元

预期自由现金流	第 1 年	第 2 年	第 3 年	第 4 年	第 5 年	第 6 年	第 7 年	第 8 年
净利润	31	35	37	41	44	48	52	56
＋非常事项	5	4						
＋DD&A	43	43	42	42	42	42	42	42
＋（1－t）×利息费用①	2	2	2	2	2	2	2	2
＋递延税	4	4	4	5	5	5	5	6
＋勘探成本	12	12	12	12	12	12	12	12
－需要资本投入②	(10)	(10)	(10)	(10)	(10)	(10)	(10)	(10)
－营运资本增加	(1)	(1)	(1)	(1)	(1)	(1)	(1)	(1)
－股利	(3)	(3)	(3)	(3)	(3)	(3)	(3)	(3)
自由现金流总计	83	86	83	88	91	95	99	104
折现因子（15%）	0.93	0.81	0.71	0.61	0.53	0.46	0.40	0.35
折现现金流	77	70	59	54	48	44	40	36
现金流折现总计（8 年）	4.28 亿美元							
减：负债	0.3 亿美元							
现值－负债	3.98 亿美元							

① （1－t）是税前扣除利息费用的税后调整。勘探费用也按照这个方法调整。既可使用法定利率，也可使用实际利率。

② 该项是对预计储量替换成本的考虑。如果公司 1990 年生产 100 万桶石油，每桶替换成本为 10 美元，则为保持产量至少需要 100 万美元的资本投入。

③ 括号代表负值。

该案例表明随着公司的成长，公司对营运资本（W/C）的需求也在增加。营运资本的额外需求是一项实际的支出。现金流量第 1 年为 8300 万美元，第 8 年增长至 10400 万美元。8 年内现金流量的现值为 42800 万美元，折现率为 15%。利息费用包含在预期现金流中，公司负债可直接从预计现值中扣除。

5.11.9.6　资本化现金流

现金流资本化和现金流乘数都是估计公司价值的简单方法，而预计现金流分析并不是快速分析。现金流乘数法与收益乘数法相似，但是前者的计算结果总是更为合理。

现金流乘数为 5 意味着资本化率为 20%，但是这个比率是针对永续现金流而言的。

一家公司或实体根据以下乘数估值，可能会有不同的估计价值：

（1）当期现金流；

（2）过去三年的平均现金流；

（3）三年平均预计现金流。

如何选择合适的乘数通常是依据经验和过去交易的发展趋势来判断。

最常用的现金流乘数其所依据的现金流定义并不是很复杂。乘数 5 乘以表 5.10 中 X 公司第 1 年的现金流（净利润 + DD&A + 勘探费用 + 递延税项）得到 4.5 亿美元的估值（5×0.9 亿美元）。

这种方法有时会用于估计残值。残值是潜在的未来收入超出预期现金流部分的现值。表 5.10 案例中的残值就是第 8 年之后的现金流的现值。实务中，残值并没有受到广泛关注。公司并购通常依据的是预期 8~12 年的现金流。

资本化现金流：

$$PV = \frac{CF}{i-g}$$

式中　CF——现金流量；

　　　PV——现值；

　　　i——利率或折现率；

　　　g——增长率。

Chevron 和 Texaco 2000 年现金流及资本化现金流计算方法（单位：百万美元）：

	Chevron	Texaco
现金流	9005	4951
负债	21339	17423
$i = 20\%$		
$g = 3\%$		
PV	$=\dfrac{9005}{0.17}$	$=\dfrac{4951}{0.17}$
	$= 52970$	$= 29123$
资本化现金流比率	$\dfrac{\text{Texaco}}{\text{Chevron}} = \dfrac{29123}{52970} = 0.55$	
减负债	$= 52970 - 21339$	$= 29123 - 17423$
	$= 31631$	$= 11700$
	$\dfrac{\text{Texaco}}{\text{Chevron}} = \dfrac{11700}{31631} = 0.37$	

若现金流乘数为4，则Texaco公司的价值为468亿美元。

5.11.9.7 现金流生命期（Cash Flow Life）

有时会用到现金流生命期概念。在代数方法下，市价与现金流的比率可看成一个以年数为衡量单位的指标。这样，生命期为5年的现金流实际同现金流乘数为5意义相同。

5.11.9.8 现金流乘数（Cash flow Multiple）

20世纪80年代初期，杠杆收购的价格通常是自由现金流量的3~4倍。至1985年，该比率上升到4~5倍，随后继续攀升至6~7倍。乘数上升是竞争加剧和垃圾债券融资所致。遗憾的是，许多案例都证实了高价格之中含有大量泡沫成分。公司期望获得较高的现金流增长率以偿付并购债务，否则，收购公司会陷于困境。如果是在乘数较低时收购，如3或4，便使得收购者即使在增长停滞或收购初期负增长率的条件下也能清偿负债。

一些分析师对此进行了深入分析。通过调整资本结构中的负债规模，可使公司处于可比的基础上。该方法同债务调整账面价值乘数相似。

5.11.9.9 债务调整现金流乘数

$$债务调整现金流乘数 = \frac{每股价格 + 每股债务}{每股现金流}$$

Chevron和Texaco 2000年债务调整现金流乘数计算如下：（单位：百万美元，股价除外）

	Chevron	Texaco
每股股价❶	88	53
负债（全部债务）	21339	17423
现金流	9005❷	4951❷
普通股数量	712.5	567.6

Chevron

$$= \frac{88 + 21339 \div 712.5}{9005 \div 712.5}$$

$$= \frac{118}{12.6}$$

$$= 9.4$$

Texaco

$$= \frac{53 + 17423 \div 567.6}{4951 \div 567.6}$$

$$= \frac{83.7}{8.7}$$

$$= 9.6$$

---

❶ 为合并日股票价格。
❷ 使用第4章计算的现金流量。

5.11.10 经营利润乘数

经营利润乘数（Operating Income Multiple）有时也用于估值，其与现金流乘数方法类似。

经营利润是营业收入减去相关税费和成本，不包括财务费用、非常项目或辅助活动引起的支出。尽管利息费用是一项合理的费用，但计算经营利润时通常并不考虑。

经营利润也可称为净营运收益（亏损）和净营运利润（亏损）。这个指标通常在年报或 10-K 报告的分部信息中披露。经营利润乘数通常在某一业务分部报告中应用，比如炼油和销售部门。选择用于评估分部（或公司）的乘数在理论上应当是基于经验和被评估分部行业性质判断的。对于炼油和下游部分，评估中所采用的经营利润乘数范围是 4~8。在快速评估中也使用该乘数，但受到很多因素的影响。因此如果能与其他估值方法结合使用，其将会更具有意义。

5.11.11 可比交易

可比交易（Comparable Sale），顾名思义，就是以相似（或可比）公司或资产的销售为基础进行价值评估的一种对比性分析方法。从各方面看，该方法是最重要的分析方法之一。评估其他公司或资产的支付对价是估值理论的一个简化方法。理论必须要同市场的实际保持一致。

采用可比交易分析方法估计公司价值，其基本前提是能够找到近期类似的公司交易。与被分析公司几乎一样的可比交易很难找到，因此，在某些情况下很难应用可比分析方法。然而可以从其他方面进行对比分析，如将公司同某一家公司或整体行业发展趋势及统计数据进行对比分析。对比分析一般包括以下几个方面：

（1）现金流量分析或现金流乘数；
（2）收益变动趋势及乘数；
（3）预计拆分价值；
（4）账面价值及账面价值乘数；
（5）总资产；
（6）基本单元价值或单位生产成本。

石油行业中常用的单位成本对比分析就是公司油气储量单桶收购成本的比较。

在美国和欧洲，储量资产的收购交易相当活跃，这些交易为对比分析提供了依据。

可比交易分析有很多方法。一些分析师会将地下储量的支付对价与大型公司并购中储量的支付对价进行区分对比。一般来讲，储量资产收购中单桶支付对价要高于公司收购中的单桶支付对价。这点将在第8章中讨论。

墨西哥湾的储量资产——与陆上资产相比——在收购价格上经常会得到每桶1.50~2.00美元的溢价，部分原因在于墨西哥湾的油井单井日产量为180~200桶。离岸资产的矿区使用费税率总体较低，在联邦海域内不征收州政府采掘税（State Severance Tax）。

在炼油行业，单位成本的对比通常以蒸馏能力为基础。一项并购交易可以通过每日桶的收购成本衡量。如果每日生产10万桶，销售4亿美元，则每日桶成本的可比价格为4000美元。分析师可以利用这个数据对另一家炼油企业进行分析。

表5.11 平均每桶收购价格

注：6百万立方英尺的天然气相当于1桶石油。下表中，我们将1百万立方英尺天然气的价格同1桶石油的价格进行比较。平价比（Price Parity）就是将天然气价格乘6然后除以每桶石油成本得到的，例如1980年，(6×1.59)÷21.59=44%。

\multicolumn{3}{c}{20世纪80年代美国平均井口价}			\multicolumn{3}{c}{20世纪90年代美国平均井口价}		
年份	石油（美元/桶）	天然气（美元/千立方英尺）	平价比（%）	年份	石油（美元/桶）	天然气（美元/千立方英尺）	平价比（%）
1980	21.59	1.59	44	1990	20.03	1.71	51
1981	31.77	1.98	37	1991	16.54	1.64	59
1982	28.52	2.46	52	1992	15.99	1.74	65
1983	26.19	2.59	59	1993	14.25	2.04	86
1984	25.88	2.66	62	1994	13.19	1.85	84
1985	24.09	2.51	63	1995	14.62	1.55	64
1986	12.51	1.94	93	1996	18.46	2.17	71
1987	15.40	1.67	65	1997	17.23	2.32	81
1988	12.58	1.69	81	1998	10.87	1.96	108
1989	15.86	1.69	64	1999	15.56	2.19	84
				2000	26.72	3.68	83

5.11.12 重置价值

在许多公司和资产的价值评估中，重置价值（Replacement Value）是一项十分重要的财务指标。然而在一体化石油公司的估值中，该指标的应用程度有限。当公司考虑要进入石油行业时，会考虑该指标。创立一家石油公司的成本可以通过预计的资金、时间和风险进行衡量。

评估储量重置价值的一个方法就是确定出行业或公司的储量替换成本，其中包括了储量的勘探和开发成本。公司管理层认为最常用、最高效的储量替换方法就是在华尔街资本市场进行资产收购。例如，公司发现通过勘探开发获得的储量替换成本大约为9美元/桶，然而在华尔街资本市场同样的储量可以通过6美元/桶的价格进行收购。这样的例子在实际中极为常见。

利用重置成本评估炼油企业价值也是很有意义的。炼厂的重置成本就是与建造新炼厂相关的成本支出。考虑到环境、通货膨胀和产业结构等因素，在美国境内，建立一家炼厂的成本远远超过了类似炼厂的收购成本。估算重置成本是评估炼厂和类似企业的处理过程中很常见的环节。它通常能够确定价值的上限。

5.11.13 综合评估技术

绝大多数情况下，采用综合的评估技术要比使用单一方法更好。无论在实务中怎样操作，都应当尽可能多地使用各种分析方法。与使用单一的评估方法相比，综合评估技术将提供更深入的认识。经常存在这种情况，一种分析方法获得的价值也许并不符合逻辑，那么有可能采用另一种方法获得的结果也不具有价值。

一旦得到多个不同的估值结果，分析师必须要判断选择哪一个或如何对这些结果分配权重，以获得一个合理的答案。

5.11.13.1 因子分析法（Factored Approach）

在因子分析法中，需要对不同的估值分配权重因子，以得到一个加权平均的结果，这种方法在很多方面都有应用。在尽职调查或为保护独立股东权益需由第三方提供价值评估的公正意见书中，监管当局更偏好这种方法。这种方法需要分析师利用商业常识、经验和良好的职业判断来确定如何分配权重因子。

表5.12中，公司A的价值是根据三个独立的估值结果综合做出的。每一项估值方法都得到了不同的结论。因子分析法就是通过对不同的估值结果分配相应的权重以确定出公司A的估值。

表5.12 因子分析法应用举例

该案例综合运用了三种方法，每一种方法都得到了不同的结果。每种方法都被赋予了一个权重因子，这些权重因子是分析师根据其重要程度的判断而定的。最后的估值结果就是加权平均值。

估值方法	公司A价值（百万美元）	权重因子（%）	权重价值（百万美元）
现金流折现	230	60	138
调整账面价值法	300	30	90

续表

估值方法	公司A价值（百万美元）	权重因子（%）	权重价值（百万美元）
资本化收益	180	10	18
总计		100	246

5.11.13.2 期望价值法（Expected Value Approach）

考虑到接管中投机因素的影响，仅使用一种估值方法得到的结果也许并不合适。假设公司X股票目前的交易价格为每股8美元，在持续经营原则下，这是一个合理的交易价格。进一步假设公司X作为被接管目标，存在投机因素影响。若考虑到预期的收购要约和清算价值，收购价格预计应为每股12美元，则每股8美元的价格看似便宜了些。

在这种情况下，期望价值法是最好的方法。分析师必须要预估接管成功的概率。该案例中，假设公司X按每股12美元的现金收购要约成功接管的概率为30%，那么股票的期望价值可以通过预期每种可能性发生的概率加权计算获得。表5.13列示了该种方法的计算。

表5.13 预期价值法

该方法仅以成功和失败的概率为基础获得股票加权价值。期望价值就是加权价值的总和。			
	股票价值（美元）	期望概率（%）	期望价值（美元）
不成功接管	8.00	70	5.60
成功接管	12.00	30	3.60
总计		100	9.20

在上述情景下，股票期望价格为每股9.2美元。如果市场同意了收购价格的假设条件，并且30%的收购可能成为现实，则接管投机行为会将价格推高至每股9.2美元。在这些假设条件下，只要股票价格低于每股9.2美元的价差足以涵盖发行交易费用，投资者就会购买该股票。

5.11.13.3 合并相关的综合方法（Merger-related Combination）

合并的估值分析中也用到期望价值法。假设公司X与公司Y有合并意向。两家公司评估后认为都能够达到各自的可比价值。假设公司X的资产负债表质量较高，而公司Y的收益质量较好。表5.14显示了相关估值分配权重的可能情况。

表 5.14　合并相关的综合估值法举例

该方法使用了多种估值方法，并计算了公司合并后各自所占价值比重。每种方法都被赋予了一定权重，计算加权平均值。该案例中，现金流折现法被赋予的权重较大，公司 Y 价值所占比重较高。

单位:%

	合并价值的百分比				
估值方法	公司 X	公司 Y	权重	公司 X	公司 Y
现金流折现法	40	60	50	20	30
资本化收益	45	55	30	13.5	16.5
净资产	54	46	20	10.8	9.2
加权平均值			100	44.3	55.7

该案例中，公司 X 价值比重为 44.3%，因此，公司 X 的股东在合并后公司的权益比例为 44.3%。权重的分配很显然倾向于折现现金流计算的价值。分配比例有很多方法，对不同的因子分配多大的权重没有固定的模式。也许另一个方法就是给净资产分配 80% 的权重，每种情况都不相同。监管机构在这些方面给了管理层和财务咨询师很大的自由空间。

5.11.13.4　总资产比率（Total Assets Ratio）

总资产比率就是公司拥有的资产价值比率。2000 年，Texaco 和 Chevron 的总资产价值比为（单位：百万美元）：

	Chevron	Texaco
总资产	41264	30867

$$\frac{\text{Texaco}}{\text{Chevron}} = \frac{30867}{41264} = 0.75$$

Chevron 为 Texaco 收购支付了多少呢？

Chevron 在合并日的股价	84 美元
Texaco 发行在外股数	567.6 百万
股票交换比率	0.77
债务规模	60 亿美元

交易价值计算如下：

（Chevron 股价 × 股票交换比率 × Texaco 发行在外股数）＋债务

（0.77×84 美元×567.6 百万股）+60 亿美元

=367.12 亿美元+60 亿美元=427 亿美元

合并的股票交换比率为 0.77，这一结果非常接近前述计算得到的总资产比率。

6 竞争性对比分析

竞争性对比分析（Competitive Comparisons）就是将目标公司与其他公司、同行业公司，或诸如 DJIA、S&P500 等指数对比，这对于了解公司的经营状况很重要。

6.1 个人投资

从个人投资者角度看，竞争性对比分析可以帮助识别出满足投资者特定投资需求的最佳目标公司。提供给个人投资者最好的一条建议就是："投资于你所熟悉的。"例如，一个拥有 6 个读书的孩子的家庭，每周都会去 Target 购物两次，至少在这一区域内，这个家庭会对这家公司有所了解，他们也许会选择投资于这家公司，仅仅是因为他们喜欢这个商场，印象中总是一片繁忙的景象。下一步就是调查这家公司，找出它的竞争对手，进行对比分析。

6.2 机构投资

机构投资者会出于同样的原因采用竞争性对比分析，但是机构投资者的需求很可能差别极大——他们的对比分析做得非常专业，经常是由专注于某一行业或部门的分析师做出的。这些对比分析常极富深度和广度。

6.3 雇佣问题

同行内的公司对比可以帮助确定出谁是行业内的最佳雇主。典型的例子就是正在寻求更换工作的人，他们仅对公司的薪水、提升的机会和工作保障最为关注。雇佣分析在对比分析时会关注一些相同的问题：新设或已经存在的公司、公司的整体经营状况、地理位置，可能的话，也包括薪水和工作信息。

6.4 对标分析

公司管理层需要了解其同竞争对手的对比结果。将一家公司同行业内其他公司做对比所经常用的术语就是"对标"（Benchmarking）。公司将自己同其他公司做对比时，通常会认为自己在以下方面比外部有着显著的优势：

（1）更深入了解行业或部门。

（2）从其他竞争公司跳槽而来的雇员。这能够帮助公司了解竞争对手的成本、薪资水平、管理技能、特殊问题及一系列其他方面的东西，而个人投资者则很难通过自己的努力获得这些信息。

（3）如果一家竞争公司生产出一种产品，他们会投入大量的资金实施反向工程，测试并彻底搞通竞争者所拥有的、已完成的和正在进行的事项。

6.5 并购的潜在可能性

当一家公司将另一公司作为潜在的并购目标进行分析时，它的需求在许多方面同其他投资者或正在对其进行对比分析的公司都是不同的。这些分析通常都是由行业和并购（M&A）专家做出的。若一家公司欲收购另一家公司时，通常会开展尽职调查（Due Diligence），以搜集各方面的信息。

在一些情况下，投资银行家会确定出一家可进行收购的公司，并将这个信息传递给潜在的购买者。

6.6 同业公司组的确定

6.6.1 业务范围

通过公司提供的产品或服务就能大体确定公司所在的行业或部门。我们曾使用到的分类模式如下：

部门：能源

行业：一体化油气公司

　　　油气勘探开发

　　　油气设备及服务

　　　油气钻井

　　　炼化、销售及运输

设备制造

子行业：电力公用事业公司

天然气公用事业公司

复合式公用事业公司

这些分类摘自 Standard & Poor's Energy Guide Edition 2002，其分类相当广泛。表6.1列示了炼化、销售及运输行业内8家公司的收入、产品及服务。这些公司并非像表面看上去那样相似，其实它们之间有很大的区别。例如，尽管从收入和业务范围角度看，Valero Energy 和 Sunoco 规模相近，但实际差别是很大的，两家公司虽同属于炼化和销售行业，但 Valero Energy 侧重在炼化方面，而 Sunoco 则以销售见长。

表6.1 炼化、销售及运输公司介绍

能源部门内的细分行业种类繁多。下面列示的8家公司是炼化、销售及运输行业的代表。其产品和服务差异显著，很难进行对比分析。

公司	收入（百万美元）	产品及服务
Ashland Inc.（ASH）	7719	道路建设和建筑材料，特殊化学品和润滑剂
Enterprise Products Partners L.P.（EOPO）	3154	天然气管道及加工处理，天然气凝析液（NGL）处理、储存、运输及码头
Frontier Oil（FTO）	1888	原油炼制，成品油（Refined Petroleum Products）批发
Sunoco（SUN）	14063	提炼及销售各种石油产品，拥有4座炼油厂，4151个经销网点分布于21个国家
Teekay Shipping（TK）	1309	拥有最大的中型油轮船队： 63艘阿夫拉型（Aframax）油轮，载重吨位总计6350500吨； 8艘石油散货矿石船（Oil/Bulk/Ore，O/B/O），载重吨位总计625900吨； 18艘穿梭运输油轮，载重吨位总计1826900吨； 3艘苏伊士型油轮，1艘超级油轮及2艘小型油轮； 船队的平均使用时间为9.4年，而世界平均为12.4年
Tesoro Petroleum（TSO）	5218	炼化及销售——5座炼油厂，500个销售网点，在墨西哥湾提供商船及港口服务
Valero Energy（TSO）	14988	美国最大的独立炼油公司——12家炼油厂，1430个由公司负责运营的便利店
Westen Gas Resources	3355	主要的天然气及天然气凝析液收购及加工处理公司，勘探及生产、销售及运输

6.6.2 规模

确定了公司的产品和业务组合后,可用公司规模来确定可比公司组,这并不意味着分析只针对大型公司,有些行业部门内只有少数竞争者,那么对比分析就包括了大型和小型公司。若随意将一个小型公司与一个比他大得多的公司做对比,并不具有可比性。

评估公司的规模可以选择以下一个或几个角度进行:

(1) 收入;

(2) 资产;

(3) 市值;

(4) 员工数量;

(5) 客户数量;

(6) 市场宽度或集中度。

6.6.3 市场或地理位置

市场或地理位置对油气公司的合并来讲很重要。CVX 合并的一个原因就是 Texaco 可以给 Chevron 带来额外的市场补充。如果他们的市场重叠度很高,那么合并不会给双方带来什么好处。考虑到市场的集中程度,监管机构是不会同意这种并购交易的。Chevron 的上游业务较好,而 Texaco 的下游业务较为突出。

市场及地理位置也是投资者进行投资组合所要考虑的一个重要因素。例如,投资于一家销售业务在欧洲或亚洲的公司,将是对疲软的美国市场的一种对冲。

6.6.4 其他需要考虑的

对于投资或收购来说有很多方面的问题需要考虑:

(1) 环境和社会问题。环境和社会问题是需要考虑的两个较为重要的问题。投资者经常被建议避免投资于没有环境保护意识及缺乏社会责任感的公司。有些投资基金在这方面迎合投资者的口味,许诺投资的公司中将有一定比率的资金用于满足环境责任的要求。

(2) 新成立与已有公司。确定公司的成熟性也很重要。许多投资者都希望能够获得公司历史业绩信息。当然,并不是所有的投资都需要了解历史信息的——20 世纪 90 年代高科技公司并购浪潮中,很多新设公司受到追捧。收入微薄甚至没有收入的公司都能够吸引到大量的投资者,其中许多人最终损失惨重。成熟的公司表现出很好的稳定性,而新公司则风险较高。

(3) 保守主义与投机主义。投资决策有多安全?公司决策是保守的还是要

（4）诉讼。公司是否存在法律问题？这些问题是什么？公司是否披露了这些潜在的风险？

6.7 确定对比范围

6.7.1 研究行业部门

了解行业部门包括了解行业内的公司、产品、服务、销售、监管、环境及社会问题。一些信息很容易获得，大部分人在给油箱加油时都会得到每周的汽油价格。许多古板的加油站都在朝着便利店的模式转型。在北美许多地方，关于当地炼油厂、管道或公用事业企业的信息可通过新闻获得，然而，有关风险、全部负债、管理问题及潜在的诉讼案件等信息则很难获得并且难以理解。

6.7.2 信息来源

信息的来源包括公司网站、行业协会、杂志期刊、报纸、网络和图书馆。图书馆经常会订阅一些不在网络上公开的资料。

6.7.3 确定行业部门的核心问题

行业分析的某些方面是根据行业特点具体而定的。例如，对设备制造公司的分析就包含了客户数量和构成的信息。此类信息是下游部门所特有的，而非针对上游部门的。表6.2显示了能源行业所特有的关注点和衡量指标。

表6.2 关注核心问题上的差异——油气行业

行业	行业内特有的核心关注点
每个行业都有其自身的特点，这里列示的就是一些在能源行业内需关注的核心问题。	
一体化油气公司	发现成本、油气储量、生产能力、社会问题
油气设备与服务	技术、经验
勘探与生产	区块面积、油气储量
炼化与销售	原材料成本、裂解价差（Crack Spread）[①]、监管、销售网点数量
电力公用事业公司 燃气公用事业公司 复合式公用事业公司	原材料成本、客户、客户构成、监管、产能、气候

注：本表列示的仅是据有代表性的与其他行业不同的核心关注点和衡量指标。
① 裂解价差（Crack Spread）就是产品价格与原油成本的差异。

6.7.4 一体化油气行业

20世纪90年代后期以来一体化油气公司的并购活动较为活跃。大量的合并案例都是为了降低成本、参与全球竞争。石油公司希望能够迅速降低发现成本，增加探明储量。图6.1体现了联邦报告系统（Federal Reporting System，FRS）内能源公司的勘探成本变化趋势［FRS下的公司由大型能源公司构成，且需向美国能源信息署（EIA）定期提交报告］。尽管一些勘探难度较大的区块数量有所增加，但是勘探成本整体趋势仍是明显下降的。

> 发现成本对上游行业尤为重要。尽管成本已下降，但发现成本仍然是单位桶油当量成本的重要组成部分。

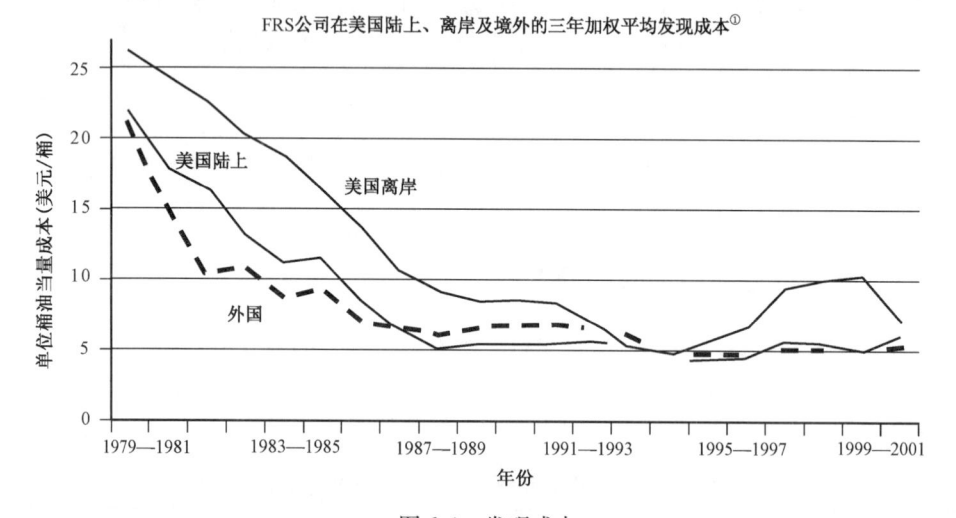

图6.1 发现成本

来源：EIA，Performance Profiles of Major Energy Producers，2001

① FRS公司是美国重要的能源生产公司，通过FRS系统向EIA提供Form EIA-28

储量替代。储量替代是反映公司替换由生产活动消耗掉的储量能力指标。储量增长量由两部分构成：勘探获得的储量（通过钻井）和收购获得的储量（华尔街收购）。尽管通过华尔街资本市场收购储量成本更低，风险也较小，但公司更青睐于通过勘探增加储量，因为这样能够显示公司的技术竞争力。

图6.2反映出自20世纪90年代初至90年代末期，全球范围内投入收购资金的增加幅度。图6.2可能会被误解，因为仅从图中来看，FRS公司似乎正在放弃勘探开发而更偏好通过收购的方式来增加储量。实际上，尽管收购对储量增长

量的贡献非常大，但许多收购的目的并不仅仅是增加报表中披露的储量。

> 1990—1996年,勘探开发是实现储量替换的重要方式。接下来的5年间,收购支出显著上升。

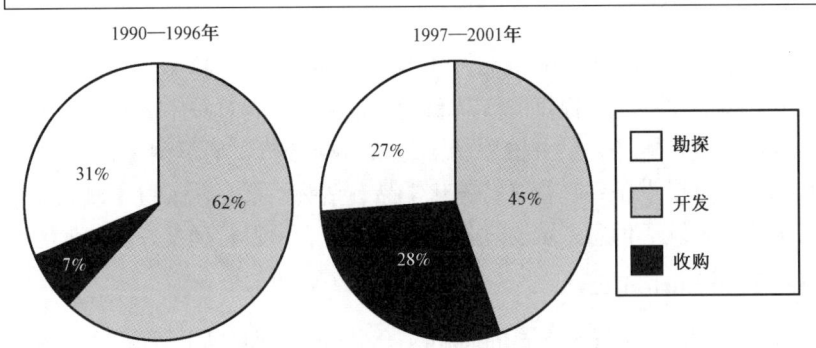

1990—1996年：勘探 31%，开发 62%，收购 7%
1997—2001年：勘探 27%，开发 45%，收购 28%

图 6.2　勘探开发支出（FRS 公司）

来源：EIA, Performance Profiles of Major Energy Producers, 2001

图 6.3 提供了一些主要石油公司的油气储量及生产数据。其中部分公司通过如下收购大幅地增加了储量：BP – Amoco（1998）、XOM（1999）、BP – Amoco – ARCO（2000）、CVX（2001）、Burlington Resources – Hunter（2001）。应当注意到 Burlington Resources（BR）是这组公司中唯一一家勘探生产型公司。

> 储量和生产数据对于上游部门非常重要。如今，随着一些主要的石油公司相继宣布调减储量，这些数据日益受到关注。

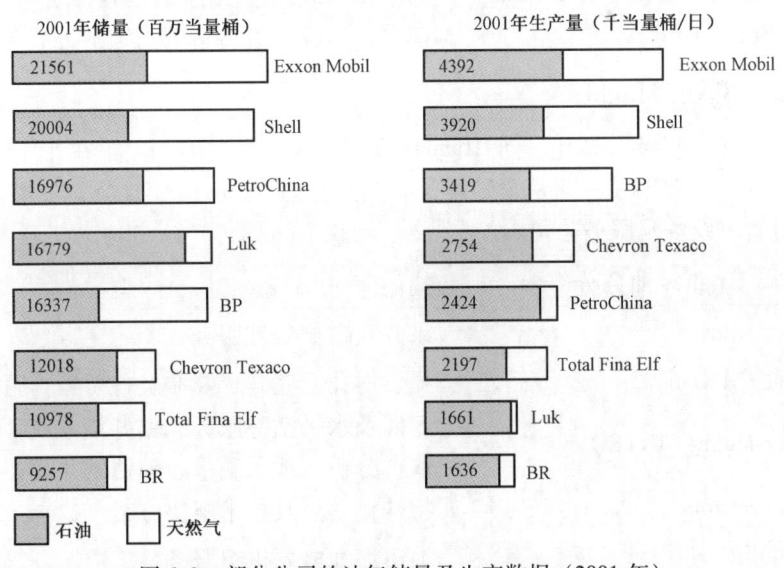

2001年储量（百万当量桶）
- Exxon Mobil　21561
- Shell　20004
- PetroChina　16976
- Luk　16779
- BP　16337
- Chevron Texaco　12018
- Total Fina Elf　10978
- BR　9257

2001年生产量（千当量桶/日）
- Exxon Mobil　4392
- Shell　3920
- BP　3419
- Chevron Texaco　2754
- PetroChina　2424
- Total Fina Elf　2197
- Luk　1661
- BR　1636

图例：石油　天然气

图 6.3　部分公司的油气储量及生产数据（2001 年）

来源：Lukoil（LUK）Operational & Financial Performance Report, 1st Half 2002

133

同时需要注意一个有趣的现象，即上述公司中 Shell（2004）和 BP（2004）两家宣布调减储量。

6.7.5 设备与服务行业

设备与服务行业的发展主要依靠石油生产商的投入，而这又受到能源价格、供给和需求的影响。这些公司提供的产品和服务极为复杂而且技术高端，包括地震作业、定向及水平钻井服务、钻井液系统、岩心取样分析、地下测量、录井、测井、随钻录井测井、打捞设备、套管、特殊化学品、钻头、泵、压缩机、测量仪器、钻机、提高采收率系统、信息系统、软件、工程建造、项目管理及许多其他方面。

6.7.5.1 Halliburton Co

该公司于 1998 年同 Dresser Industries 合并，成为世界上最大的油田服务公司。2003 年的营业收入超过 160 亿美元，大约 60% 的收入来自于国际业务。

Halliburton Co. 业务分部	描述
Energy Service Group	为勘探、开发及生产公司提供广泛的产品及服务
Halliburton Energy Services	为钻井、完井、评估及油气生产井提供产品及服务
Landmark Graphics	提供勘探及油气生产的系统和软件
Halliburton Kellogg Brown and Root（KBR）	为油田、政府及其他工业客户提供工程、建造、装配、设备运营与维护等服务

6.7.5.2 Baker Hughes

Baker International Corp. 同 Hughes Tool Co. 于 1987 年合并形成 Baker Hughes。1998 年收购了一家从事地震及有线测井的 Western Atlas 公司，形成世界第三大的油田设备及服务公司。

Baker Hughes 业务分部	描述
Baker Atlas	录井及数据处理服务
Baker Oil Tools	提供射孔、完井、修井及打捞工具服务
Baker Hughes INTEQ	定向及水平钻井服务、钻井液系统、岩心取样分析、地下测量、随钻录井测井服务
Baker Petrolie	特殊化学品及技术解决方案
Centerlift	油田潜油电泵机组服务
Hughes Christensen	钻头

表6.3列示了设备与服务行业代表公司——哈里伯顿（Halliburton）与贝克休斯（Baker Hughes）的基本情况。

表6.3 设备与服务行业代表公司情况

公司名称	Halliburton（HAL）		Baker Hughes（BHI）	
时间	2001年	2003年	2001年	2003年
总收入（百万美元）	13046	16271	5038	5293
净利润（损失）（百万美元）	809	(820)	438	129
每股净利润（损失）（百万美元）	1.88	(1.88)	1.30	0.38
P/E比率，2004年4月13日		39		68
总资产（百万美元）	10966	15463	6676	6302
长期负债（百万美元）	1484	3487	1695	1484[①]
权益（百万美元）	4572	2547	3328	3350
股利（百万美元）	0.50	0.50	0.46	0.46
雇员数	85	100	27	27
人均收入（百万美元）	153482	162710	186592	196037

① 此处为全部负债。

设备及服务公司对钻机的数量十分关注。当钻机的数量增加时，对设备及服务的需求就会上升。2003年钻机的数量较前一年增加了19%，2004年一季度比2003年全年平均增加12%。

2001年至2003年，两家公司的收入均有所增加。尽管Halliburton收入增幅较大，利润却明显下降。Halliburton 2003年的问题很大程度上是由石棉矿法律诉讼导致的，这项法律诉讼迫使其数家子公司陷入了破产的境地。

服务型公司经常用人均收入指标衡量。从这个角度看，Baker Hughes似乎再次获得优势（很可能支付的律师费要低一些）。

6.7.6 勘探及开发行业

勘探开发公司的发展主要依赖于油气价格和需求。人们预期需求会稳步上升，但价格却在剧烈波动。可以看出勘探开发行业内的合并目的都在于改进勘探、生产及运输成本。

以下简要描述了两家勘探开发公司，并比较了它们的储量、生产及储量接替成本。Burlington公司2001年的收购对这些指标影响显著。

6.7.6.1 Burlington Resources（BR）

Burlington是北美第二大独立勘探开发公司。2001年收购了加拿大油气生产商——Hunter，使得BR可以进入北美第三大天然气田Deep盆地作业。

6.7.6.2 Newfiled Exploration（NFX）

NFX 最近收购了 EEX Corp，使得其在墨西哥湾的探明储量增加了 4170 亿立方英尺。近期同样收购了 Lariat Petrolleum，得以进入 Oklahoma 的 Anadarko 盆地，并获得了北海的资产，包括一个生产气田和一块已发现但尚未开发的区块。

表 6.4 列示了勘探及开发行业代表公司——新田石油（Newfield Exploration）与伯灵顿能源（Burtington Resources）公司的基本情况。

表 6.4 勘探及开发行业代表公司情况

公司名称 时间		Newfield Exploration（NFX）		Burlington Resources（BR）	
		2001 年	2003 年	2001 年	2003 年
总收入（百万美元）		899	1399	3419	4311
净利润（损失）（百万美元）		119	119	561	1201
P/E 比率，2004 年 4 月 13 日		—	13	—	11
总资产（百万美元）		1663	2733	10582	12995
长期负债（百万美元）		429	643	4337	3873
权益（百万美元）		710	1369	3525	5521
储量	天然气（十亿立方英尺）	718	1090	7925	8074
	天然气凝析液（百万桶）	—	—	275	330
	原油（百万桶）	31	38	372	282
	总计（十亿立方英尺当量）	904	1317	11808❶	11752
生产量（十亿立方英尺当量）		175	220	2386	2567
储量替代率（%）		—	145	—	Flat
储量寿命指数		5.2	5.9	13.6	12.5
区块分布		墨西哥湾		北美洲	
		墨西哥湾路上区块		南美洲	
		中陆地区		北非	
		北海		北欧	
		中国		中国	

---

❶ 本章有两处涉及 BR 的储量信息。第一处是在图示 6.3 中，2001 年储量为 92.57 亿桶油当量（大部分是石油），第二处则是上文中进行的对比，为 11808 十亿立方英尺（大部分是天然气）。将图 6.3 中的 92.57 亿桶油当量按 Lucoil 的参考指标转换：9257 百万桶油当量×6Mcf/BOE = 55542 千立方英尺/桶油当量。

2001年至2003年，两家公司的收入和利润均增加，但储量方面的信息却耐人寻味。Newfield总储量增加，而Burlington的总储量几乎没有变化。同样有意思的是储量寿命指数（RLI），Burlington的RLI是Newfield的两倍。这就意味着按照目前的生产率水平，Burlington的储量可维持时间是Newfield的两倍。部分原因是由于Newfield在墨西哥拥有大量的天然气储量，众所周知这里的储量采用加速折耗率。但是，存在一个疑问——Burlington是否在有效地开采这些储量？远远超过12年的RLI能够显示出增长潜力——但仅当生产正常情况下如此，否则，就说明生产的低效。

1999年，Saga Petroleum的RLI指数为24。Norsk Hydro收购了Saga，以图加快对其储量的开发。

6.7.7 钻井行业

世界范围内的高油价和持续上涨的能源需求增加了勘探活动的需求，钻井公司开始受益。主要针对钻井公司的两个衡量指标是钻机数量及利用率。然而，设备利用率高的公司并不能很好地满足增长的需求。钻机不仅价格昂贵，而且也需要具有较高技术水平的操作员。图6.4表明钻机数量2001年后开始增加。

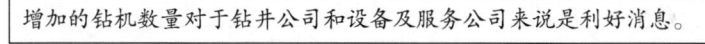

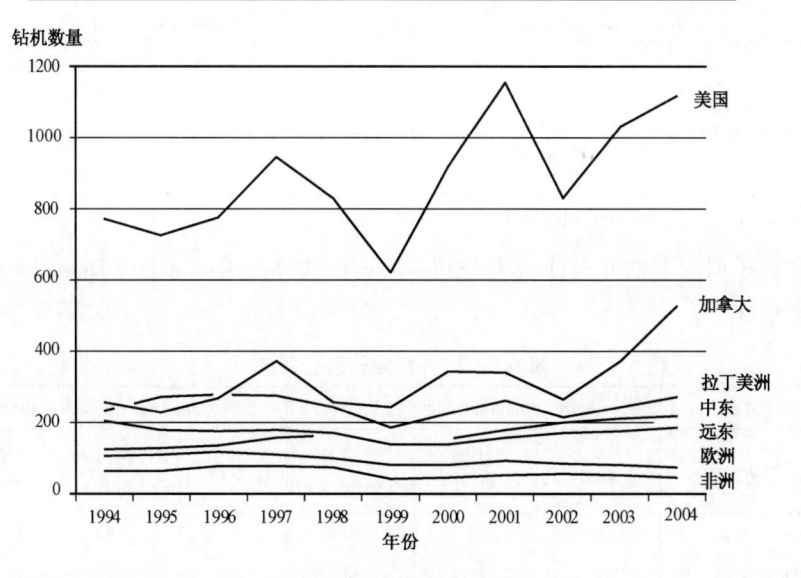

图6.4 钻机数量增减趋势

6.7.7.1　ENSCO International Incorporated（ESV）2001

ENSCO 是一家国际离岸油气钻井公司。2003 年总收入为 7.91 亿美元。ENSCO Marine Co. 也开展了海上运输服务，由 5 艘操锚供应拖轮（AHTS）和 23 艘供应船构成。船队拖运着离岸钻机，在墨西哥湾提供钻井服务，在这里他们运作着 5 个钻井平台。

6.7.7.2　Diamond Offshore（DO）

根据 Diamond Offshore 2002 年年报披露，他们运营着世界上最大的离岸钻机船队和第二大深海船队。这家公司总部位于休斯敦，分支机构分布于路易斯安那、澳大利亚、巴西、印度尼西亚、苏格兰、越南、新加坡、荷兰及挪威。

Diamond 将他们的船队装上最赚钱的深海装置，增加了更大负载的钻井机械，以扩大钻井能力。

表 6.5 列示了钻井行业代表公司——ENSCO International 与 Diamond Off Shore 的对比分析。

表 6.5　钻井行业代表公司对比

公司名称 时间	ENSCO International（ESV） 2003 年	Diamond Offshore（DO） 2002[①] 年
总收入（百万美元）	791	753
净利润（百万美元）	108	63
P/E，2004 年 4 月 13 日	40	N/A
总资产（百万美元）	3183	3259
长期负债（百万美元）	550	924
所有者权益（百万美元）	2081	1808

① 2004 年 4 月 13 日 DO 公司网站没有公布 2003 年年报。

表 6.6 列示了钻井行业代表公司——ENSCO International 与 Diamond Offshore 的基本情况。

表 6.6　钻井行业代表公司情况

公司名称 船队	ENSCO International（ESV）			Diamond Offshore（DO）		
	数量	利用率（%）	费用率（千美元/日）	数量	利用率（%）	费用率（千美元/日）
Jackup Rigs	37	86	50	14	80	30
Barge Rigs	7	34	43	—	—	—
Platform Rigs	5	56	27	—	—	—

续表

公司名称	ENSCO International（ESV）			Diamond Offshore（DO）		
船队	数量	利用率（%）	费用率（千美元/日）	数量	利用率（%）	费用率（千美元/日）
Semisubmersible Rigs	1	—	—	30	70	80
Rigs	—	—	—	—	—	—
Drillship	—	—	—	1	100	90
Vessels	28	80	—	—	—	—

钻机利用率和每日费用率是预估数，它们随时间变化显著，主要受地理位置、钻机类型和营运负载能力影响。两家公司在离岸钻井市场均较为活跃。唯一需要注意的区别就是 Diamond 更注重强调深海钻井能力。

6.7.8 炼化与销售行业

第 7 章将对炼化行业展开深入讨论。

6.7.9 公用事业行业

公用事业正在发生变化。这些公司的股票曾被投资者视为是安全的，因为他们能够获得稳定的收益并支付股利，而且许多公司在自己所处的市场具有垄断地位。如今，在管制解除、燃料价格波动、竞争和环境问题的多方压力下，公用事业行业正经历着巨大的变化。

行业评论

2000 年，前 10 大一体化能源公司市值总计超过了 2300 亿美元。截至 2003 年底，这些公司的市值下降达 1000 亿美元以上。如今，以市值计算，其中一半的公司都不再属于前 10 大公司之列了。

截至 1998 年底，美国州际天然气协会（Interstate Natural Gas Association of America）及爱迪生电气协会（Edison Electric Institute）成员企业中，四分之一以上的企业都进行了合并或直接消失了。一些公司已经申请破产，然而更多的公司债券评级都已经无法达到投资级别。大约四分之一的公司更换了名称，超过 50% 的公司更换了 CEO。新兴的独立电力提供商境况甚至更遭，许多参与能源交易的公司已经丧失了信用。

市场的变化和监管当局的气候政策一直受到人们的关注。一体化油气公司和电力提供商期望的能够进行交易的自由公开市场的幻想也已破灭。随着经济周期波峰的出现，对需求过度激进的预测导致能源提供商大幅增加产能。交易商被牛市冲昏了头脑，成为新的"世界主宰者"。许多公司的管理者追求所谓的精明策略，谈论着没有资源基础的虚拟公司。天然气价格成为关注的核心，但是与电力市场的波动相比逊色许多。2003年底，许多市场的流动性都已消失。

监管当局和立法也开始试图改变现状——但毫无效果。监管的解除在行业中游部分被暂停，使得在该行业内国家与联邦法律共存，经常相互矛盾而产生问题。最近人们开始关注行业限制问题，以防止过去的那种过度投资再次发生。不幸的是，这些控制损害了甚至消除了许多一体化能源公司最初设想的利益。

——摘自 Duke Energy 2003 Annual Report，第一页

以下是对两家大型复合式公用事业公司的快速分析——这两家公司提供了大量的能源替代产品，也包括自来水和其他服务。

6.7.9.1　AES Corporation（AES）

AES是世界领先的电力提供商之一，其旗下拥有114座发电厂和17个分销公司，分布于27个国家。AES是一家典型的区域多元化公司。

6.7.9.2　Duke Energy（DUK）

DUK从事商业活动已有100余年，其旗下拥有3座核能发电厂、8座火力发电厂、31座水力发电厂及大量的燃气涡轮机组。DUK是美国主要的动力提供商，同时也参与了许多国际市场的竞争。

表6.7列示了公用事业行业代表公司——AES Corporation 与 Duke Energy 基本情况。

表6.7　公用事业行业代表公司情况

单位：百万美元

公司名称 时间	AES Corporation（AES）		Duke Energy（DUK）	
	2001年	2003年	2001年	2003年
总收入（百万美元）	9327	8415	59503	22529
净利润（百万美元）	467	336	1994	(1323)
总资产（百万美元）	37146	29904	49624	56203
长期负债（百万美元）	20564	16972	13728	21952
每股股利（百万美元）	—	—	1.10	1.10
每股收益（百万美元）	0.76	0.56	2.45	(1.48)
P/E，2004年4月13日	—	15	—	N/A
市值（百万美元）	1800	—	22800	—

续表

公司名称 时间	AES Corporation（AES）		Duke Energy（DUK）	
	2001 年	2003 年	2001 年	2003 年
发电厂（个）	179	114	42	42
发电量（千瓦时）	—	45000	—	19900
客户数量（百万）	9	19	2	2
国家数量	—	27	—	7
雇员人数	—	30000	—	—

AES 和 DUK 之间的对比很明显。毫无疑问，2000 年以来发电能力对 Duke Energy 的影响要比 AES Corporation 严重。但它们的业务不同，AES 很明显在发电能力上更胜一筹（超出两倍），客户数量达到 DUK 的 10 倍。客户构成对公用事业公司来说很重要。图 6.5 提供了常见的客户和销售构成，清楚表明了商业客户和工业客户对公用事业公司的重要性。

居民占据了公用事业公司客户构成的大部分,其次是商业用户,但收入却在民用、商用和工业用之间平分秋色。

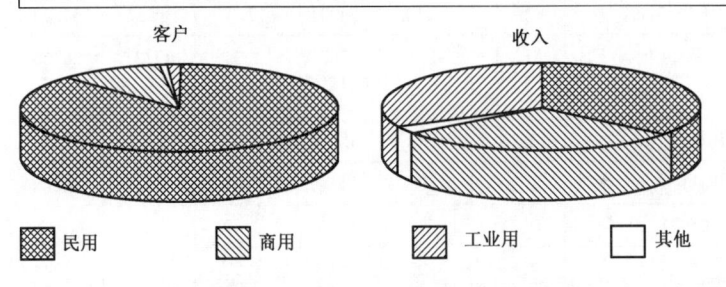

图 6.5 公用事业公司的客户和销售

Duke 也涉足了能源运输、分销及储存和销售领域。两家公司都参与了国际市场竞争，AES 分布于 27 个国家；DUK 分布于 7 个国家。根据年报强调的经营问题可以判断，Duke 的业务主要集中在美国很可能是导致其经营问题的主要原因。

表 6.8 提供了能源部门的财务指标。

表 6.8 能源部门各行业与 S&P 财务比率

该表格提供了能源部门内各行业、能源部门本身及 S&P500 的平均财务指标对比。

估值比率	一体化油气公司	设备与服务	勘探与生产	钻探	提炼与销售	能源部门	S&P500 指数
P/E 比率（TTM[①]）	12.38	48.52	15.46	48.52	15.46	19.97	24.40
Beta	0.50	1.17	0.68	1.17	0.68	0.68	1.00

续表

估值比率	一体化油气公司	设备与服务	勘探与生产	钻探	提炼与销售	能源部门	S&P500指数
股价/销售额（TTM）	0.94	2.62	2.42	2.62	2.42	1.68	3.39
P/B 比率（MRQ[②]）	2.66	3.52	2.40	3.52	2.40	2.78	4.37
股价/现金流	8.16	17.28	7.17	17.28	7.17	9.85	17.68
机构持股比例（%）	55.45	69.62	46.61	69.62	46.61	55.62	64.18
股利							
股利收益率	2.68	2.08	1.88	2.08	1.88	2.40	2.02
股利收益率-5年平均	2.33	1.22	1.79	1.22	1.79	1.94	1.48
5年股利增长率	3.49	1.16	4.67	1.16	4.67	3.43	6.45
支付比率	32.14	39.45	12.25	39.45	12.25	28.97	26.75
增长率（%）							
销售（MRQ）比去年同季	15.41	18.80	29.37	18.80	29.37	19.50	13.53
5年销售增长率	13.83	10.22	28.67	10.22	28.67	16.89	9.32
EPS（MRQ）比去年同期	82.88	17.87	34.31	17.87	34.31	64.28	28.53
EPS-5年增长率	27.23	4.31	49.27	4.31	49.27	26.66	12.14
财务状况							
速动比率（MRQ）	0.86	1.42	0.85	1.42	0.85	0.98	1.27
流动比率（MRQ）	1.16	2.01	1.09	2.01	1.09	1.32	1.77
债务权益比（MRQ）	0.21	0.79	0.87	0.79	0.87	0.52	0.85
利息倍数	4.64	4.97	7.93	4.97	7.93	5.89	11.90
盈利比率（%）							
毛利率-5年平均	32.64	26.69	55.00	26.69	55.00	36.84	46.93
EBITD-5年平均	14.43	19.92	41.00	19.92	41.00	22.18	20.72
净利率-5年平均	5.72	4.14	12.06	4.14	12.06	6.94	11.56
实际税率-5年平均	41.17	32.70	32.69	32.70	32.69	37.12	34.18
管理效率（%）							
资产报酬率-5年平均	8.18	2.39	5.35	2.39	5.35	6.17	6.80
投资报酬率-5年平均	10.61	2.89	6.34	2.89	6.34	7.81	10.99
权益报酬率-5年平均	17.97	4.90	13.85	4.90	13.85	14.10	19.17
效率							
人均收入贡献（美元/人）	2580474	342987	1786422	342987	1786422	1894032	616157
人均净利润贡献（美元/人）	195334	16297	302308	16297	302308	187306	80832

续表

估值比率	一体化油气公司	设备与服务	勘探与生产	钻探	提炼与销售	能源部门	S&P500指数
存货周转率	19.98	15.28	18.53	15.28	18.53	18.72	10.50
资产周转率	1.48	0.76	0.78	0.76	0.78	1.14	0.92

来源：Reuters – www.investor.reuters.com – 2003年9月。

① TTM 为考察期连续12个月的 P/E 值。
② MRQ 为最近的一个季度。

7 板块估值

板块估值在对比分析和深入了解公司每个板块相对优势方面很有意义。通常认为，Texaco 的下游业务比 Chevron 具有优势，合并能够使各自的板块业务产生巨大的跨国优势。以下分析将会关注一些板块业务，并对比 Chevron 和 Texaco 各自的优势。以资产为基础的估值中，该方法能够帮助了解公司组成业务的价值。然而，对于像 ChevronTexaco 这样的大型公司，通常很难获得各板块的数据信息。

大型跨国公司涉及很多板块业务信息，包括：

（1）油气储量——指美国境内探明（1P）储量及英国和其他国家的概算（2P）储量；

（2）区块面积——10-K 报告中的区块数量；

（3）天然气管道——储集、运输及分销管道系统；

（4）终端——石油、天然气及其他产品的密闭运输终端；

（5）油轮——油轮及船舶；

（6）炼厂——年限、利用率、产能及复杂性指数；

（7）销售机构——加油站、便利店（C-stores）、海上船队及航空燃料补给站；

（8）公用事业——天然气、电力及复合式公用事业公司；

（9）电力、天然气配送——基础设施、天然气管道、电力网线和变电站。

不同板块的估值具有一定难度，因为要获得给定板块的实际价值需要以下信息：

（1）权益比率；

（2）相关债务；

（3）盈利能力；
（4）资产的使用年份及状况；
（5）资产利用率。

7.1 探明可采储量

对于 Chevron 和 Texaco 这样的公司而言，油气储量犹如维持生命的血液。总储量和公司储量替换的能力是分析师经常考虑的信息。储量估值将在第 8 章深入讨论。

探明可采储量的信息可以在财务报告中找到。表 7.1 的内容就是 Chevron 和 Texaco 2000 年年报中披露的储量信息。天然气储量已转换为当量桶数，换算公式为 6 千立方英尺 = 1 桶油当量。总探明可采储量乘以 6 美元/当量桶即可获得储量的大概价值。

表 7.1 储量估值——Chevron 2000 和 Texaco 2000

这里的储量估值假设 6 美元/桶油当量，使用这种方法与报告价值即标准计量法价值作对比。Chevron 的对比结果很接近，但是 Texaco 的储量价值高出标准计量法价值 10%。

公司	探明可采储量			天然气 d（桶油当量）	总计 a+d 储量	美元/桶油当量	总计		
	石油 a（百万桶）	天然气 b（十亿立方英尺）	转换系数 c				估值（百万美元）	标准计量法（美元）
Texaco	3518	8292	1 桶/6 千立方英尺	1382	4900	6.00	29400	26188
Chevron	5001	9552	1 桶/6 千立方英尺	1592	6593	6.00	39558	39800

7.1.1 区块

7.1.1.1 区块估值

勘探区块是公司资产组合的重要组成部分。关于区块的地理位置和净面积信息可以在 10-K 报告中获得，但是要想估计区块的市场价值则很难甚至几乎不可能的。这一点有两个重要的原因可以解释。10-K 报告汇总了已开发和未开发区块的净面积，而分析师希望能够获得更多关于未开发区块的信息。这些未开发区块的一部分被证实发现储量，剩下的则没有。当分析师对已探明未开发区块进行估值时，他需要间接计算出净未开发区块的比例，通常很难决定这一比例是多少。

分析师常用的方法就是估计已开发和尚未开发储量的价值，然后将其在区块间进行分配，即使部分区块的价值已经间接确定。

通常，在成熟且结构合理的油气资产组合中，区块价值应当占到资产组合价值的15%，或者更高。尽管经常存在例外情况，但这是研究的起点。合理的比例为15%~20%。如果区块价值占公司总资产价值太大，分析师需要谨慎一些。区块价值可以通过以下方面进行分析：

（1）区块状况（规模）及可持续性；

（2）地理位置；

（3）流体性质；

（4）水深；

（5）地质条件；

（6）区域或本地内钻井成功率；

（7）发现的潜在规模（如果钻井成功）；

（8）该地区钻井及勘探成本；

（9）财税条款。

未开采区块可能具有很高的价值——标准计量法（SMOG）估值或储量价值的10%~20%。评估区块状况时，如果可能的话，确定租约到期日对区块价值是否具有重大影响很重要，更为重要的是与这一区块相关的钻井承诺或义务，这些义务也许会对区块的价值有负面影响。

通过公开的信息评估石油公司，这是难点之一。分析师必须依靠仅有的少量信息和线索进行判断，有时信息会多一些。如果一家公司拥有的区块潜在价值很大，但是缺少生产及公开的储量信息，那么只能通过管理层内部讨论获得有关的信息。这也是一个出发点。

表7.2描述了一般的区块价值对比情况，但是使用这些信息要小心，这种一般化的结论并非普遍适用。一个国家不同地方的区块价值不同，不同的地质条件价值也不相同，没有放之四海而皆准的方法。随着石油价格的波动，区块价值也在变化。

如今，美国境内丰富的陆上尚未开采区块的评估价值从每英亩30美元到150美元不等，其中加利福尼亚和落基山脉价值较低，得克萨斯海湾地区资产价值较高。墨西哥湾海上区块每英亩价值75美元到250美元。

表7.3给出了2000年Texaco和Chevron每英亩的保守估计价值。

表7.2 区块价值对比

单位：美元/英亩

> 有很多合理的信息可以用于评估美国陆上和海上区块的价值，但是对于国外区块却缺少数据。关于国外区块的数据都是粗略估计值。

项目	美国境内 低	美国境内 最可能	美国境内 高	国外 最可能
陆上				
急速发展区块	200	250	400	200
活跃区块	75	100	125	80
适度活跃区块	10	50	75	40
非活跃区块	2	5	10	4
海上				
活跃区块	150	250	500	200
非活跃区块	25	50	100	40

表7.3 Chevron 和 Texaco 区块估值

2001年12月31日

> 比较分析拥有多种构造和地理位置区块的公司是很困难的。这里，我们简单估计总体平均价值为40美元/英亩，将其用于 Chevron 和 Texaco 2000 年总体区块的估值。

	区块面积	美元/英亩	平均价值（亿美元）
Texaco	37573	40	15.02
Chevron	44139	40	17.66

7.1.1.2 分析 10-K 报告中的储量信息

有时分析师在对比分析中可用的方法可能就是本章中所阐述的各种方法。详细的现金流分析并不是每种情况都适用的。经验方法存在着很多缺陷，但是这种方法对于估值和快速获得价值的信息还是很有帮助的。如果年报和 10-K 报告是获得信息的唯一来源，则这些方法可能是仅有的可用工具。一些其他信息来源将在第 8 章展开讨论。

7.2 运输

管道和油轮是原油及产品运输的两个重要方式。管道几乎占据了美国境内每年原油运输吨英里数的三分之二。它是美国境内油气行业运输供给的最重要方式，包括原油、炼化产品和其他原材料。油轮是海上原油及产品运输的重要方式，大部分最大的现役油轮都在美国。

7.2.1 管道

在美国，管道是最安全且最有效率的原油及产品运输方式。其每桶原油运输的损耗率要比其他运输方式低得多，如卡车和航运。每年美国的管道运输量超过6000亿吨英里，大约占了美国境内全部运输量的17%，而运输成本仅占2%。

7.2.1.1 管道运输成本

从休斯敦到纽约石油产品的运输成本为每桶1美元，或每加仑汽油2.5美分。Trans Alaskan管道的每桶运输成本为4美元，或约为每加仑汽油10美分。

表7.4给出了石油天然气管道运输能力及相应建造成本的估计数。

表7.4 管道运输能力及建造成本

直径 英寸	天然气管道 一般运输能力 百万立方英尺/日	25年 万亿立方英尺	原油管道① 一般运输能力 千桶油当量/日	25年 百万桶
48	1770~2090	17.6	1000~1450	11175
36	850~1000	8.5	560~800	6200
32	670~790	6.7	440~640	4925
30	600~690	5.9	380~560	4300
24	380~440	3.8	250~357	2775
20	260~310	2.6	170~250	1925
16	170~200	1.7	110~160	1225
12	90~110	0.9	62~85	675
8	40~50	0.4	28~40	300

	管道建造成本［美元/（英尺·英里）］	
海上	天然气管道	原油管道
北海	100000	80000~110000
西非	70000	60000~70000
墨西哥湾	40000	30000~50000
陆上，美国②	31000	20000~40000

① 管道运输能力取决于管线长度、压力和液体特性。
② 横穿阿拉斯加州的管道（TAP）直径为48英寸。

148

7.2.1.2 管道估值

管道估值的一个行业经验就是以每英里为估值基础。这里不区分管道的类型、运载能力及相关的设施，但是至少可以给出一家公司管道资产价值的大致估计数。

管道估值的经验值 = 200000 美元/英里

表 7.5 给出了 Chevron 在美国境内及境外的管道英里数。

表 7.5 Chevron 管道英里数（2000 年）　　　　　单位：英里

管线	美国	国际	总计
原油运输管线	3127	481	3608
天然气管线	520	180	700
石油产品管线	3797	616	4413
合计	7444	1277	8721

用每英里 200000 美元的管道估值经验值乘以全球管道总长度 8721 英里即可获得管道资产的估计价值。

Chevron 管道资产价值 = 200000 美元/英里 × 8721 英里 = 17.4 亿美元

可以将这个结果同总资产进行比较，看看比率是否异常高或低。

$$\text{管道资产占总资产价值百分比} = \frac{\text{管道资产}}{\text{总资产}}$$

$$= \frac{17.4 \text{ 亿美元}}{775.72 \text{ 亿美元}}$$

$$= 2.2\%$$

2.2% 的结果似乎比较合理。

7.2.1.3 Texco 管道资产

在合并前，Texco 的管道长度大概为 3500 英里，则估计总价值为 7 亿美元。

7.2.2 油轮

油轮将原油或石油产品储存在货舱中运输。它们的规模用载重吨位（DWT），及油轮能够运载货物、燃料及补给品的总吨位（以长吨计）进行衡量。很多年以来，油轮的规模随着需求增加。20 世纪 50 年代末，载重能力 16500DWT 的 T-2 型油轮为当时的通用标准。到了 80 年代，175000DWT 的大型油轮（VLCC）及 300000DWT 的超大型油轮（ULCC）投入运营（一长吨约等于 7.5 桶）。见图 7.1。

当今世界范围内载重吨位超过 10000DWT 的油轮有 3300 多艘，其中大约 40% 集中在美国的港口。

> 一艘超级油轮总计可以运输340万桶石油。下面的图示对比了超级油轮与Nimitz级航母的规模。

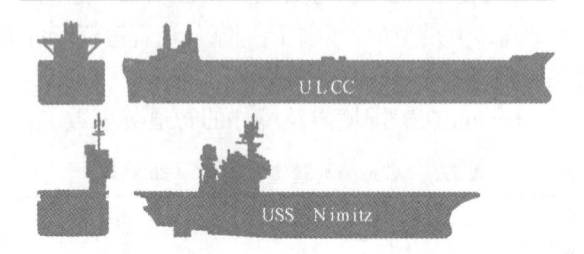

图 7.1　超大型油轮与 USS Nimitz 级航母对比

来源："Economic Modeling and Risk Analysis Handbook" Daniel and David Johnston, 2002

美国对采用油轮运输原油及产品的依赖性显著增加，主要由以下几个方面造成：

（1）美国对原油依赖性增加；

（2）美国对炼化产品依赖性增加；

（3）国内石油供应减少；

（4）可靠的石油供给来源越来越远。

1994 年，美国进口石油总计 810 万桶/日。其中，700 万桶为原油，这部分中的 370 万桶来自于西半球。而远距离运输，如从迪拜到墨西哥湾，会使用大型油轮。全球大约有 20 艘超级油轮（ULCC），大部分都在服务于美国的长运期原油运输。然而，美国东部海岸和墨西哥海湾根本没有港口可以供满载的超级油轮停靠卸载。超级油轮要么依靠驳运设施，如路易斯安那离岸石油港口（LOOP），要么卸载掉足够的石油（称为部分驳运，Partial Lightering）才能直接驶入美国的港口卸载货舱内的货物。

7.2.2.1　Chevron 船队

2000 年，公司运营着一支 30 艘轮船组成的船队。这些船只有的是公司拥有，有的是通过长期租赁或长期包租的形式运营。还有另外 60~70 艘船只是按单程租船形式租用的。表 7.6 列示的是 Chevron 在美国境内及境外服务油轮的规模分布情况。

表 7.6　Chevron 的船队（2000 年）

载重吨位（DWT）	公司运营		长期租用	
	美国	国外	美国	国外
25000~450000	3	3	—	—
45000~80000	1	2	—	—

续表

载重吨位（DWT）	公司运营		长期租用	
	美国	国外	美国	国外
80000~160000	—	10	—	1
大型油轮：160000~320000	—	9	—	—
超级油轮：320000 以上	—	1	—	—
总计	4	25	—	1

7.2.2.2 油轮船队估值

如表 7.7 所示，ChevronTexaco 油轮船队大致价值的计算是以下列运载能力的粗略估值为依据：

（1）小型油轮，80000DWT 以下，估计价值为 5000 万美元；

（2）中型油轮，80000~160000DWT，估计价值为 7500 万美元；

（3）大型油轮估计价值为 1 亿美元；

（4）超级油轮估计价值为 1.5 亿美元。

表 7.7　Chevron 油轮船队的估值

油轮	数量	建造成本[①]（美元百万）	价值[②]（美元百万）	价值总计（美元百万）
小型	9	40	50	450
中等规模	11	50	75	825
大型	9	80	100	900
超级	1	100	150	150

① 建造成本数据来源于 1996 年 4 月 1 日 National Research Council 公布的 "Double-Hull Tanker Legislation"。

② 假设价值要大于建造成本。

船队价值占总资产价值的百分比为 3.4%，与管道资产所占比重相近。

7.3　炼油厂

目前，美国境内大约有 150 家炼油厂，较 1981 年最高值 319 家有所下降。监管问题、环境问题及低利润率是导致炼油厂数量下降的最重要影响因素。此外，需要大量成本来处理原油质量逐渐降低的问题也是导致炼油厂数量下降的因素。

7.3.1 行业结构

1981—2001年间炼化行业经历了巨大的变化，业务规模有所收缩。20世纪70年代到80年代初期，石油价格上升，而随后需求开始下降，从1979年的18.5百万桶/日锐减到1987年的15.2百万桶/日。图7.2描绘出了1981年之前炼化行业蒸馏产能的扩张情况。接下来产能的缩减是由于20世纪80年代许多小型炼厂不堪亏损重压而被迫关闭。这导致了行业运营产能的衰退趋势，直到1986年和1987年，随着需求的上升炼化行业的状况才有所好转。

> 随着产能的增加，炼厂的数量有所下降。1985年，石化产品的需求超过炼厂的产能，接下来的15年间，需求增长了25%，而同期产能的增加仅为6%。

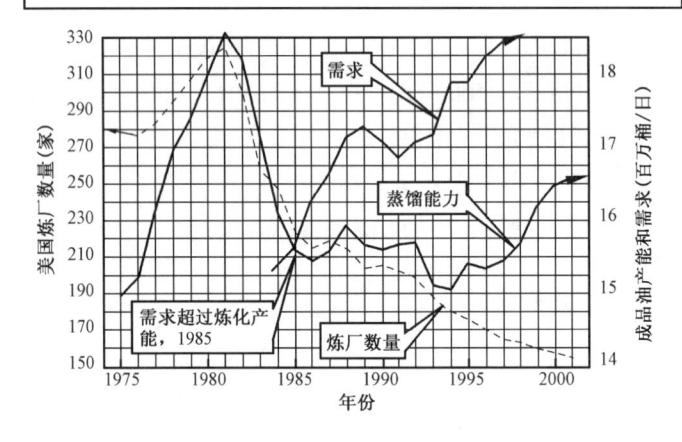

图 7.2 炼厂、产能和需求

炼厂产能的评价指标是日历日桶数（B/CD，Barrels per Calendar Day），是按照蒸馏能力每日实际加工桶数评定的。蒸馏是炼化处理的第一步。另一个衡量指标是生产日桶数（B/SD，Barrels per Stream Day），即在短期生产情况下，工厂满负荷开工每日的加工桶数。通常所说的日产120000桶的炼油厂就是指按B/SD计算的蒸馏能力。有时很难辨别给出的蒸馏能力是按B/CD计算的还是按B/SD计算的。两者之间差异并不是很大。多数情况下，评价炼厂产能时，使用的是330个生产日。通常以B/SD计算的产能要比以B/CD计算的高出6%。

产能利用率达到90%及以上，对于炼厂来说是合理、高效的运营水平。达到盈亏平衡点的运营水平大约为产能的85%左右。若产能利用率低于80%，则炼厂的盈利能力会大幅下降。

20世纪80年代初期，炼油行业的压力迫使炼厂的利用率不足70%。1985年，该行业的利润率达到5年来的最低水平，尽管在这一时期的油价也相对较低。

20世纪80年代初期炼厂纷纷倒闭主要是因为产能过剩,以及小型炼厂无法参与应得权益计划获得原油供应。

应得权益计划(Entitlement Program)。1959年,美国政府对进口廉价国外原油设置了配额。这项政策帮助了小型独立炼厂,因为它们可以用总计75%的进口原油作为原材料。随着OPEC 1973年实行石油禁运,联邦政府开始实施应得权益计划,要求主要的一体化石油公司分摊可获得的原油。这一做法就是让那些通过不同渠道取得受管制价格原油的炼厂获得均衡的利润。这种政策环境给小型炼厂的成长创造了机会,通常这些小型炼厂的产能少于25000桶/日。这些小型炼厂之所以能够存活依靠的就是权益应得计划。

20世纪80年代初期,随着石油价格管制的解除,应得权益计划终止实施。这成为那些小型炼厂和低效率炼厂的噩梦,炼厂的数量开始迅速下降。

1985年1月1日石油炼化行业内只有98家炼厂,在1981年这个数字大约为180家。直到今天这一下降的趋势仍在持续,主要是基于以下几点原因:

(1)管制的要求;

(2)产品利润率下降;

(3)国外产品的可获得性。

炼厂的最优规模为100000B/CD或者更大。那些小型炼厂,尤其是规模小于50000B/CD的,其竞争力较弱。大型炼厂具有规模经济的优势,在经济环境较差、利润率较低的条件下,也能存活更长的时间。20世纪80年代初期,在行业波动时期存活下来的小型炼厂主要是因为它们选择了细分的市场或所处的地理位置起到了一定的隔离作用。这一时期的产能利用率在80%~84%之间;到了90年代初期,利用率达到了90%以上。

7.3.2 财务分析及炼厂评价

对炼厂进行评估有许多种方法。第一步就是评估炼厂或炼化板块的账面价值。

7.3.2.1 账面价值及账面价值乘数

在资产负债表或补充信息中,经常会直接或间接地提供一家石油公司炼化板块的账面价值。油气资产的价值与账面价值间的联系不大,但是炼化和储存部门并非如此。账面价值代表其实际建造成本或收购价格减去DD&A。

有时,会以账面价值乘数为基础评价炼厂。在市场走强时,一项资产的评估价值为账面价值的1.25倍也许很合理。在市场低迷时,炼厂的售价也许只为账面价值的75%。不考虑账面价值,在20世纪80年代早期,小型炼厂价值通常很低，若考虑弃置成本，有些炼厂的价值甚至为负。

7.3.2.2 现金流及营业利润乘数

一般来讲，炼化及销售运营仅仅是一体化石油公司的一部分，无论是在年报中的分部报告还是 10 – K 报告中，披露的相关信息都是有限的。幸好板块分部信息通常提供了各个板块的收益情况和应分摊的 DD&A，这至少给出了各个板块大体的现金流状况。

炼化及销售板块的评估价值通常为营业利润的 4 ~ 6 倍，或现金流的 5 ~ 7 倍。许多分析师在评估时都会选择前述的一种指标，然后检验这个结果是否与其他方法的估值结果相匹配。

7.3.2.3 可比交易

很难找到炼厂的可比交易，因为不存在一个炼厂交易的活跃市场。炼厂的收购和出售并不是每天都发生。在美国，每年也许只有 7 ~ 10 家炼厂会达成收购交易。

分析师和媒体喜欢使用单位 B/SD 产能的支付对价进行可比交易的分析。

例 7.1 可比交易

如果一家产能为 100000B/SD 的炼厂交易对价为 4 亿美元，则意味着该笔交易单桶产能的支付对价为 4000 美元。这种方法可以快速获得价值的估计数。它主要关注炼厂的基本生产单位——蒸馏能力。

Valero 猎食衰弱的悲伤卖家

华盛顿——以 4.65 亿美元的代价收购了 El Paso 旗下产能为 315000 桶/日的 Aruba 炼厂后，标志着 Valero 再次以相对较低的价格收获了一家处理重质酸性原油的大型炼油厂，依靠这方面的技术优势，这家公司在过去几年一直处于盈利状态。

数次参与炼厂收购的 John S. Herod 分析师 Michael Tarney 评论道，Valero 在此次交易中单桶产能的收购成本为 1159 美元，低于 2000 年以来墨西哥湾沿岸炼厂的平均交易价格——每桶 1500 ~ 2500 美元。Aruba 炼厂的原油加工程度相对较低，纳尔逊复杂性指数[1]仅为 6.2，Tarney 认为这个价格对 Valero 仍具有吸引力（《能源情报周刊》——Oil Daily，Vol. 54，No. 23，2004 年 2 月 6 日，星期三）。

---

[1] 纳尔逊复杂性指数，是衡量石油加工水平的一项指标，数值越高，原油加工程度越高，加工产品越丰富，现代化的石化企业"纳尔逊复杂性指数"一般要达到 8 或 8 以上。

这篇报道错在哪里？遗漏了一些信息——4.65亿美元除以315000BPD结果为1476美元每日桶，而不是1159美元。该报道中遗漏的信息，在另外一些报道中找到了，就是其中1亿美元是相关船队、燃料储存及销售运营的支付对价。

使用炼厂的支付对价重新计算——3.65亿美元——除以315000BPD为1159美元每日桶。

注：一则Valero的新闻声称炼厂的置换成本为24亿美元，在过去的5年间，已经投入6.4亿多美元用于改善炼厂的安全性、可靠性和获利能力。

如果使用炼厂加工流程的复杂性指数，分析还可以更深入，这也是炼厂评估的一个重要方面。对比分析炼厂和量化炼厂工艺复杂性的一项最常用指标就是纳尔逊复杂性指数（Nelson Complexity Index），然而，炼厂的复杂性指数很少被公布，许多炼厂雇员自己甚至都不清楚其所在的炼厂的复杂性指数到底是多少。

7.3.3 纳尔逊复杂性指数

炼厂建造成本的纳尔逊复杂性指数是一个相对指标，用于衡量炼厂拥有多少改质加工装置，且与蒸馏能力相比这些装置的操作成本是多少。这个指标是Wilbur L. Nelson在20世纪60年代提出的，用于衡量炼厂各组成部分的相对成本。纳尔逊指数比较了各种改质装置的成本，如催化裂化装置或重整装置（现代炼厂的核心装置），与原油蒸馏装置成本的对比。

原油经过蒸馏装置的处理后，会继续经过各种改质装置和其他处理设备进一步加工处理。评估炼厂产能指的是原油蒸馏处理能力。除此之外，还包括各种组成设备。纳尔逊指数的计算就是要以各种改质装置的成本为基础量化炼厂的相对成本。

Nelson将蒸馏设备的复杂性系数定为1，其他的设备成本与蒸馏装置成本比较的相对数值为其复杂性系数。

例7.2 复杂性系数

假设原油蒸馏设备的建造成本为400美元每单位B/SD，即50000B/SD的设备成本为20000000美元（400/B/SD×50000B/SD）。如果另一设备的建造成本为1200美元每单位B/SD，则它的复杂性系数为3。与蒸馏设备的成本对比后，每一个设备都有一个与建造成本相关的复杂性指数。

将给定设备的复杂性系数乘以其原油处理百分比就能够计算出炼厂的复杂性评级。考虑一个例子，假设炼厂的原油蒸馏能力为50000B/SD，真空蒸馏能力为30000B/SD，真空蒸馏设备的复杂性系数为2，该设备的加工量占炼厂全部原油蒸馏能力的60%，则其为整个炼厂复杂性指数的贡献为1.2（0.6×2）。

7.3.3.1 成本和价值的含义

美国炼厂的平均复杂性指数大约为10。按照美国的标准，一家纳尔逊复杂指数为10的炼厂处于中等水平。其他条件相同的情况下，复杂性指数为12的炼厂，其建造成本将比其他相似规模的公司多20%。然而，其他条件很少相同，即便如此，它们的成本关系也不是完全符合这个比例。该指标的一个缺点就是忽略了炼厂的产能利用率和使用年限。然而，该方法还是有助于改进炼厂估值的方法。

7.3.3.2 复制与规模经济

Nelson很细心地指出复杂性指数为12、产能为50000B/SD的炼厂其建造成本不会与复杂性指数为6、产能为100000B/SD的炼厂相同。这是因为还要考虑很多其他因素。常见的信息不能判断出某一加工流程使用了多少个设备，而且小规模设备的单位建造成本较高。Nelson估计用两台产能为40000B/SD的设备代替一台产能为80000B/SD的设备将会使建造成本增加25%，用四台设备代替一台则建造成本会增加60%。

根据Nelson的报告，大于300000B/SD设备的复制数量平均为2.7台，而不是每个加工过程一台。该行业内每个加工过程的平均值为1.5。

表7.8对三个炼油区域内的一般规模炼厂进行了比较汇总。

表7.8 炼厂对比

按区域划分总体比较炼厂的产能和复杂性，可以看出墨西哥湾沿岸的炼厂产能最大，但西海岸的炼厂复杂性最高。

区域	中部地区	墨西哥湾沿岸	西海岸
产能（B/SD）	45000	200000	120000
纳尔逊复杂性指数	7.5	10.0	12.5
	低复杂性	中等复杂性	高复杂性

油气杂志（Oil & Gas Journal）会公布美国境内外炼厂的产能评级数据。油气杂志的年度炼化调查（Annual Refining Survey）是很好的信息来源，每年三月末发行的杂志包含了美国境内所有炼厂的评级，每年末油气杂志公布的全球报告（Worldwide Report）汇总了国际炼油厂的产能评级。

图7.3的例子摘自油气杂志的Annual Refining Survey，报告了炼厂蒸馏能力评级和每个改质装置系统的产能。

7 板块估值

样本数据选自1991年至1999年的《油气杂志》炼厂调研。这些数据可以帮助人们深入分析Chevron Pascagoula炼厂1991年至1999年的变化情况。

1991年3月18日

公司与位置	原油处理能力 (桶/日历日)	原油处理能力 (桶/生产日)	减压蒸馏	焦化	热裂化	催化裂化	催化填料循环	催化重整	催化加氢裂解	催化加氢精制	催化加氢处理	烷基聚合物	芳烃化合物	润滑油	沥青	氢气 (百万立方英尺/天)	焦炭 (吨/天)
密西西比州																	
Amerada-Hess Corp-Purvis	30000	31579	20000		8000	16000		5800			5800 6000	3500					250
Chevron-Pascagoula	295000	310000	243000	75000		64000		90000	96000 63000 30000		48000	16200	5500		20000	215.0	4000
Ergon Refining-Vicksburg	16800	18300	12000						3800					3600	12000	2.5	
Southland Oil-Lumberton	5800	6500												3500			
Southland Oil-Sandersille	11000	12500												5100			
合计	358600	378879	275000	83000	80000			95800	192800		59800	19700	5500		40600	217.5	4250

1999年12月20日

公司与位置	原油处理能力 (桶/生产日)	减压蒸馏	焦化	热裂化	催化裂化	催化重整	催化加氢裂解	氢精制	催化加氢处理	烷基聚合物	芳烃化合物	润滑油	含氧化合物	产出 (桶/生产日) 氢气 (百万立方英尺/天)	焦炭 (吨/天)	硫 (吨/天)	沥青
密西西比州																	
Chevron-Pascagoula	295000	231000	71000			63000 71000	58000 84000		45000 60000 35000	14800	19000		2100	205.0	4083	1067	
Ergon Refining-Vicksburg	23000	10200						6000 6500				6000		7.7			3150
Southland Oil-Lumberton	5800											3500					

图7.3 《油气杂志》炼厂调研

157

表7.9汇总了各种炼厂加工流程的一般指数,在油气杂志中很容易找到这些信息。

表7.9 炼厂一般性复杂性指数

提炼过程	一般性复杂性指数
蒸馏能力	1
真空蒸馏	2
热处理	6
催化裂化	6
催化重整	5
催化加氢裂化	6
催化加氢精制	3
催化加氢处理	2
烃化/聚合	10
芳烃化合物/异构化	15
润滑油	60
沥青	1.5
氢气（MCFD）[①]	1

来源：W. L. Nelson, "The Concept of Refinery Complexity" Oil&Gas Journal, 1976年9月13日。

① 设备产能在 Oil&Gas Journal 中计量单位为 MMCFD（百万立方英尺每日），纳尔逊复杂性指数采用的是 MCFD（千立方英尺每日）。

该模型的一个主要缺点就是对很多处理过程仅仅采用了一个复杂性系数。例如,芳烃化合物/异构化处理工序的复杂性系数为15,但其包含了很多不同的工序,每一种工序都有不同的复杂性系数。表7.10显示了最近公布的该指数的变动情况。通过表7.10,可以对炼厂的复杂性指数进行估计。

表7.10 芳烃化合物/异构化处理设备的复杂性指数

一般性复杂性指数显示芳烃化合物/异构化处理设备的复杂性指数为15,其所包含的处理工序也具有不同的复杂性指数。

芳烃化合物/异构化	纳尔逊复杂性指数
异构化处理	3
聚合	9
芳香烃（BTX）生产	20

来源：Gerald L. Farra, Oil & Gas Journal, 1989年10月2日, 第90页。

在表7.11中，Chevron Pascagoula炼厂产能为295000桶/生产日，复杂性指数估计为12.6，价值为11亿~13亿美元。

表7.11 炼厂复杂性分析

Chevron Pascagoula炼厂的蒸馏能力能达到每天近300000桶的产能，复杂性系数为12.5。美国炼厂这一指标的平均值为10.5，世界范围内的平均值为7.0。

炼厂：Chevron – Pascagoula　　　　　　　　　　　　日期：1999年12月20日
位置：密西西比州　　　　　　　　　　　　　　来源：Oil & Gas Journal Refining Survey

提炼过程	产能（桶/生产日）	与蒸馏产能比（%）	一般性复杂性指数	指数
蒸馏能力	295000	100	1	1.0
真空蒸馏	231000	78	2	1.6
焦化	71000	24	6	1.4
催化裂化	63000	21	6	1.3
催化重整	71000	24	5	1.2
催化加氢裂化	142000	48	6	2.9
催化加氢精制	0		3	
催化加氢处理	140000	47	3	0.9
烷基聚合物	14800	5	10	0.5
芳烃化合物/异构化	19000	6	15	1.0
润滑油	0		60	
沥青	0		1.5	
氢气（千立方英尺/天）	205000	69	1	0.7
氧化处理	2100	1	1	0.1
			总纳尔逊复杂性指数	12.6
			美国平均	10.5
			世界平均	7.0

可以通过图7.4的图表估计炼厂的价值，该图表是依据20世纪80年代后期对炼厂转让和评估信息做出的。

例7.3 复杂性指数

例如，一家炼厂产能为100000B/SD，复杂性指数为8，其价值大约为 3000 美元每 B/SD。这样就可能得出炼厂的价值大约为 3 亿美元。若这一估值结果和其他估值方法一同使用，如账面价值和现金流乘数法，可以得到更合理的炼厂价值。

1981年以前，炼厂售价一般约为重置成本的1/3。这就是美国在过去20世纪80年代后炼厂数量没有增加的最主要原因。

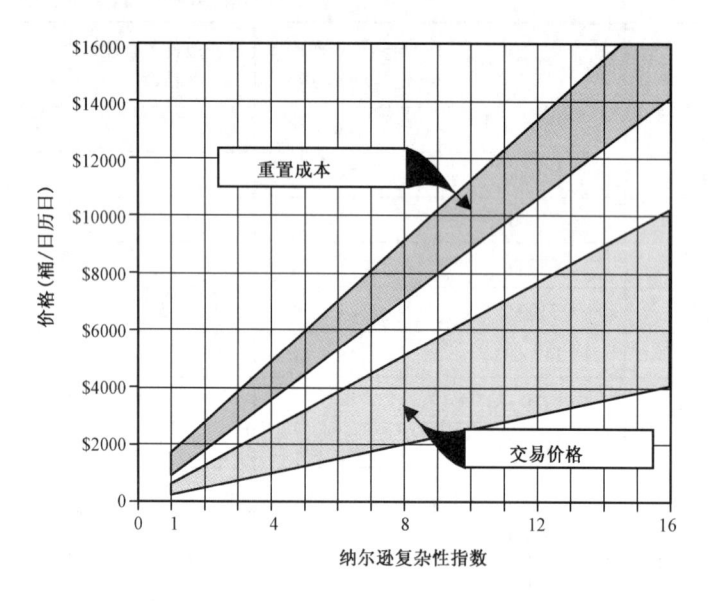

图 7.4 基于炼厂复杂性指数的对比估值

7.3.4 炼厂价值（以每开工日单桶价值计算）

炼厂重置成本。20 世纪 70 年代中期以来，炼厂并购交易中支付的对价为炼厂重置成本的 25%~45%。在美国，建造一个中等规模现代化炼厂已从 1991 年的每日桶（per daily barrel）7500 美元上升到 8500 美元。在此期间，成本、建造工期和环境管制使得炼厂的建造成本高居不下。因此，与建造相比，收购一家炼厂更加便捷且成本低廉。

20 世纪 80 年代中期，炼厂的收购价格相当低，这主要是因为产能过剩所致。现在，因为产能利用率提高，炼化行业的整体状况已经有很大改善，但炼厂的出售价格仍然相当低。20 世纪 90 年代中期，炼厂处于产能利用较高且较为合理的运营水平。预期产品需求会大幅增加，下个十年对炼化行业来说日子应该会更好过一些。

公司财务报告的附注和分部信息提供了下游部门的账面价值、收益和现金流数据信息。

其他要素包括：储存设施、水处理设施、管道连接以及能满足更严格监管要求的炼化运营能力，如低硫柴油或新配方汽油。

7.3.5 Chevron 和 Texaco 炼厂板块估值

表 7.12 和 7.13 根据权益比率、日产量、复杂性指数及假设 300 美元单位复杂性 B/D，分别对两家公司的炼厂板块进行估值分析。这两个表格也给出了合并前各自炼厂板块的估值信息。

表 7.12 Chevron 炼厂估值

2000 年，Chevron 对 18 家炼厂持有股份，平均复杂性指数为 7.4。按每单位复杂性指数[②]估值为每日桶 300 美元。

炼厂	地址	权益比率	日产量（×10^3 美元）	复杂性指数	估值（每日桶 30 万美元）	Chevron 权益价值（×10^3 美元）
El Paso[①]	TX	100	65	7.1	138450	138450
El Segundo	CA	100	260	10.8	842400	842400
Honolulu	HA	100	54	5.9	95580	95580
Pascagoula	MS	100	295	12.1	1070850	1070850
Richmond	CA	100	225	15.8	1066500	1066500
Salt Lake City	UT	100	45	8.3	112050	112050
Perth Amboy	NJ	100	80	9	216000	216000
Portland	OR	100	16	9	43200	43200
Burnaby	Canada	100	52	9.8	152880	152880
Mombasa[③]	Kenya	8	90	2.5	67500	5400
Kurnell[③]	Australia	25	114	7.5	256500	64125
Lytton[③]	Australia	25	105.5	6.7	212055	53014
Batangas[③]	Philippines	50	86.5	3.6	93420	46710
Yocheon[③]	Korea	25	633.6	4.5	855360	213840
Whangarei[③]	New Zealand	6.3	106	6.4	203520	12822
Pualau Merilimau[③]	Singapore	16.7	285	4.5	384750	64253
Capetown[③]	South Africa	50	110	6.4	211200	105600

续表

炼厂	地址	权益比率	日产量（×10³美元）	复杂性指数	估值（每日桶30万美元）	Chevron权益价值（×10³美元）
Map Ta Phut③	Thailand	32	275	3.7	305250	97680
				平均 7.4	总计	4401354

① El Paso 炼厂产能数据为 Chevron 权益数据。
② 复杂性指数未知，采用美国平均值。
③ Caltex 运营。

计算举例：Chevron 在 El Paso 炼厂的权益价值。
1.0（%，股权比例）×65000（日产量）×7.1（复杂性指数）×300 美元（complexity B/D）= 138450000 美元

表 7.13　Texaco 炼厂估值

2000 年 Texaco 对 23 家炼厂持有股份，平均复杂性指数为 7.3。按复杂性指数估值为每日桶 300 美元。

炼厂	地址	权益比率	日产量（×10³美元）	复杂性指数	估值（每日桶30万美元）	Chevron权益价值（×10³美元）
Martinez①	CA	44	154	15.6	720720	317117
Anacortes①	WA	44	145	8.9	387150	170346
Los Angeles①	CA	44	131	14.0	550200	242088
Bakersfield①	CA	44	62	8.6	159960	70382
Port Arthur②	TX	30.6	235	14.7	1036350	317123
Convent②	LA	30.6	225	9.8	661500	202419
Delaware City②	DE	30.6	175	9.0	472500	144585
Norco②	LA	30.6	220	9.2	607200	185803
Panama		100	60	5.0	90000	90000
Guatemala		100	17	2.7	13770	13770
Martinique		11.5	17	4.8	24480	2815
United Kingdom		100	215	10.3	664350	664350
Netherlands		31	399	4.8	574560	178114
Mombasa③	Kenya	8	90	2.5	67500	5400
Kurnell③	Australia	25	114	7.5	256500	64125

续表

炼厂	地址	权益比率	日产量（×10³ 美元）	复杂性指数	估值（每日桶30万美元）	Chevron权益价值（×10³ 美元）
Lytton③	Australia	25	105.5	6.7	212055	53014
Batangas③	Philippines	50	86.5	3.6	93420	46710
Yocheon③	Korea	25	633.6	4.5	855360	213840
Whangarei③	New Zealand	6.3	106	6.4	203520	12822
Pualau Merilimau③	Singapore	16.7	285	4.5	384750	64253
Capetown③	South Africa	50	110	6.4	211200	105600
Map Ta Phut③	Thailand	32	275	3.7	305250	97680
Ivory Coast③		3.7	65	5.5	107250	3968
				平均 7.3	总计	3266324

① Euilon Area。
② Motiva Area。
③ Caltex 运营。

计算举例：Texaco 在 Martinez 炼厂的权益价值。

0.44（%，股权比例）×154000（日产量）×15.6（复杂性指数）×300 美元（complexity B/D）= 317116800 美元

7.4 销售机构

最近几十年间，石油行业的分销及销售板块受到许多因素的影响。20 世纪 80 年代的合并，如 Chevron – Gulf 合并案，造成公司在重叠区域内拥有相互竞争的加油站，导致了加油站数量的减少。20 世纪 90 年代，美国销售机构的数量再次显著下降，从 210000 家降到 176000 家。如今，这个下降趋势在美国仍在缓慢继续，2002 年降为 170000 家。

7.4.1 加油站

加油站收入的 50% 来自于汽油销售。小型加油站每月销售数量不足 100000 加仑，因此许多小加油站试图通过非汽油销售业务补充营业收入额。10 年前这个想法已经产生，发展至今日，加油站越来越像个便利店了。

加油站提供的新型非汽油产品和服务如下：

（1）甜味点心；
（2）咸味点心；
（3）冰啤酒；

（4）香烟；

（5）洗车；

（6）ATM；

（7）快餐；

（8）电话卡；

（9）咖啡；

（10）其他便利项目。

销售每加仑汽油可以获得12美分的利润。非汽油销售业务使得利润总额增加35%。地理位置对于资产估值十分重要，交通便利性也同样重要。

7.4.2 便利店

便利店因提供便利服务而得名。出售汽油是为出游的人提供便利服务。如今，在美国几乎有120000家便利店，1980年这一数字仅为67500，其中78%销售汽油，其中包括Seven-Eleven和Circle Ks，方便人们可以在上下班的途中购物。

一般来讲，便利店的面积都小于5000平方英尺，出售大约2900种不同的商品。

7.4.3 汽车服务站和旅馆

汽车服务站规模在逐渐增加。美国大约有4500家汽车服务站，这一数字预期还要上升。汽车服务站每月大概销售100000加仑的汽油和1000000加仑的柴油。淘汰了油兮兮的沥青，汽车旅馆开始变得清洁起来，并将目标客户定位于一般的旅行者。

新添加的非燃料销售业务包括：

（1）汽车清洗；

（2）兑现支票（Cash Checking）；

（3）洗浴；

（4）传真机；

（5）餐馆；

（6）干洗；

（7）卡车修理；

（8）邮政服务；

（9）安保服务；

（10）急救服务；

（11）汽车旅馆；

（12）酒店；

（13）休闲设施；

（14）教堂；

（15）网络服务；

（16）零售商店；

（17）游戏娱乐休闲；

（18）便利航空服务。

7.4.4 超级市场

目前美国大约有 2200 家超市，其中包括大零售商 BJs、CostCo 和 WalMart，这些超市如今也增加了汽油零售店面，他们想要发展成为一站式购物场所。那些无装饰的店铺通常不提供挡风玻璃清洗服务，也不接受现金，但是他们提供的物品价格低廉，给当地市场带来不小的压力。

7.4.5 销售趋势

只在加油泵旁付款成为所有销售商店面临的巨大问题，尤其是便利店和超级市场。他们为了吸引顾客而提供的汽油价格比加油站价格更为低廉，但又只能看着顾客加满油箱后便驾车离去，而没有购买任何额外的商品。但是加油泵旁付款正是为了满足提供便利服务而必需的。

人口特征发生了改变，他们正将目标客户从 18~34 岁男性转移到以下人群：

(1) 老年人——便利服务——维生素；

(2) 妇女——平均每周到便利店购物 2.2 次；

(3) 西班牙裔人——现在被认为是第二大消费能力人群；

(4) 十几岁的青少年——多种口味的饮料。

表 7.14 所示内容是美国销售商店的统计数据。

表 7.14 2001 年的美国销售商店

销售商店	加油站	便利店 （销售汽油）	卡车服务站 汽车旅馆	超级市场 （大型规模零售商）
数量	63000	97470	4500	2200
大型石油公司附属机构	是	否	很少	否
服务范围	近	2~4 英里	50~100 英里	30~40 英里
销售（加仑❶/月）				

---

❶ 1 加仑（英）= 4.546 升。

续表

销售商店	加油站	便利店（销售汽油）	卡车服务站汽车旅馆	超级市场（大型规模零售商）
低	50000	75000	300000	100000
高	125000	200000	1250000①	300000
利润/加仑（美分）	12	10	12	3
零售额（美元）				
低	20000	100000	300000	250000
高	100000	500000	1000000	1500000
利润率（%）	33	33	33	24
重置成本（美元）				
低	250000	1000000	6000000	
高	750000	1750000	8000000	

① 卡车服务站燃料销售（加仑/月）包含了柴油，约占总销售额的90%。

7.4.5.1 Texaco 销售部门资产的估值

确定公司销售机构的数量或权益比率很困难。Chevron 和 ChevronTexaco 在年报中详细列示了销售部门的构成，分为公司所有的、公司租赁的、与其他公司共同持有的和品牌商品定点供应的，而 Texaco 仅仅列示了其拥有股份的销售商店。

换句话说，Chevron 在 2000 年年报的补充材料中披露了其在 1560 家销售商场拥有的股份。Texaco 在 2000 年年报的补充材料中披露其拥有股份的商场数量为 36000 家。ChevronTexaco 在 2001 年年报的补充材料披露其拥有股份的商场数量为 8199 家。

这里需要注意的是，2000 年，Texaco 宣称自己拥有股份的零售商场为 36000 多家。

Texaco 2000 年年报补充资料

品牌零售店数量	
美国	22294❶
其他西半球国家	4922
东半球及欧洲	4187
Caltex 负责运营的	4624❷
总计	36027

❶ 美国的数量包括了 Equilon 和 Motiva 的全部品牌零售店。
❷ 大概为 Caltex 零售店数量的一半。

总计数据36027仅仅是销售商店的数量，而不是公司的资产数量。Texaco仅仅指出进行销售业务商场数目为36000多家，不是说对这36000多家商场都拥有所有权。2000年，Texaco下游的主要合资公司包括以下几家：

合资公司	合作伙伴	商场数量	Texaco权益份额（%）
Caltex	Chevron	7800	50
Equilon	Shell	9400	44
Motiva	Saudi Refining Inc.，Shell	14200	32.5

其销售部门资产的估值主要依据以下假设：

（1）2000年，Chevron拥有或租赁的数量为1560家；

（2）2001年，ChevronTexaco拥有或租赁的数量为8199家；

（3）8199家中，由Caltex所有的为4624家；

（4）Texaco预计总商场数量 = 8199 - 4624 - 1560 = 2015；

（5）Texaco拥有Caltex的份额 = 4624÷2 = 2312；

（6）总数量 = 2015 + 2312 = 4327；

（7）不区分商场的性质（加油站、便利店、卡车服务站）；

（8）每个商场的平均估值 = 750000，

4327家×750000美元/家 = 32.45亿美元（Texaco销售商场资产价值）。

这个估值不包括2000年Texaco持有部分股份的Equilon和Motiva商场价值。

7.4.5.2 Equilon和Motiva

2001年10月9日Texaco公布了Equilon和Motiva剥离的详细信息。根据协议的条款，Texaco将会收到24亿美元。此外，购买者还要继续承担大约17亿美元的债务和其他义务，价值总计41亿美元。

炼厂资产的估值已经确定为16.5亿美元。因此，Texaco收到的对价为24.5亿美元（41亿美元 - 16.5亿美元）。这一结果包括了Equilon和Motiva的运输和销售资产，但是并没有在Texaco的报告中披露。

7.4.5.3 Chevron销售部门资产的估值

2000年，Chevron为8224家商场提供产品，其中1560家为公司拥有或租赁的，大约600家是航空和航海器材销售公司（表7.15）。销售板块的估值基于以下这些假设：

（1）1560家销售公司中不包括Clatex；

（2）Chevron在Caltex销售公司的份额 = 4624÷2 = 2312；

（3）全部销售分支 = 1560 + 2312 = 3874；

（4）每家销售分支的平均估值=750000 美元；

（5）不区分商场的性质（加油站、便利店、卡车服务站）；

（6）600 家航空和航海器材销售公司作为普通销售分支简单处理；

3874 家销售分支×750000 美元/家=29.05 亿美元（Chevron 销售商场资产价值）。

表7.15 板块资产估值　　　　　　　　　　　　单位：美元

	Chevron 财务数据	估计值	Texaco 财务数据	估计值
探明可采储量	39800①	39558	26188	29400
区块	1468	1766		1502
勘探资产（净值）	14208		11870	
炼厂	6874②	4401	4721	3266
油轮		2325		
管道		1740		700
销售点		2905		3245
Equilon & Motiva③			2450	
其他	1812④		1318⑤	
负债⑥	21339		17423	

① SMOG 价值。
② 土地、厂房和设备——炼化、销售及分销网络的总计。
③ Equilon & Motiva 的估值为售得减炼厂估值。
④ 化工品及其他全部：房地产、煤炭资源、信息系统和重新分类。
⑤ 全球的石油、天然及能源技术及其他。
⑥ 总负债。

表7.16 总结了各板块数据，包括报告提供的和估计的数据。在板块分析中，Chevron 因其财务数据比较透明，分析更为简单。

表7.16 按板块汇总的估值信息　　　　　　　　单位：美元

Chevron 和 Texaco 的估值	Chevron	Texaco
探明可采储量	39558	29400
区块	1766	1502
炼厂	4401	3266
油轮	2325	
管道	1740	700
销售点	2905	3245
Equilon & Motiva		2450

续表

Chevron 和 Texaco 的估值	Chevron	Texaco
其他	1812	1318
总资产	54507	41944

这些数据与 Money Magzine 一篇文章估计的结果较为接近，这篇文章估计合并前 Chevron 的价值为 520 亿美元，Texaco 的价值为 440 亿美元。他们也对比了大量信息，认为新公司的资产价值为 900 亿美元，然而这些数据并没有考虑负债。

新闻报道了两家公司的股权比例为 60：40，上述计算的结果仍然很接近这个报道比例。此外还有一种方法计算股东获得的所有权比例。Chevron 的股东在合并前拥有 7.12 亿股 Chevron 股票，合并后仍然拥有 CVX 的 7.12 亿股股票。Texaco 的股东合并前拥有 5.67 亿 Texaco 股股票，每股换 0.77 股 CVX 股票，这样合并后 Texaco 的股东就会拥有 CVX 总计 11.48（7.12+4.36=11.48）亿股股票中的 4.36（5.67×0.77=4.36）亿股。

Chevron
$$= \frac{712}{1148}$$
$$= 62\%$$

Texaco
$$= \frac{436}{1148}$$
$$= 38\%$$

8

储量估值

油气储量通常占据了公司财富的很大一部分。那么问题是：这些储量究竟价值多少呢？

20世纪80年代初期，Triton Energy（如今是Amerada Hess公司的一部分）在东哥伦比亚的Llanos地区取得两个重大发现。这两个重大发现，即Cusiana和Cupiagua油田，是其后近20年里在西半球最大的发现，直至发现巴西Roncadore深海油田，才被取代。Triton的油田发现信息一公布给纽约的股票分析师，其股票就迅猛上涨。这在某种程度上是可以理解的，但是股票市场的反应有些过度。华尔街股票分析师和市场认为这些储量（地下埋藏的）在发现时（开采之前）价值为3.00美元/桶。分析方法如下：

（1）预估可采储量；
（2）用Triton的开采权益享有的储量乘3.00美元/桶；
（3）将该价值除以Triton普通股股数；
（4）Triton股票价值相应增加。

另一个应当提出的问题是：3.00美元/桶是否为Llanos油田开采储量的合理价值？这一地区的钻井成本每口井超过了2500万美元。若将原油运至市场，需要铺设一条横跨安第斯山脉的高成本长输管线。这需要很长时间才能展开生产活动。国家风险程度很高——当地第一个钻井平台曾被叛乱者烧毁。最重要的是，财税条款很苛刻：政府拿走60%以上的原油并征收20%的矿税（从勘探角度看，政府拿走了80%的份额，50%+政府份额，但我们这里讨论的是储量的价值，Ecopetrol油田50%的开采权益对Triton的权益份额储量价值几乎没有影响）。那时石油价格预计仍然会上升（有些过于乐观），但是仍为3.00美元/桶。

8.1 石油储量的价值

一般,世界范围内每年报告大约100项油田发现。问题是"这些发现的油田价值多少?"除此之外,每年大约有数十亿美元石油产品的收购/销售业务发生。储量在发现时点与已经开始开发生产之后在价值上肯定存在区别的。本章将对公司储量的价值进行深入讨论。

然而,在这一问题上经常存在混淆,主要原因是报道的价值有时是按工作权益(Working Interest)计算的,而有时是按照份额(Entitlement)计算的。假设公司取得一项发现,预期可采储量为1亿桶,计划按照常规的投资和时机开发此储量。这项发现价值多少呢?用预计现金流量来描述这1亿桶石油储量的发现,揭示出价值的来源。表8.1汇总了经济模型中用到的假设。该案例假设财税条款接近世界平均水平。

表 8.1　假设汇总——经济模型

油田规模	1亿桶
最高产量	33000桶/日
	1200万桶——第3年产量
产储比	12%
石油价格	20.00美元(假设稳定不变)
资本支出	3.50美元/桶
经营支出	3.40美元/桶 (固定成本1000万美元/年+变动成本1.50美元/桶)
成本占总收入百分比	34.5%
财税条款	产品分成合同
	矿区使用费10%
	成本回收限制60%
	政府利润油份额40%
	所得税率33%
	折旧——年限20%,用于成本回收和税

表8.2和表8.3计算了公司和政府的预期现金流量。按折现率12.5%计算,公司角度的价值为63.78百万美元,或大约64美分/桶。然而,公司权益份额(成本油+利润油)为67.8%,或67.8百万桶。权益份额的每桶价值为94美分。本章中,价值都是按开采权益量计算的。

表8.2　1亿桶储量油田开发

年	年产量 (千桶)	原油价格 (美元/桶)	总收入 (千美元)	矿税费 10% (千美元)	净收入 (千美元)	资本性支出 (千美元)	操作成本 (千美元)	折旧 (千美元)	成本回收结转 (千美元)	成本回收 (千美元)
	A	B	C	D	E	F	G	H	I	J
1	0	20.00	—	—	—	30000				
2	0	20.00	—	—	—	80000				
3	0	20.00	—	—	—	150000				
4	4850	20.00	97000	9700	87300	90000	17275	70000		58200
5	9420	20.00	188400	18840	169560		24130	70000	29075	113040
6	12000	20.00	240000	24000	216000		28000	70000	10165	108165
7	10200	20.00	204000	20400	183600		25300	70000		95300
8	9180	20.00	183600	18360	165240		23770	70000		93770
9	8033	20.00	160660	16066	144594		22050			22050
10	7028	20.00	140560	14056	126504		20544			20544
11	6150	20.00	123000	12300	110700		19225			19225
12	5381	20.00	107620	10762	96858		18072			18072
13	4709	20.00	94180	9418	84762		17062			17062
14	4120	20.00	82400	8240	74160		16180			16180
15	3605	20.00	72100	7210	64890		15408			15408
16	3154	20.00	63080	6308	56772		14731			14731
17	2760	20.00	55200	5520	49680		14140			14140
18	2415	20.00	48300	4830	43470		13623			13623
19	2113	20.00	42260	4226	38034		13170			13170
20	1849	20.00	36980	3698	33282		12770			12770
21	1618	20.00	32360	3236	29124		12427			12427
22	1415	20.00	28300	2830	25470		12123			12123
总计	100000		2000000	200000	1800000	350000	340000	350000	39240	690000

——经济模型——公司现金流

总利润油（千美元）	政府份额40%（千美元）	公司份额（千美元）	签字费（千美元）	税损结转（千美元）	应纳税所得（千美元）	所得税税率33%（千美元）	合同者现金流 未折现（千美元）	合同者现金流 12.5%折现（千美元）
K	L	M	N	O	P	Q	R	S
							(30000)	(28284)
							(80000)	(67044)
							(150000)	(111740)
29100	11640	17460			(11615)	0	(31615)	(20934)
56520	22608	33912		11615	41207	13598	109224	64288
107835	43134	64701			74866	24706	120160	62867
88300	35320	52980			52980	17483	105497	49062
71470	28588	42882			42882	14151	98731	40814
122544	49018	73526			73526	24264	49263	18102
105960	42384	63576			63576	20980	42596	13915
91475	36590	54885			54885	18112	36773	10676
78786	31514	47272			47272	15600	31672	8174
67700	27080	40620			40620	13405	27215	6242
57980	23192	34788			34788	11480	23308	4753
49482	19793	29689			29689	9797	19892	3606
42041	16816	25225			25225	8324	16900	2723
35540	14216	21324			21324	7037	14287	2046
29847	11939	17908			17908	5910	11998	1527
24864	9946	14918			14918	4923	9995	1131
20512	8205	12307			12307	4061	8246	829
16697	6679	10018			10018	3306	6712	600
13347	5339	8008			8008	2643	5365	426
1110000	444000	666000				219780	446220	63779

表8.3　已开采油田的价值

年	签字费（千美元）	矿区使用费10%（千美元）	政府40%利润油（千美元）	所得税33%（千美元）	政府现金流 未折现	政府现金流 12.5%折现现金流
	N	D	L	Q	T	U
1						
2						
3						
4		9700	11640	—	21340	14131
5		18840	22608	13598	55046	32400
6		24000	43134	24706	91840	48050
7		20400	35320	17483	73203	34044
8		18360	28588	14151	61099	25258
9		16066	49018	24264	89347	32831
10		14056	42384	20980	77420	25292
11		12300	36590	18112	67002	19453
12		10762	31514	15600	57876	14936
13		9418	27080	13405	49903	11445
14		8240	23192	11480	42912	8750
15		7210	19793	9797	36800	6670
16		6308	16816	8324	31449	5067
17		5520	14216	7037	26773	3834
18		4830	11939	5910	22679	2887
19		4226	9946	4923	19095	2161
20		3698	8205	4061	15964	1606
21		3236	6679	3306	13221	1182
22		2830	5339	2643	10812	859
总计		200000	444000	219780	863780	290856

A）产量信息（千桶/年）
B）原油价格
C）总收入（千美元/年）
D）矿区使用费10% =（C×0.1）
E）净收入 =（C−D）
F）资本性支出
G）操作成本（费用化）
H）资本性成本的折旧（5年直线法）
I）成本回收结转（G＋H＋I＞C×60%）
J）成本回收 = G＋H＋I，上限 C×60%

K）总利润油 =（C−D−J）
L）政府利润油份额40% = K×40%
M）合同者利润油份额60% =（K−L）
N）签字费
O）税损结转 TLCF（见P列）
P）应纳税所得 =（C−D−G−H−L−N−O）
Q）所得税（33%）= P×0.33
R）公司现金流 =（E−F−G−L−N−Q）
T）政府现金流 =（D＋L＋N＋Q）

8 储量估值

图 8.1 是对一项可能的油田发现在不同价格、成本和财税条款下进行的现金流折现估值分析。假设石油价格为 25～30 美元/桶，则实际上哥伦比亚这块新发现油田的价值约为 1.00～1.50 美元/桶——不是 3.00 美元/桶。若未开采石油储量要想达到这个价值，各项条件必须要改善（如较好的价格、低成本及低政府份额——几乎不可能的情形组合）。实际上，考虑前述的这些条件，储量应当在达到价值 3.00 美元/桶之后进行开发生产。特定油田的油气储量价值在整个油田生命周期内都会发生变动。稍后将对此展开讨论，并在图 8.2 中展示。已开采储量的价值将在本章稍后单独讨论，见图 8.3。

> 一项油田发现的价值是油田规模、液体特性、价格、成本、财税条款和开采时机的函数。正常的生产和财税条款下，石油价格为20~25美元/桶，未开发储量的价值大约为1.00美元/桶。根据财税条款的不同，该价值区间为50美分/桶~2.00美元/桶。

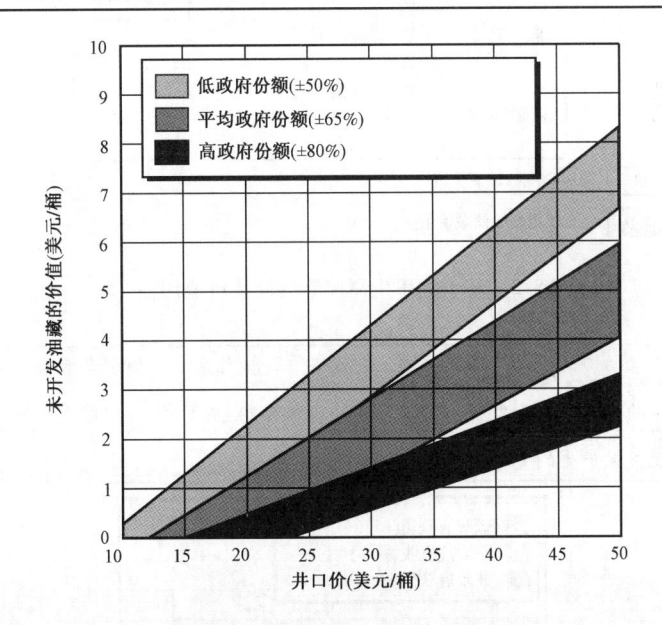

图 8.1 一项油田发现的估值

根据表 8.2，从公司角度看，储量价值取决于多种因素，包括表 8.4 所示的折现率。同样，人们在谈论储量价值时有时采用的是开采权益量，而有时更倾向于使用份额。开采权益量主要是在考虑公司享有油田 2P 储量的工作份额价值时使用的。然而，这个数值很少能和公司所合法享有的提油份额一致。一般来讲（也有例外），公司能够确定出其在储量中能提取的或实际享有的份额量。在矿区使用税模式下，这一数值等于总产量减矿区使用税原油（或天然气）。在产品分成模式下，公司有权享有的份额提油量应当等于在成本油和利润油中的份额。

储量价值在整个油田生命周期内都在变化。假设油价为 20.00 美元/桶,政府份额66%,折现率12.5%等。

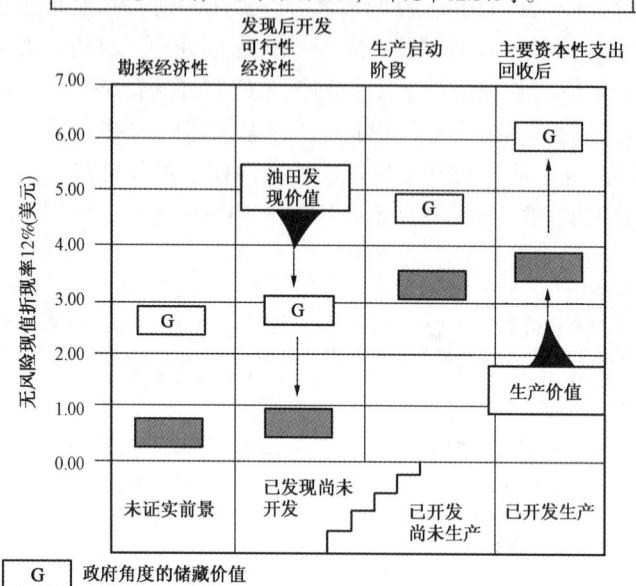

图 8.2 基于油田生命周期的储量价值评估

已开采油田的价值为石油价格、沉没成本、操作成本、财税条款和时机的函数。
正常的生产条件和财税条款下,石油价格为20~25美元/桶,则已开采油田的价值约为3.50美元/桶。
财税条款产生的差异为±1.00~2.00美元/桶。

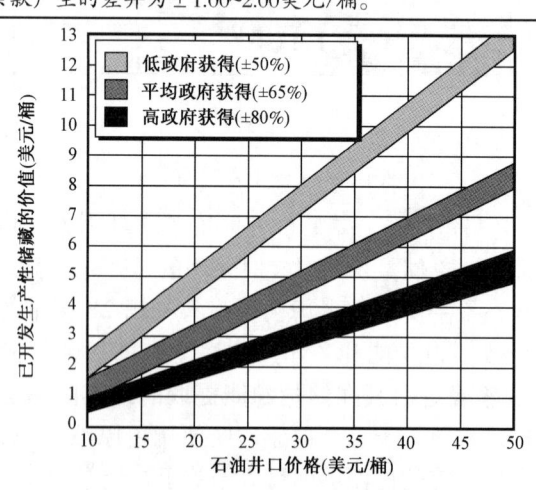

图 8.3 已开采油田的价值评估

表 8.4　油田发现估值

现值总结（也可参见表 8.5）			
折现系数（%）	合同者 NPV（百万美元）	开采权益产量（×100 百万桶，美元每桶）	份额产量（67.8 百万桶，美元每桶）
8.0	147	1.47	2.17
10.0	105	1.05	1.55
12.5	64	0.64	0.94
15.0	32	0.31	0.47

表 8.5 给出了收入和利润的相对分配量和公司应得份额比率。

表 8.5　现金流量模型总结及分析

> 利润（或现金流）的分配经常被表述为"获得（Take）"。下述计算表明了表 8.2 和表 8.3 在现金流模型中怎样对收入、利润及储量份额进行分配的。

单位：千美元

收入总额	2000000
总成本	-690000　（34.5%）（操作费用和资本化支出）
总利润	1310000　总现金流
签字费	-0
矿区使用费	-200000
政府利润油分成	-444000
所得税	-219780　863780（政府获得）
公司现金流	446220　（公司获得）
政府获得	
未折现	66%（863780÷1310000） 864 百万美元（未折现）
折现（12.5%）	82%〔290855÷（290855+63799）〕 291 百万美元
公司获得	
未折现	34%（446220÷1310000） 446 百万美元（未折现）
折现（12.5%）	18%〔63799÷（290855+63799）〕 64 百万美元
公司份额	67.8%（成本油+利润油） 〔（690000+666000）÷2000000〕 67.8 百万桶

到目前为止所讨论的内容及表 8.1 中的案例可以看出，根据不同财税条款，一项 1 亿桶储量油田的开发会有不同的价值结果。表 8.6 描述的是在不同国家既定油田开发模式下的预期价值。储量价值从负数到高于 1.80 美元/桶不等。

表 8.6　油田发现的价值对比

假定油价为 20.00 美元/桶，油田规模 1 亿桶储量，成本占收入总额的 34.5%，折现率为 12.5%（见表 8.1 中假设）。其他条件相同，不同的财税条款产生了较大差异。

地区	印度尼西亚	中国	PSC 举例	美国 OCS	英国
油田发现价值（合同者价值）折现率12.5%	负	74 百万美元 74 美分/桶	63.8 百万美元 64 美分/桶	123 百万美元 1.23 美分/桶	180 百万美元 1.80 美分/桶
产品份额（%）	54	45	68	83	100
合同模式 政府参与	PSC 否	PSC 51%	PSC 否	R/T 否	R/T 否
勘探经济状况 政府获得（包括政府参与,%）	86	72	66	53	40

8.2　已开采油气储量的价值

一项油气发现被评估具有价值且进入开发阶段后，地下储量的价值就会高于发现时点的价值。对已开采储量价值影响最大的因素包括：财税条款、时机（递减率）、成本和价格。并不是所有的储量都有相同的价值。1998—2001 年，世界范围内并购交易额平均为每年 1000 亿美元，每桶收购价格从低于 4.00 美元到 7.00 美元以上不等（见附录 11）。

已对表 8.1 中 1 亿桶储量的油田发现进行了分析，但是现在的分析角度变为已处于开发阶段的油田，假设有 63.5 百万桶剩余储量，第一年产量为 25000 桶/日（9.18 百万桶/年）。表 8.7 的现金流模型描述了该油田的生产情况，假设产量每年递减率为 12.5%，操作成本假设为 1000 万美元的固定成本加 1.50 美元/桶的变动成本，操作成本平均为 3.86 美元/桶。

表8.7 已开采油田的经济模型

年	年产量（千桶）	原油价格（美元/桶）	总收入（千美元）	矿税费 10%（千美元）	净收入（千美元）	操作成本（千美元）	成本回收（千美元）	全部利润油（千美元）	合同者利润油（千美元）
1	9180	$20.00	183600	18360	165240	23770	93770	71470	42882
2	8033	$20.00	160660	16066	144594	22049	22049	122545	73527
3	7028	$20.00	140560	14056	126504	20543	20543	105961	63576
4	6150	$20.00	123000	12300	110700	19225	19225	91475	54885
5	5381	$20.00	107620	10762	96858	18072	18072	78786	47271
6	4709	$20.00	94180	9418	84762	17063	17063	67699	40619
7	4120	$20.00	82400	8240	74160	16180	16180	57980	34788
8	3605	$20.00	72100	7210	64890	15407	15407	49483	29689
9	3154	$20.00	63080	6308	56772	14731	14731	42041	25224
10	2760	$20.00	55200	5520	49680	14140	14140	35540	21324
11	2415	$20.00	48300	4830	43470	13623	13623	29847	17908
12	2113	$20.00	42260	4226	38034	13170	13170	24864	14918
13	1849	$20.00	36980	3698	33282	12774	12774	20508	12304
14	1618	$20.00	32360	3236	29124	12427	12427	16697	10018
15	1416	$20.00	28320	2832	25488	12123	12123	13365	8019
16	—	$20.00	—	—	—	—	—	—	—
总计	63531	—	1270620	127062	1143558	178935	178935	828261	496957

年	政府份额 40%（千美元）	应纳税所得（千美元）	所得税 33%（千美元）	合同者现金流 未折现（千美元）	合同者现金流 12.5%折现（千美元）	政府现金流 未折现（千美元）	政府现金流 12.5%折现（千美元）
1	28588	42882	37251	75631	71306	84199	79384
2	49018	73527	24264	49263	41282	89348	74873
3	42384	63577	20980	42596	31734	77421	57678
4	36590	54885	18112	36773	24349	67002	44365
5	31514	47272	15600	31672	18643	57876	34067
6	27080	40619	13404	27215	14237	49902	26105
7	23192	34788	11480	23308	10839	42912	19956
8	19793	29690	9798	19892	8223	36801	15213
9	16816	25225	8324	16900	6211	31449	11557
10	14216	21324	7037	14287	4667	26773	8745
11	11939	17908	5910	11998	3484	22679	6585
12	9946	14918	4923	9995	2580	19095	4928

续表

年	政府份额 40%（千美元）	应纳税所得（千美元）	所得税 33%（千美元）	合同者现金流 未折现（千美元）	合同者现金流 12.5%折现（千美元）	政府现金流 未折现（千美元）	政府现金流 12.5%折现（千美元）
13	8203	12305	4061	8244	1891	15962	3662
14	6679	10018	3306	6712	1369	13221	2696
15	5346	8019	2646	5373	973	10824	1961
16	—	—	—	—	—	—	—
总计	331304	—	187096	379861	241788	645462	391775

该案例的现金流模型（表8.7），假设所有成本都是可回收的，在第1年初期没有沉没成本发生。这就是说，油田开采已经过了第一阶段——资本性成本回收阶段，进入了下一个阶段——操作成本回收阶段。在生产的最初几年间，油田生产的经济性由勘探和开发资本性成本的回收上限所决定。这些成本大部分收回之后，与油田相关的主要成本就是操作成本了——因此，这一阶段也称为操作成本回收阶段。

应注意，该案例中的第1年相当于勘探案例的第8年（表8.1）。

表8.8总结了已开采储量在工作权益量和应得份额下的各自价值，与表8.4已发现但尚未开发的储量价值案例相似。

表8.8　已开采储量的价值

现值总结（表8.9）			
折现系数（%）	合同者净现值（百万美元）	开采权益产量 63.5百万桶（美元/桶）	份额产量 40.6百万桶（美元/桶）
8.0	277.8	4.37	6.84
10.0	260.5	4.10	6.42
12.5	241.8	3.81	5.96
15.0	225.8	3.55	5.56

图8.2描述的是油田生命周期各阶段储量价值的变化情况。图8.2中的第一阶段是被发现前。这一阶段甚至也有价值，它与油藏发现的潜在可能性相关。毫无疑问，在任何地区享有的专有勘探权力都是具有价值的。很少根据尚未发现确认的储量桶数确定价值，但是这样做也可以。通常都是间接采用折现现金流分析和风险分析法。

一旦确定这是一个油田发现，价值计算就不那么抽象了。我们已经讲述了如何确定一项油田发现和已开采储量的价值。其实在油田生命周期的每个阶段，都可以确定一定的价值。例如，用确定的价值除以剩余桶数，就可以得到单桶价值。

资产收购的经验法则

已开采储量的价值为石油井口价的 1/2～2/3 乘以公司获得产量份额。

已开采储量（不包含数额较大的沉没成本）价值约为石油井口价格的 1/2 乘以公司获得产量。

例如：在印度尼西亚，公司获得的石油份额约为 13%～14%（标准合同）。假设石油价格约为 20 美元/桶。

已开采地下储量的价值应为 1.30～1.40 美元/桶 [1/2×20 美元/桶×(13%～14%)]。

根据这个经验，相似的墨西哥湾外大陆架储量价值将为 5.00 美元/桶左右（1/2×20 美元/桶×52%）。

经验法则缺点如下（所有的经验法则都具有缺点）：

(1) 大部分生产活动都与沉没成本相关；
(2) 收购的生产性资产很少有仅包含已开采储量的；
(3) 该经验法则没有考虑时机问题（例如，长寿命期的油田与其他油田比较）；
(4) 该经验法则没有考虑价格上升；
(5) 该经验法则假设操作成本不存在异常高或低的情形。

在估计储量的大致价值时，就会用到上述表格内的经验方法。与许多经验方法一样，这个方法也有缺陷，或许更多。将这个方法和表 8.9 与图 8.4 中的结果进行对比可以很快得到估值结果。

表 8.9 已开采储量的价值对比

区域	印度尼西亚	中国	PSC 示例	美国外大陆架	英国
已开采油田价值（合同者价值）折现率 12.5%	106 百万美元 1.48 美元/桶	174 百万美元 2.74 美元/桶	242 百万美元 3.81 美元/桶	329 百万美元 5.18 美元/桶	380 百万美元 5.98 美元/桶
产品份额（开采权益量,%）	47	90	64	83	100
合同模式	PSC	PSC	PSC	R/T	R/T
勘探经济情况 政府获得（包括政府参与）公司获得	86%～87% 13%～14%	44% 56%	66% 34%	52% 48%	40% 60%

注：假设石油价格为 20.00 美元/桶；剩余储量为 63.5 百万桶；操作成本为 3.86 美元/桶。

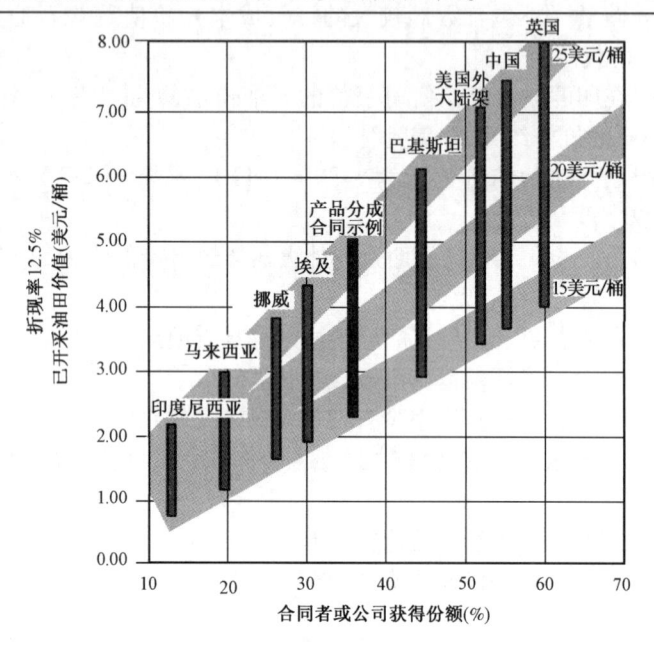

图 8.4　价格及财税条件

表 8.9 揭示出表 8.7 案例的现金流结果在不同财税条件下是如何变化的。注意印度尼西亚和美国外大陆架（Outer Continental Shelf）储量的价值信息。经验法则与现金流模型结果对比如下：

	储量价值	
	经验法	现金流分析
印度尼西亚	1.40 美元	1.48 美元
美国外大陆架	5.00 美元	5.15 美元

这些结果相当相近——暗示现金流分析法远比经验法精确——使用时要小心。图 8.4 对表 8.9 进行了扩展，引入了更多的例子。

8.3 天然气田发现的价值

在任何给定的钻井勘探条件下，油田总是比气田价值大得多。即使存在一个完善的天然气交易市场和基础设施，事实也是如此。这是因为一桶石油要比同样体积的天然气储存了更多了能量——尽管一般情况下储层的压力很大。

世界许多地方都有天然气田的发现，但是只能等待交易市场和大量运输基础设施发展起来才能开采。与天然气相比，油田一旦被发现就可以很快进入开发阶段。

如图 8.5 所示，天然气田开采的时机通常是很难抉择的。首先，大部分油田从发现到开采只需要几年的时间，而对于天然气，这个时间滞后可能需要几十年，因为与石油相比，天然气运输的经济性很低。其次，大部分天然气田的生产率都要比油田低。天然气的产储比通常仅为每年 2% ~ 4% 或更少。相反，油田的储采比通常为 10% ~ 15% 或更多。更进一步，如果发现新增石油储量，经常利用现有的设施便可开采，而天然气则不同——一般新增天然气必须要新建管道。

石油和天然气间一个主要差异就是生产的市场限制和开采时机。如果很幸运地发现一个天然气市场，通常投产（从发现到开始生产）需要更长的时间。一般，天然气田的生产效率不如油田高，如产储比低。此外，受天然气市场限制，储量勘探活动需要拖延很长时间。

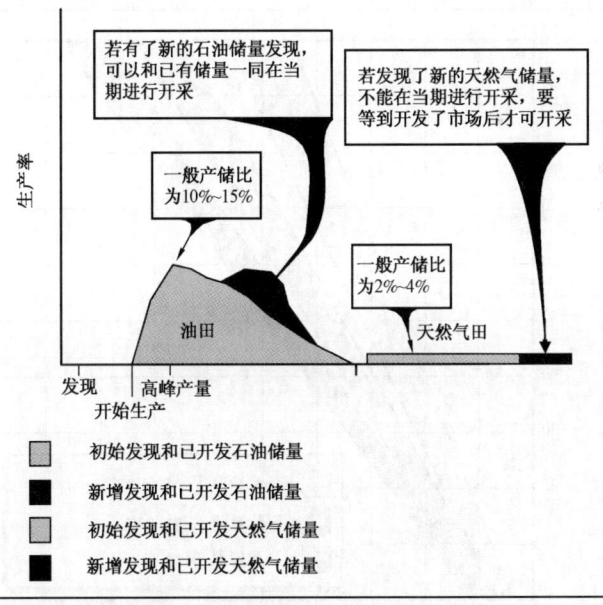

产储比——油田生产高峰年度一年的产量占可采储量的百分比。例如，油田储量为 80 百万桶，在生产高峰年度产量 10 百万桶，则产储比为 12.5%(10/80 百万桶)。一般地，如果可以最大程度开采，天然气田的产储比较低。

图 8.5 石油与天然气

油公司财务分析

天然气田储量5000亿立方英尺，对其进行分析。表8.10给出了与该发现相关的各种假设。图8.6和图8.7分别给出了天然气田发现和已开采天然气储量的价值。

表8.10　假设条件——天然气田发现的经济模型

油田规模	500十亿立方英尺
高峰生产率	82百万立方英尺/天　生产期第1年 即第4年初开始
产储比	6%——8年高峰平稳期
天然气价格	不统一（保持稳定——无增长）
资本性支出	0.40美元/千立方英尺
操作费用	0.38美元/千立方英尺（400百万美元固定成本/年 + 0.20美元/千立方英尺变动成本）

> 天然气田发现的价值是气田规模、液体特性、价格、成本、财税条款和时机的函数。正常的生产条件和财税条款下，天然气价格为2.0~3.0美元/千立方英尺，未开发储量的价值为0.15美元/千立方英尺。
> 根据财税条款不同，价值范围从不足5美分/千立方英尺至0.40美元/千立方英尺以上。

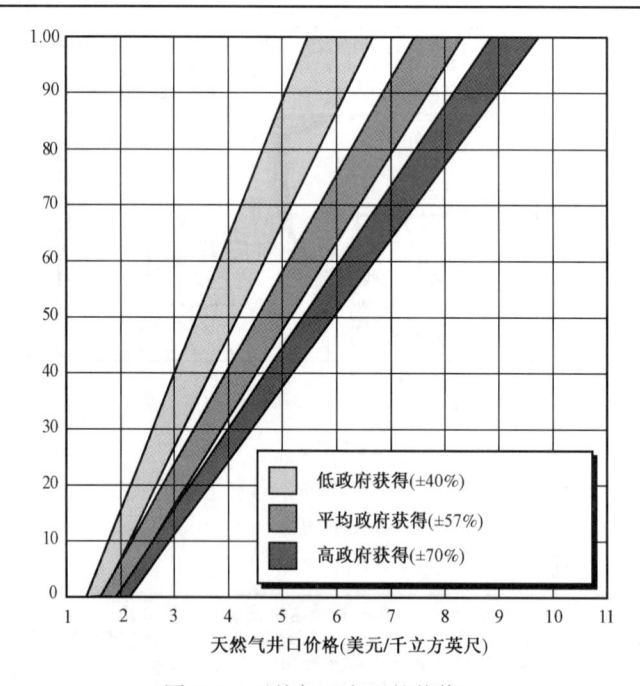

图8.6　天然气田发现的价值

> 已开采天然气田储量的价值是价格、沉没成本、操作费用、财税条款及时机的函数。
> 正常的生产条件和财税条款下,天然气价格为2.0~3.0美元/千立方英尺,已开采储量的价值为0.35美元/千立方英尺。
> 财税条款不同造成的差异为1.00~2.00美元/千立方英尺。

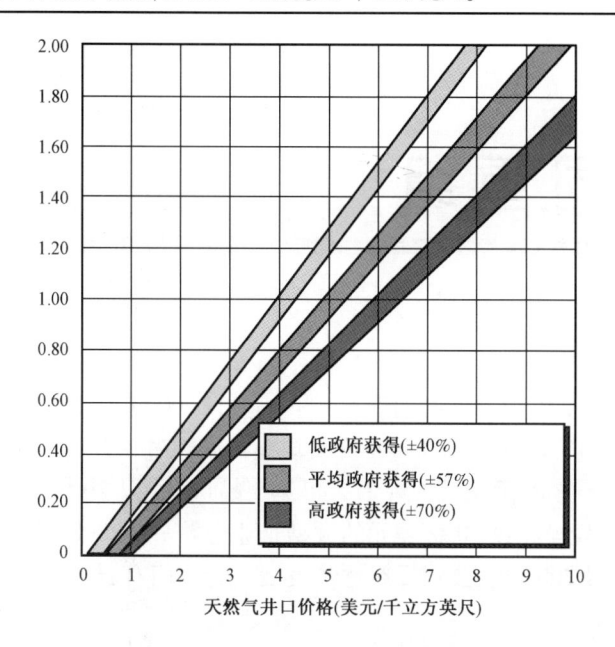

图8.7 已开采天然气储量的价值

9 公司重组

如今，公司重组行为极度活跃。1999年和2000年宣布的兼并收购（M&A）交易额超过了3万亿美元，2004年交易规模再度超过3万亿美元。而美国工业资本的全部价值仅在10万亿美元左右，可见交易量之大。20世纪90年代，平均每年会发生20起规模超过10亿美元的大型企业合并——2000年大型企业合并的交易数量已经超过200家。公司重组逐步发展成为一门有着独特内容和历史的极富吸引力的学科。

9.1 公司重组的含义

兼并（Merger）和收购（Acquisition）结合起来共同描述公司重组的内涵。收购与兼并的区别在于，收购的涵义更为广泛，包含了兼并。在收购案例中，收购方可以通过购买资产、股票或兼并的方式收购目标公司（Target）。在兼并案例中，两家公司合并在一起。吸收合并（Statutory Merger）是指两家公司合并后，一家公司作为法律实体继续存在，而另一家公司失去法人资格。新设合并（Statutory Consolidation）是指全部的交易公司的法律实体都不再存在，而创建一家新公司。其他术语如下：

（1）纵向兼并（Vertical Merger）。纵向兼并是指包括了提供产品或服务流程上各个环节的公司合并。福特公司在其发展初期非常著名，因为它将整个产业链条都整合进了制造流程中。

（2）横向兼并（Horizontal Merger）。横向兼并是指处于提供产品或服务流程上相同环节的公司间的合并。CVX的兼并就是典型的横向兼并，也称为横向整合。

（3）多元化兼并（Diversification）。多元化兼并指处于不相关行业的公司间的合并。许多油气公司在20世纪五六十年代的第三次并购浪潮中都进行了多元化兼并。石油公司的多元化行为并不被华尔街看好。

9.2 历史回顾

同许多经济、自然现象一样，兼并也是以浪潮的形式呈现。目前的并购浪潮被认为是第五次浪潮。以下是对历次并购浪潮的总结，对新出现的兼并行为有一定的借鉴意义。

9.2.1 兼并浪潮

9.2.1.1 第一次并购浪潮（1889—1904年）——垄断行业

19世纪后半叶，美国国内市场蓬勃发展。铁路和电报的出现，使得公司在北美大陆的任何地方进行生产并提供产品成为可能。美国南北战争之后，单一货币的采用促进了国内市场交易的发展。这些变化极大地激发了第一次并购浪潮，从而形成了许多大型垄断企业，包括通用电气、美国钢铁和标准石油。这一时期与洛克菲勒的标准石油公司类似的合并案例有300起，大约70家重工业公司合并形成了垄断公司。这场并购浪潮涉及的资本额占到了整个美国工业资本的15%以上。人们通常认为1904年和1907年的恐慌及第一次世界大战的爆发终结了这次浪潮——也有一些人认为这次浪潮持续到1904年之后。

9.2.1.2 第二次并购浪潮（1925—1930年）——寡头垄断

这一时期超过12000家公司参与了并购活动，不过并购规模要小于上一次并购浪潮中的规模。本次并购浪潮中主要是汽车制造商合并。福特的纵向整合沿着产业链条向后合并了铁矿、铁路和煤矿。全美约有10%的资产参与了本次并购浪潮。纵向整合和市场控制是并购公司的主要目的。

9.2.1.3 第三次并购浪潮（1955—1969年）——联合大型企业

在第三次并购浪潮中，大约有25000家公司被接管。1969年并购交易数量超过了6000起，达到高峰。截至1968年，1962年财富500强企业中的100多家已经消失，一些主要的大型联合企业，如AT&T，就是在这时期成立的。并购也同样扩散到了加拿大和欧洲。第三次浪潮中采用了债务和股权接管方式（公司使用自己的股票收购其他公司）。

> 第三次并购浪潮影响到了加拿大和欧洲；以前的并购浪潮主要发生在美国境内。

多元化是这次并购浪潮的主要特征。人们认为多元化的公司在经济低迷时期遭受的影响程度较低。在第三次并购浪潮之后，大型石油公司继续进行多元化并购——但是在不相关领域内，如表 9.1 所示。

表 9.1 1975—1984 年：石油公司多元化

公司	多元化领域
Amoco	食品、微电子、生物技术、太阳能、采煤
ARCO	铜矿、五金及金属铸件、心脏起搏器、高科技
Chevron	铀矿及处理、金属矿采掘、低热能
Exxon	核能、微电子、办公设备、电动机、半导体、煤及金属采掘
Mobil	百货公司（Montgomery Wards）、塑料树脂、化肥、铀处理、塑料袋制品
Texaco	铀矿勘探、生物技术、电子启动机、煤气化

来源：全球石油工业的并购与重组，J. Fred Weston。

股票市场不看好大型石油公司的多元化行为。随后这些公司开始剥离资产，至 20 世纪 90 年代初，已经剥离了大部分非相关领域的资产，转而专注于核心资产。二级股票市场认可了公司管理层的这次决定。

9.2.1.4 并购浪潮的前奏

1974 年，拥有 15 亿美元资产规模的加拿大镍业巨头 International Nikel 公司（Inco）开始寻求多元化，其目标公司是 ESB，位于费城的一家资产规模达 3.72 亿美元的电池制造商。Inco 仅在提出每股 28 美元、总计 1.57 亿美元的收购计划前 3 个小时，向 ESB 发出了收购要约——溢价达到 44%。ESB 发表公告称"这是一家外国公司发出的敌意收购要约"，这之后便有了敌意收购（Hostile Takeover）这一说法。

20 世纪 70 年代，对外国公司竞争的恐惧开始蔓延，明显改变了人们对并购的态度。吉米·卡特总统时期的管制解除及罗纳德·里根总统的反垄断政策实施开启了第四次并购浪潮的大门。

9.2.1.5 第四次并购浪潮（1980—1990 年）——接管浪潮

此次浪潮始于 1980 年和 1981 年大型石油公司的合并。当 Dome 石油公司宣布要约收购 Conoco13% 的股份时，尽管遭到 Conoco 公司董事会的反对，但还是有超过一半以上的股东欲出售手中的股份，这让整个行业都为之震惊，Conoco 在劫难逃。Dome 最终保留了 Hundson's Bay 油气公司，一家由 Conoco 控股 53% 的子公司，这就是 Dome 最初的意图。Dupont 收购了余下的资产。在 Dome 发起收购要约之前，Conoco 股票的交易价格已经为每股 50 美元左右。Dupont 支付了 38 亿多美元现金和 8200 万股 Dupont 股票。合并前，Dupont 股票的交易价格为每股 45 美元，支付的对价相当于对 Conoco 股东支付了超过 60% 的溢价。

在 Conoco 被接管之后，整个石油行业都受到人们的关注。1981 年至 1984 年间，石油行业公司的合并占到了全部并购活动的25%。第四次并购浪潮与20世纪60年代发生的并购浪潮的区别在于支付给股东的溢价上。20世纪60年代的平均溢价率大约为10%～20%，而在80年代，溢价率达到40%～50%，甚至一些极端案例的溢价超过100%。

第四次浪潮的另一个特点是杠杆收购（Leveraged Buyout）。这一收购形式是福特公司在60多年前采用过的，20世纪80年代许多接管都是通过各种形式的债务融资实现的，因此采用了杠杆收购这一说法。

公司管理层总是很关注股票价格，但石油公司股票的交易价格通常低于其评估的拆分价值，但两者差异不可能很大。

9.2.1.6 第五次并购浪潮（1995至今）——超大型企业合并、全球化及股东价值

第五次并购浪潮的主要特点是规模超大型公司的全球合并及对股东价值增长的承诺。第一次并购浪潮中公司重组主要是将资金投入到新兴的北美市场，第五次并购浪潮与之相似，只是投入到新兴的全球市场，公司通过重组参与全球竞争。当前的并购浪潮中，大约一半的并购行为都发生在美国境外（图9.1）。

已公布的美国境内及其他收购，按交易额计算

第五次并购浪潮交易使以前的并购浪潮显的逊色。尽管第五次并购浪潮似乎已经结束，不过2004年的数据仅是截至2月17日的,如果按照当前的水平预测,将会达到1999年和2000年的水平。

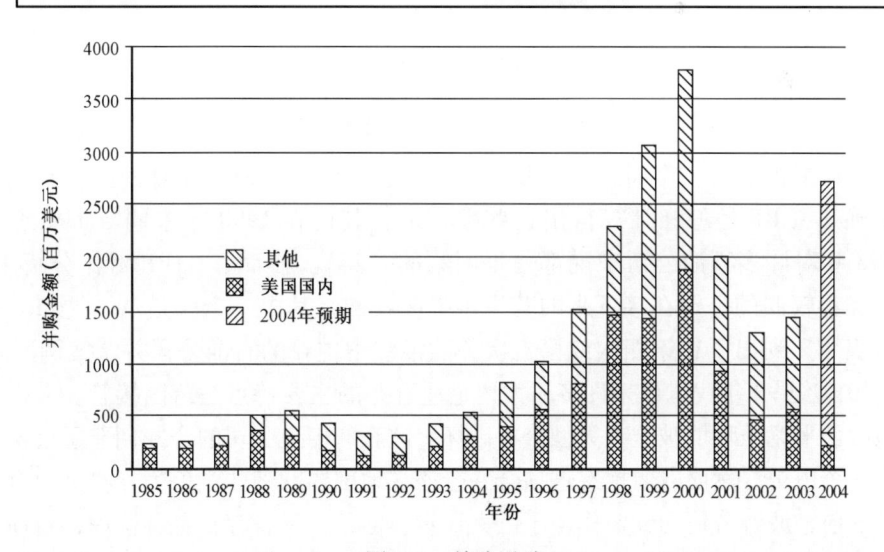

图9.1 并购活动

来源：Thomson Financial

第五次并购浪潮的另一个流行概念就是股东价值。在对比竞争者股东权益报酬率时，BP公司采用了股东价值的概念，在1998年年报中对比分析整个市场的投资效率时，也采用了这一概念（图9.2）。

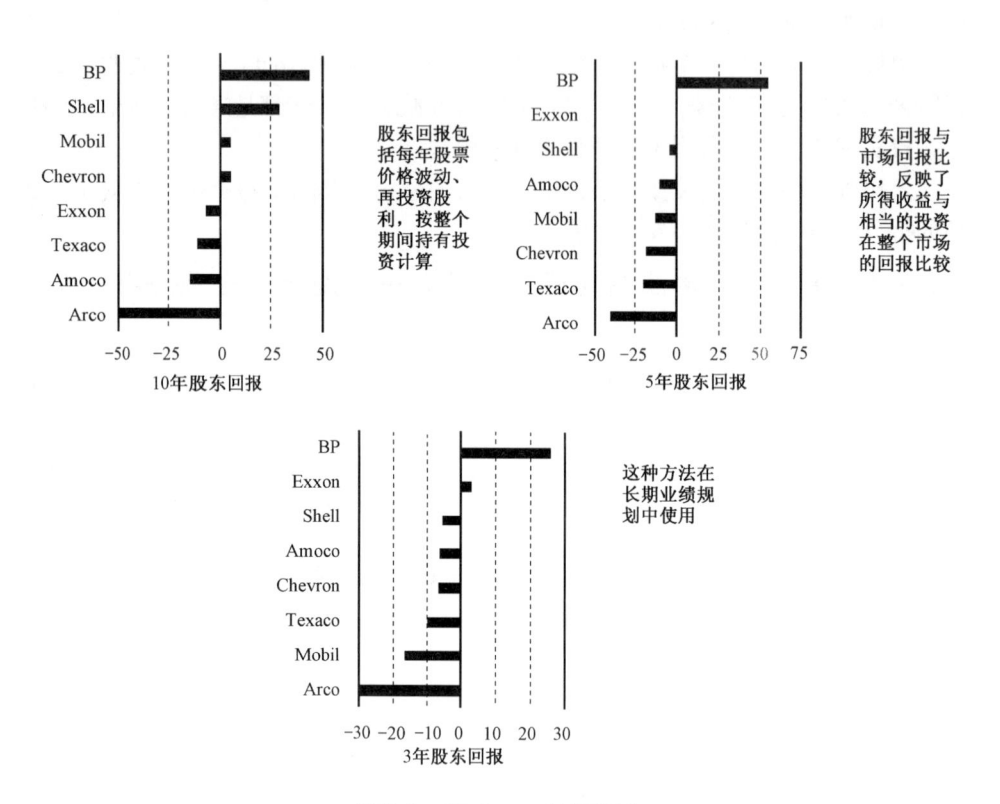

图 9.2　BP Amoco 年报摘录

它们都提及了一个概念——股东价值或股东回报。值得注意的是，我们并不明确知道BP是怎样计算得出这些数据的，其已在1998年末同Amoco合并（1998年对许多石油公司来说都是很困难的一年）。然而，在BP对比分析中，许多优势较弱的公司在接下来的若干年中被收购，其中一个就是Arco被BP收购。表9.2列出了在第四次或第五次并购浪潮中主要的石油公司并购案例。

20世纪90年代末以来许多超大型企业合并的主要特点是跨国接管。人们开始担心公平竞争环境被这些大型公司破坏。波音和麦道公司的合并创造了公司并购的一个历史，然而欧盟抱怨这项合并会潜在地削弱欧洲的竞争力。在这项合并被批准前，波音公司向欧盟作出了巨大让步。但是，尽管存在各种忧虑，目前超大型企业合并的外部环境仍是很有利的。

表9.2 能源行业的合并、收购及主要交易

纵观1984—2003年间的并购活动可以看到，第四次并购浪潮始于20世纪90年代初，随后并购活动显著下降。到20世纪90年代末，第五次并购浪潮卷土重来。第四次并购浪潮有敌意收购的特征，第五次很大程度上则是为了增强公司在全球的竞争力及安全储备而发生的合并。

年份	收购方	被收购公司	价值（百万美元）	年份	收购方	被收购公司	价值（百万美元）
1984	Chevron Corp	Gulf	13400	1989	Panhandle Eastern	TX Eastern	3223
	Texaco	Getty Oil	10100		Penzoil Co	8.8% Chevron	2100
	Phillips	Aminoil	1700		Shearson Lehman Hut	Icahn-Texaco[①]	2000
	Mobil	Superior	5800		Amerada Hess Corp	Transco Exp Partners	866
	Texas Eastern	Petrolane Inc	1000	1990	Imperial Oil	Texaco Canada	4900
	Southern Pacific RR	Sante Fe Industries	5200	1991			
	BHP-General Electric	Utah International	2400	1992	Pennzoil Co	Chevron Corp[②]	1170
	Putnam Holdings	Mesa Offshore	1110	1993	Cyprus Minerals Co	Amax O&G Inc	1200
1985	Coastal	American Nat Res	2452	1994			
	USX-Marathon Grp	TXO Operating Co	5400	1995	YPF SA	Maxus Energy Corp	1728
	RD Shell	Shell (USA)	5700	1996			
	InterNorth	Houston Nat Gas	2300	1997	Union Pacific Res Co	Pennzoil Co	6400
	Midcon Corp	United Energy	1400		Occidental O&G	US Dept of Energy	3650
	Broken Hill US	Monsanto Oil Co	745		Ocean Energy	United Meridian Corp	3100
1986	US Steel	TXO	3700		Burlington Res	Louisiana Land & Exp	3000
	Occidental Pet	Midcon	1600		Parker & Parsley Pet	Mesa Petroleum Co	1600
	Mesa Petroleum Co	Pioneer O&G Co	908		Shell Oil Co.	Tejas Gas Corp	1450
	CSX Corp	Sea Land Corp	742		Sonat Inc	Zilkha Energy Co	1300
	Atlantic Pet	Ultramar Pet	785		Pioneer Nat Res	Chauvco Res	1135
1987	Reo Tinko Zink	BP Minerals	4300		Conoco Inc	Trans Texas Gas Corp	1100
	BP	SOHIO	7900		Texas Inc	Monterey Res	1000
	Introprovincial Pipe	Home Oil Co Ltd	1100	1998	Exxon	Mobil	90000
	BP	Britoil Plc	4340		BP	Amoco	48200
	Amoco Canada	Dome Pet	5500		Total SA	Petrofina SA	12700
1988	Sun Exploration	Spin-off	6000		Kerr-McGee	Oryx Energy Co	2980
	Trans Can. Pipe Line	Encor Energy (97%)	1100		Union Pacific Res	Norcen Energy Res Ltd	3450
	Chevron	Tenneco Oil Co	2600		Atlantic Richfield Co	Union Texas Pet Hold	3300
	Amoco Corp	Tenneco Oil Co	900	1999	BP Amoco	Atlantic Richfield	27600

续表

年	收购方	被收购公司	价值(百万)	年	收购方	被收购公司	价值(百万)
1999	Dominion Res	Consolidated Nat Gas	6300	2001	Devon Energy	Anderson Exp	3500
	El Paso Energy Corp	Sonat Inc	3500		Devon Energy	Mitchel Energy & Dev	3900
	Devon Energy Corp	PennzEnergy Co	2313		Amerada Hess Corp	Triton Energy Co	2700
2000	El Paso Energy	Coastal Corp	15700		Williams Cos Inc	Barrett Res Corp	2800
	NiSource Inc	Columbia Energy Grp	8500		Dominion Res	Louis Dreyfus Nat Gas	2305
	Phillips Pet	BP Amoco Plc	6800		Kerr–McGee Corp	HS Resources Inc	2150
	Anadarko Pet Corp	Union Pacific Res Grp	6800		Westport Res Inc	Belco O&G Corp	1389
	Occidental Pet Corp	Altura Energy	3600		Amerada Hess Corp	LLOG Exploration Co	750
	Devon Energy Corp	Santa Fe Snyder Corp	3350	2002	Unocal Corp	Pure Resources	1700
	BP Amoco Plc	Vastar Resources	1500		Magnum Hunter Res	Prize Energy	1200
	Forrest Oil Corp	Forcenergy Inc	895		New Field Exp	EEX Corp	1000
	Pure Energy Res Inc③	Titan Exploration Inc	853	2003	Devon Energy	Ocean Energy	5300
2001	Chevron	Texaco	45300				
	Phillips Pet	Tosco	9000				
	DTE Energy Co	MCN Energy Grp Inc	3900				
	Phillips Pet	Conoco	35200				

① 截至 2004 年，纽交所最大的股票交易案。
② Pennzoil 以其持有 Chevron 股份的 48% 为对价交换油气区块资产。
③ Unocal 公司资产剥离。

图 9.3 总结了 1985—2003 年近 20 年的敌意接管行为，图 9.4 则总结了 1994—2003 年近 10 年敌意接管的结果。

9.2.2 并购的驱动因素

（1）合并效仿。对最新并购浪潮的一个理论解释是行业内一旦发生一项并购行为，其他公司都会紧随着进行防御性并购。另一种理论解释就是合并的目的在于降低成本、利用规模经济优势、减少冗余运营环节及提高效率。因为市场扩张和新产品开发可选择的机会并不多。

（2）有利的环境因素。今天的并购环境是较为有利的。有利的环境包含以下一个或若干因素：可用的资金或投资者、强势市场、税收优势、强势或弱势美元、管制解除、全球化资本主义和低就业率。

（3）小公司的退出。20 世纪 90 年末并购活动突然增加一个主要原因就是大型公司收购急于套现的小公司所致。许多小规模公司在创立之初就制定好了退出战略（将公司投入变现的一种方式），包括出售。

> 第五次并购浪潮中敌意收购显然要比第四次浪潮更普遍。1999年是最显著的一年，敌意收购共计4680亿美元，占美国国内市场交易的一半以上。

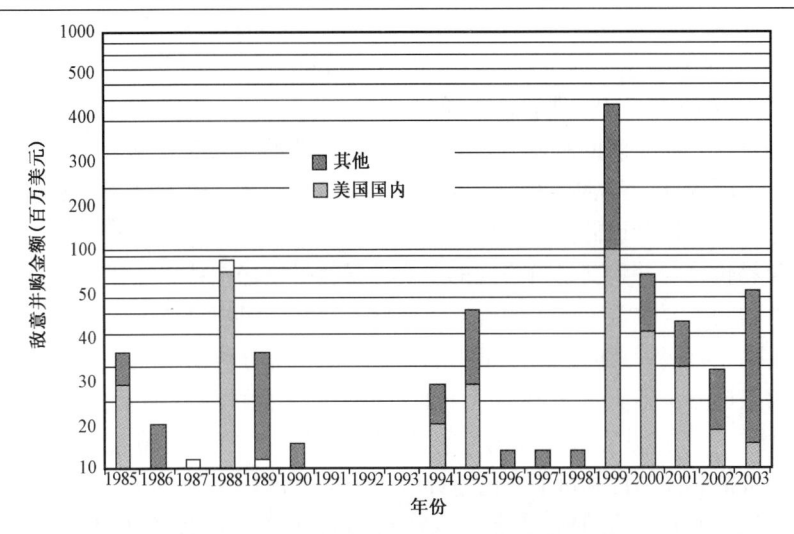

图9.3　美国境内及境外已宣布的敌意并购

来源：Thomson Financial

> 1994—2003年间敌意收购的结果显示,目标公司保持独立或者被第三方收购的机会相当，但并没有发展成真正的模式。

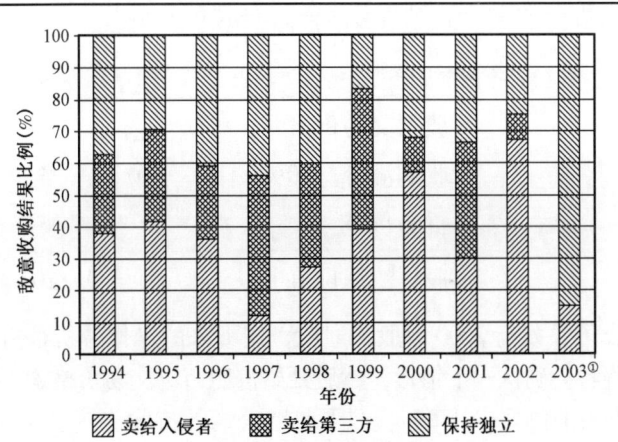

图9.4　敌意收购的结果

来源：Thomson Financial

① 2003年的部分敌意要约仍然未结束

（4）发展机遇。大部分并购都给一方或双方带来发展机遇，包括增加市场份额、税收地位、资金、现金流、收益和与工会的谈判地位。

（5）竞争力。通常公司合并的目的在于获取经济规模，或者以图达到可同其他大型公司竞争的规模，或者获得能够参与全球竞争的规模。图 9.1 列示了 1985—2004 年间美国及全球范围内的并购活动数量。

（6）市场关注重点。一般讲，市场关注重点主要是收入，而股票的基础资产价值却被忽视了。正因为此，经常存在股票市场价值相对于资产价值被严重低估的情形。

> 股票的市场价值和评估清算价值间的差异被称为拆分价差。

股票交易价格与并购交易价格间的主要差异就是市场按持续经营假设对公司的估值和按净利润以及收益率衡量的价值间差异。油气公司的清算价值或拆分价值通常大一些，除非有接管意向，市场很少能够反映出这部分价值。在许多案例中，石油公司的股票拆分价值大于正常经营下的价值，两者间的差异通常很大。20 世纪 80 年代初期，一家能源公司股票的交易价格仅为其评估清算价值的一半很正常。股票的市场价值和评估清算价值间的差异被称为拆分价差（Breakup Value）。

搜寻并购目标的分析师通常会假设成功的收购（无论敌意还是善意）至少会有 35%～50% 的收购溢价。

例 9.1　收购

假设 X 公司股票交易价格为每股 10 美元，拆分价值预计为每股 20 美元。若溢价率为 40%，则拆分价差为每股 6 美元。

	美元/股
股票交易价格	10
收购溢价（40%）	4
拆分价差	6
股票清算价值	20

假设公司 X 发行 2000 万股流通股，接下来的操作分析很有趣。一般来讲，收购者会确认一下情形，然后开始按照市场交易价格购买目标公司股票，直至持股刚好少于 5%。只要收购公司的持股比例少于 5%，就不必披露该项持股的意图。当收购者准备好时，就会发起收购要约，一般初始要约都会高于市场价格的 25%～35%。

最终，若接管成功，则溢价会达到40%~50%。如果收购成功，收购方的收益实际为最终拆分价值减去收购成本。然而若收购者的接管尝试不成功，在目标公司回购股票时，其也经常会得到股票的溢价收入。表9.3列举了一个简单的例子。

表9.3 收购获益剖析

如本表所示，尽管是不成功的收购，也能获得收益。从投资资本回报角度看，不成功收购要比成功收购收益率更高。		
公司X 2000万股	交易价格	10美元/股
	评估价值	20美元/股
	成功收购 （百万美元）	不成功收购 （百万美元）
期限	1年	6个月
购买价格		
5%股票	10	10
95%股票（溢价40%）	266	
法律及财务服务费	7	2
偿付债务	30	0
总计	313	12
股票价值	400	15
价差	87	3
可偿付费用	0	2
总获利	87	5

该案例中，从投资回报和内部收益率来看，不成功的收购要比成功收购在股票上获利更多。一次失败的收购交易可能有很好的收益结果，这就是所谓的"绿色邮件（Greenmail）"。在许多案例中，似乎收购失败是收购公司的真实意图。收购方获取整个收购计划所需资金有时会被怀疑，然而收购方安排购买目标公司5%股份的资金却很容易。

绿色邮件对目标公司股东来说非常痛苦。除了收购方获得了相应的股份溢价收入，目标公司经常要支付为应对收购方收购行为带来的法律和投资银行费用。许多案例都证明用于支付费用和收购者获得的额外利润差额总计达到了500万美元至1500万美元，甚至更多，无异于敲诈。正因如此，公司都会在其公司章程中加入反绿色邮件条款。

表9.3中所列示的拆分价差和利润情况在20世纪80年代能源公司合并中很常

见。至1985年，合并或接管投机行为十分广泛，拆分价差开始缩小。之后可以被接管的目标公司数量开始减少。表9.2表明石油行业合并在20世纪80年代初期上升，在1984年和1985年达到高峰。

9.3 有限合伙制公司的剥离

大部分资产剥离的逻辑依据都是假设作为独立实体，剥离的资产要比作为整体组织的一部分能够获得更好的市场价值。该方法就是将大型联合企业拆分，揭示出了一体化、多元化和集团化的市场惩罚。

例9.2 剥离

公司X决定将其一半的油气储藏进行剥离。

假设油气储藏被剥离，没有税赋影响，公司X为有限合伙制。进一步假设公司X有限合伙制（MLP）的市场价值等于评估的储藏现值。图9.5描述了重组的结果。

公司X——剥离MLP前
（百万美元）

流动资产	50	流动负债	30
油气储藏	150	偿付负债	30
区块	10	评估权益	160
其他	10		
	220		220

公司X——剥离MLP后
（百万美元）

流动资产	50	流动负债	30
油气储藏	75	偿付负债	30
区块	10	评估权益	85
其他	10		
	145		145

1000万股
评估价值8.50美元/股
当前交易价格4.25美元/股
（评估价值的50%）
债务/权益比率35%
MLP评估价值=7500万美元（1000万股）

图9.5 公司重组——剥离

随着重组战略的实施，股东持有原公司X的一股普通股可以获得公司X有限合伙制公司一股普通股。一股公司股票和一股有限合伙制公司股票的综合价值如下所示：

	股票价格	
	剥离前	剥离后
公司 X 有限合伙制公司	0	7.50 美元
公司 X 的普通股	8.00 美元	4.25 美元
	8.00 美元	11.75 美元

该案例中，公司 X 的股东在原持有股份市场价值基础上获得了 47% 的溢价。评估的负债权益比率从 18.75% 增加到 35%。重组之前，公司股票的交易价格仅为评估价格的 50%，而剥离之后两种有价证券的市场价格达到了评估价值的 73.4%。

Diamond Shamrock 的重组。1987 年，Diamond Shamrock 公司将其销售和炼化业务作为独立公司剥离给了股东，即 Diamond Shamrock R&M, Inc.（DRM）。该重组计划中包括了一项股票回购计划——以每股 17 美元的价格回购 2000 万股，原母公司股东每 4 股可获得 1 股 DRM 股票，母公司名称已更改为 Maxus Energy Corp.（Maxus）。

在重组之前，Mesa 有限合伙公司曾试图收购 Diamond Shamrock。这个收购最终并没有成功。Mesa 在 1986 年第一次提出股票交易收购要约，随后又提出了现金收购 20% 股权的要约，然而这项收购要约在 1987 年初就撤销了。1986 年 9 月和 10 月初，即 Mesa 第一次提出收购要约前，DRM 公司股票价格为每股 11.50～12.00 美元。表 9.4 对比了重组前后的股票价值。

表 9.4　Maxus—DRM—剥离

	股票价值		
	1986 年 9 月前（美元）	1987 年 5、6 月后（美元）	
Diamond Shamrock Corp.（100 股）	1175	340	股票回购计划（20 股）17.00 美元/股
		920	MAXUS（80 股）11.50 美元/股
		325	Diamond Shamrock R&K 16.25 美元/股
	1175	1585	
		410	价值增长 35%

9.4 杠杆收购

一般来讲，在杠杆收购（LBO）交易中，一个投资者团队会购买公司的全部股票，这有时也被称为"私有化（Going Private）"。通常收购价款中的10%由投资团队先期支付，而余下的资金通过借款获得。杠杆收购的目标公司要具有强劲的现金流。根据经验，成功的杠杆收购会在5至6年之内用现金流偿付并购债务。

由管理层主导的杠杆收购，或称为管理层收购（MBO），实际上同杠杆收购一样，只不过特别强调被并购公司的管理层就是并购团队的成员。而杠杆收购不一定意味着公司的管理层会作为买者参与其中。

杠杆收购可以由公司的高层管理者筹借资金，要约收购公司100%的股权。假设股东要求50%的溢价，管理层需要借入1.2亿美元资金。股东获得了50%的价值增长。杠杆收购后新公司的资本结构如图9.6所示。

公司X——杠杆收购前
（百万美元）

流动资产	50	流动负债	30
油气储藏	150	偿付负债	30
区块	10	评估权益	160
其他	10		
	220		220

公司X——杠杆收购后
（百万美元）

流动资产	50	流动负债	30
油气储藏	150	偿付负债	150
区块	10	评估权益	40
其他	10		
	220		220

图9.6 公司重组——杠杆收购

该案例中，管理层借入了全部收购资金。从账面来看，管理层获得评估价值为0.4亿美元的股份，全部负债占总资产的82%。

9.5 股份回购

股份回购要约就是公司按照给定价格买回一定数量的股票。要约价格通常高出股票市场价格的10%~15%，要约一般3至4周后到期失效。公司可以设定回购股票的数量限制，但保留了进一步购买超过限制数量股票的权力。

如果有剩余资本，股票回购可以利用剩余资本，也可以通过债务筹集回购计划所需资金。这种方式的缺点是财务状况质量随着净资产减少和负债增加而有所下降。市场通常比较喜欢股份回购计划，因为其发出了公司管理层的信心和乐观信号。

公司 X 决定回购 25% 的发行在外流通股。假设公司借入 2200 万美元按超出市价 10% 的溢价回购了 250 万股普通股。图 9.7 详细列示了股份回购对股东价值的最终影响。

公司X——股票回购前 （百万美元）				
流动资产	50	流动负债		30
油气储藏	150	偿付负债		30
区块	10	评估权益		160
其他	10			
	220			220

公司X——股票回购后 （百万美元）				
流动资产	50	流动负债		30
油气储藏	150	偿付负债		52
区块	10	评估权益		138
其他	10			
	220			220

750 万股
评估价值 18.40 美元/股
当前交易价格 9.20 美元/股
（评估价值的 50%）
债务/权益比率 37.7%

图 9.7　公司重组——股份回购计划

评估的权益价值从 1.6 亿美元降至 1.38 亿美元，降低了 13.7%。每股权益价值从每股 16.00 美元增长至 18.40 美元，增长了 15%。假设股票按评估价值的 50% 进行交易，则新的股票价格为每股 9.20 美元。实际上，公司本可以按低于储藏现值 45% 的成本购买价值 2200 万美元的储藏。能以较低价格取得资产的能力是股票回购计划的主要原因。股票回购计划提高股票价格从而增加股东价值，一些情况下，还可以减低股票波动性。

大部分股票回购计划的实施是因为公司管理层认为股票价格被低估。

例 9.3　股票回购

例如，假设 P/E 值为 5，实际收益率为 20%。如果股利很高，公司可以节省一部分股利支付资金。从股东角度来看，股票回购也可以节省税收。股利会在公司层面和股东层面两次征税。因此，如果利用剩余资金以股票回购的方式分配给股东，公司也可以避免支付所得税。

9.6 定向股票重组

1991年，USX公司将其权益拆分为两种定向股票（也作Tracking Stock）。一种定向股票反映了公司钢铁部门的经营状况，而另一种定向股票则反映了能源业务的情况——Marathon。这种类型的重组并不常见，因为并没有新的公司实体创立，而且两种类型的股票都对同一家公司具有求偿权。

USX认为公司作为一个整体其股票交易价格偏低，存在"多元化折价❶"问题。定向股票的发行使得公司既保持了多元化的整体，又能够使Marathon独立出来。USX既保留了对Marathon的控制权，又能够让市场对两个实体分别定价。

发行定向股票能够改善公司的负债比率，如果一个部门的估价上升，母公司可以利用股票而不用掏出现金对外进行收购。这样就能马上对公司管理层产生激励作用，而又保留了公司的协同效应。

定向发行的股票被认为是次级股票（Second-Class Stock），因为这些股票表决权受限，一些情况下甚至没有表决权。定向股票的股东主要获得的是股息收入——Marathon定向股票的股东对USX资产没有求偿权。尽管管理层可能有业绩上的激励，但他们仍然是向同一个董事会报告。

9.7 公允市场价格要求

如果交易涉及独立股东，管理层便具有了公平对待独立股东的信托责任。管理层有责任完整披露任何与交易有关的信息，这对股票回购或管理层收购尤为重要。无论哪种情况，管理层都掌握着股东所没有的信息。

1984年，皇家荷兰石油公司购买了子公司壳牌石油公司的少数股东股票。皇家荷兰/壳牌集团间接持有壳牌公司69.5%的发行在外普通股，并直接控制了公司董事会。1990年12月3日，Oil&Gas Journal报道特拉华州法院判决公司向前壳牌石油公司股东支付3000万美元。法院认为壳牌管理层没有完整披露10亿美元的油气储量，因此裁定壳牌公司董事会没有依法履行信托责任。

---

❶ "多元化折价"，通常认为多元化企业的市盈率往往较专业化公司低。

10 兼并的法律和税收环境

过去一百年的并购立法发展过程十分复杂。敌意收购——第四次并购浪潮的最主要形式，其实并不是一个新概念。许多敌意收购者的激进本质是受巨大利益和权力驱使的。立法总是要比现实慢上几步，而实际上法律准则仅是试图创造一个公平的商业环境。在美国，这方面立法始于1890年的Sherman反托拉斯法案。

10.1 法律与监管机构

10.1.1 1890年的Sherman反托拉斯法案

有关防止垄断及限制其在美国交易的联邦立法实际上始于Sherman反托拉斯法案。在此之前，人们对信托的理解都是受托人为少数人代为管理的基金信托。这项立法阻止了任何试图建立垄断或信托组织的行为和合同。然而，在1889年至1904年间，美国工业家进行了318个公司合并，创立了诸如洛克菲勒的标准石油信托公司（Standard Oil Trust）这样的公司——旗下控制了30多家子公司。这家信托公司由洛克菲勒和七位合伙人组成的信托公司股东会管理，子公司将其具有表决权股票作为信托证券的交换授予信托公司。信托证券使得持有人具有收取利息收入的权力。信托公司获得了处置所有子公司股票和控制营销战略的权力。作为一种公司控制手段，信托证券（或具有表决权信托）在Sherman反托拉斯法案通过不久后就被放弃了，但是控股公司或交叉董事会取而代之。控股公司就是一家公司收购了全部或大部分子公司的表决权股票。

1889年，新泽西州通过了一项有关公司法的立法，使得控股公司的结构调整成为可能。标准石油公司变为新泽西州标准石油公司。控股公司控制的公司或子公司应为独立的，但是董事会和管理层由控股公司控制。这一时期创建的控股公司在如下行业具有较强的影响力：木材业、面粉生产、肉品包装、糖业、钢铁、烟草、棉花籽油、威士忌、盐、铅和皮革业，他们迫使购买者成为秘密会谈中的受迫者，并且通过控制生产和固定价格操控消费者的购买行为。

1890 年，John Sherman 同其他共和党领导人通过了 Sherman 反托拉斯法案，以应对公众对托拉斯日益增长的不满。那时并没有很有效的措施推动这项法案的实行。有讽刺意味的是，在第一次并购浪潮之前这项法案就获得了通过，然而还是产生了许多垄断巨头公司。实际上，Sherman 反托拉斯法案为这一时期托拉斯的解散提供了基础，正是这项法案最终在 1911 年分解了标准石油公司。最高法院裁定标准石油公司已经"迫使其他公司离开这个领域并排挤了其他公司的交易权力"，并下令公司拆分。

法院对 Sherman 反托拉斯法案的解释认为垄断组织本身并不违反法律，不公平或不合法的商业行为才违反法律。这种解释就被认为是合理的。

10.1.2　1914 年的 Clayton 反托拉斯法案

1914 年国会通过了联邦贸易委员会法案和 Clayton 反托拉斯法案，作为 Sherman 反托拉斯法案的补充支持。Clayton 反托拉斯法案作为对 Sherman 法案的修改，界定了 Sherman 法案所没有给出的特定非法操作行为。Clayton 法案重在解决交叉董事会的恶意违规行为，这样个人在竞争对手公司出任董事会成员的行为被认定为违法。在控股公司和交易约束方面规定了更进一步的限制条件，Clayton 法案第七条款规定禁止任何形式"能够影响……或很大程度降低竞争力"或"试图形成垄断"的合并行为。

1936 年通过的 Robinson–Patman 法案修改了 Clayton 法案的第二条款。在修正案中，Clayton 法案关于价格歧视的条款被重新制定。对 Clayton 法案另一项重要的修改是 1950 年通过的 Cellar–Kefauver 法案，该修正案扩展了 Clayton 法案的第七条款范围。在 Clayton 法案的该条款中，违反反托拉斯规定的最常见形式包括了横向并购。因为，在同一区域内，直接提供相同产品或服务的公司相互合并会降低当地的竞争力。这项立法影响的一个例子就是 Mobil–Marathon 接管竞争案。Mobil 在 1981 年 9 月向 Marathon 提出了 51 亿美元的收购要约，1981 年 12 月 1 日，该收购因违反反托拉斯法案而被终止。若在 20 世纪 80 年代中期，人们再遇到类似的合并请求，也许不会禁止这项并购交易，因为此时的政策和人们的态度都已经发生了变化。

两家反托拉斯权威机构——司法部和联邦贸易委员会——都可以终止一项有望达成的并购交易。一般来讲，联邦贸易委员会主要关注消费行业，如食品和啤酒业或洗涤制品，而司法部更注重基础行业结构，如钢铁或油气行业。

其他一些反托拉斯法案主要处理高度集中行业的横向并购问题，通常利用行业集中程度对横向并购进行评估。1982年创立的赫希曼—赫芬达指数（HHI）被司法部用于衡量市场支配力或集中程度。在这之前，对市场集中度的考察并不正式。该指数是特定行业内生产者市场份额的平方数总和。

例10.1　赫希曼—赫芬达指数（HHI）

假设行业内有6家公司，市场份额分别为25%、25%、20%、15%、10%和5%，则HHI计算为：

$$(25^2 + 25^2 + 20^2 + 15^2 + 10^2 + 5^2) = 2000$$

若市场份额为25%的其中最大一家公司收购了份额为5%的规模最小公司，那么新的市场集中度为：

$$(30^2 + 25^2 + 20^2 + 15^2 + 10^2) = 2250$$

该项收购导致指数上升了250。这是一个比较高的增长程度。表10.1给出了司法部1984年做出的并购判断标准，界定了那时判断并购的指数界限。

表10.1　HHI判断标准

HHI指标用于评估市场集中程度。石油天然气行业的HHI指标计算结果一般介于400~600之间，集中程度比较低。集中程度较低的一个原因就是石油天然气的市场规模巨大。

集中程度	合并时HHI指标	合并后HHI指标的增加	司法部惩罚的可能性
非集中	0~999	不适合	几乎不可能
一般集中	1000~1800	少于100	不可能
		多于100	可能性较低
高度集中	1800以上	少于50	不可能
		50~100	可能性较低
		多于100	可能

已经有很多文章讨论了利用HHI评估石油行业集中度的问题，这些文章的结论是HHI范围为400~600。这表明尽管最大的并购案都发生在石油行业，但其集中度仍然很低。原因是市场的整体规模很大——约为1.5万亿美元，并存在着众多的竞争对手。

然而，按照加油站销售量统计市场份额，计算CVX合并案前后市场的HHI得到了不同的结论,如表10.2所示。这样的结果足以引起联邦贸易委员会的注意。

表10.2　HHI——按加油站销售量统计

Chevron和Texaco的合并导致美国成品油市场的HHI指标增加260,达到1120。这使得市场从一个低集中程度的市场变为一般集中程度的市场,这个变化足以引起联邦交易委员会的警惕。

公司	市场分额X（合并前）	X^2	市场分额X（合并后）	X^2
ExxonMobil	18.6	346	18.6	346
BP Amoco Arco	14.4	207	14.4	207
Marathon	8.2	67	8.2	67
Citgo	8.2	67	8.2	67
Texaco（Equilon）	7.9	62		
Texaco（Motiva）	4.4	19		
Chevron	7.7	59		
ChevronTexaco			20	400
Sunoco	4.5	20	4.5	20
Phillips	3.6	13	3.6	13
HHI指标		860		1120
指标变化				260
合并后HHI指标				1120

联邦贸易委员会判断认为有很多行业因Chevron-Texaco的合并而受到负面影响。在合并前,炼化和销售板块已经是高度集中状态了（表10.3）。

表10.3　Chevron-Texaco合并后HHI的变化

联邦贸易委员会应用HHI指标对特定的11个市场进行了分析,结果表明市场集中程度已经很高,因此得出结论Chevron和Texaco的合并会明显削弱这些市场的竞争程度。

特定市场	HHI指标 变化量	HHI指标 合并后
1. 美国西部成品油市场	>1000	3000
2. 加利福尼亚CARB成品油市场	>100	2000
3. 加利福尼亚炼油及批发供应市场	>200	2000
4. 太平洋西北部炼油及批发供应市场	>600	2000
5. 圣路易斯Ⅱ型新配方汽油批发供应市场	>1600	5000
6. AZ、CA、MS、TX和HA地区的Terminalling Gas及其他产品	>300	2000
7. San Jaoquin Valley以外地区原油管道运输	>800	3300

续表

特定市场	HHI指标 变化量	HHI指标 合并后
8. 墨西哥湾东部地区原油管道运输	实际已垄断	
9. 墨西哥湾中部地区天然气管道运输	实际已垄断	
10. 分馏物，NGL 原料混合物，Mont Belvieu, TX	实际已垄断	
11. 航油销售及分销市场		
a. 美国西部	>1600	3400
b. 美国东北部	>250	1900

这样的情况已经存在很长时间，但是联邦政府近几年却放缓了反托拉斯法案的推进工作。很可能的一个原因就是一些州政府已实行了与 Clayton 法案相类似的另一项法案——股票发行监督法（Blue Sky Laws），也称为蓝天法。

逆向赫芬达指数（Inverse Herfindahl Index，IHI）是用于衡量市场支配力的集中程度，该指数能够获得市场中有效竞争者的数量。

例 10.2 逆向赫芬达指数（IHI）

假设有三家公司生产并销售同一种产品，它们的产量份额为 60%，30% 和 10%。有效生产者数量为：

$$有效生产者 = \frac{1}{0.6^2 + 0.3^2 + 0.1^2} = \frac{1}{0.46} = 2.2$$

数值结果较小表明市场集中度较高，数值较大表明市场集中度较小或市场较为开放。

注：这里应用的是小数，而前述计算则并非应用的小数。

1986 年，Brent Ninian 油田产量份额高度集中。尽管存在 13 个生产者，但 IHI 值仅为 4.2，Exxon 和 Shell 拥有产量的最大份额。8 年后生产者数量增加到 33 个，产量份额集中程度有所下降，IHI 值为 6.28。对于 Brent 原油市场而言，数值越高表明流动性越强，也表明 Atlantic 盆地的市场交易行为更活跃。

10.1.3 州政府的反托拉斯"蓝天法"与 M&A 立法

20 世纪 80 年代，许多州政府制定通过或更新了反托拉斯法案，法案执行随即展开。有时，公司防御的最佳策略就是其注册地或主要商业活动所在州的反托拉斯法案。尽管有时联邦贸易委员会和司法部不会阻止一项被建议的并购交易，但州政府的首席监察官可能会提出一些质疑。联邦政府关注信息披露和反托拉斯方面，而州政府监管机会则注重交易的流程和机制。最高法院已支持州政府通过的所谓第二代立法。

州政府有时会限制对敌意收购公司的绿色邮包支付，监管机构的处理流程则大概需要4至6个月的时间。

10.1.4　1914年联邦贸易委员会法案

联邦贸易委员会法案创立了联邦贸易委员会，并赋予其权力可以实施调查和下令阻止州际不公平交易。联邦贸易委员会的建立对司法部的职能起到补充作用，用以推动联邦贸易委员会法案和Clayton法案的实施。

委员会在制定区分公平与不公平竞争标准方面拥有较大的自主空间。

10.1.5　1933年证券法

1933年证券法是国会通过的第一部监管证券市场的法律。该法旨在稳定证券市场，要求有价证券在公开出售前必须登记，并披露相关的财务数据和其他信息。该法也包括阻止虚假陈述的反欺诈条款，通常也称为"证券真实法"，因为制定1993年证券法还有如下两个基本目的：

> 1933年证券法主要关注公司信息披露方面的问题。

（1）要求投资者应当获得有关有价证券公开出售的财务及其他重要信息；

（2）禁止有价证券交易过程中存在欺骗、虚假陈述和其他欺诈行为。

> 1934年证券交易法重点关注有价证券的承销与交易方面的问题。

10.1.6　1934年证券交易法

1934年，证券交易委员会（SEC）成立，作为管理和实施1933年证券法和1934年证券交易法的监管主体。SEC利用维持持续信息披露制度手段也同样监管在国内证券交易所上市交易的有价证券，包括柜台交易（OTC）。

除了证券法，SEC管理职责范围也被以下法案扩大，包括1935年公用事业控股公司法案[1]、1939年信托契约法[2]、1940年投资公司法[3]、1940年投资咨询师法[4]、1975年证券法修正案和最近通过的2002年萨班斯—奥克斯利法案

---

[1] Public Utility Holding Company Act of 1935。
[2] Trust Indenture Act of 1939。
[3] Investment Company Act of 1940。
[4] Investment Advisors Act of 1975。

(SOX)。1934 年证券交易法主要处理收购要约及目标公司对要约的回应相关问题。该法直接影响了公司董事会为回应主动收购要约所必须采取的行动。

10.1.7　1950 年 Celler – Kefauver 反兼并法

　　Celler – Kefauver 法案消除了 Clayton 法案的一处漏洞。Clayton 法案禁止削弱市场竞争程度或通过股票收购形成垄断的兼并行为。这个漏洞使得兼并可以通过资产并购的形式实现，Celler – Kefauver 法案弥补了这个漏洞。

10.1.8　1956 年通用证券法（Uniform Securities Act）——"蓝天法"

　　SEC、全美证券交易商协会和证券交易所负责监督有价证券的交易。但是，每个州政府都有自己的法案——称为"蓝天法"。"蓝天"说法很可能来自最高法院在一项投机阴谋裁决中用的一处比喻（如此多英尺高的蓝天（so many feet of blue sky）"。大部分州——大约 40 个——以通用证券法为立法框架，但每个州的法规都差别很大。有时尽管规定是相同的，但各个州对法规的解释却存在差异。

10.1.9　1996 年美国证券市场促进法（National Securities Markets Improvement Act）

　　为了简化规则及实现有价证券交易的统一监管，SEC 免除了"该法特指的证券"（Covered Securities）在通用证券法下规定的注册与发行推介要求，包括被NYSE、AMEX、NASDAQ 和其他证券交易所批准的有价证券。州政府仍然有权力调查并起诉欺诈行为。尽管 1996 年美国证券市场促进法已出台，但证券监管规则依然非常复杂。

　　目标公司的董事会有权力及信托义务阻止一项不符合股东利益最大化的敌意收购。如果董事会决定出售公司，则董事会成员必须要履行实现股东价值最大化的责任。

　　以下是六种常见的主动并购形式：

　　（1）要约收购。在给定价格下，收购公司股票的正式要约通常会有一定的溢价（高于现行股价）。

　　（2）换股收购。收购公司提出用自己的有价证券换取目标公司的具有表决权股票。

　　（3）公开市场积累。在一段时间内从公开市场购买股票。

　　（4）代理权竞争。收购公司直接与股东沟通，试图说服股东使用其代理表决权以接受接管发起人替换现有的管理层。

　　（5）熊抱信（Bear Bug Letters）。收购公司发信给目标公司，宣布其接管的意图，要求目标公司迅速作出决定。

(6) 爬行收购（Creeping Tender）。即在公开市场逐步累积目标公司的股票。一项能够避免 Williams 法案规定的战略就是在宣布收购前限制股票的数量。

10.1.10 Williams 法案

1986 年 Williams 法案的起因就是发生在 20 世纪 60 年代的未公开宣布的接管浪潮。Williams 法案及修正案包含了对 1934 年证券交易法的 13（a）和 14（d）条款的修改。该项立法主要是处理要约收购中有关发约者的问题。Williams 法案影响了 20 世纪 80 年代第四次浪潮中大部分的收购行为。

Williams 法案详细规定了在要约收购中或已购得公司多于 5% 的股份必须要详细披露的具体信息。该法案用于在遭遇突然接管的情况下保护股东和管理层的权益。在 20 世纪 60 年代初期，这些被称为"星期六夜晚的特别事情（Saturday Night Specials）"，因为接管的最初消息就是公开要约收购——通常发生在周末。该法案也抑制了爬行收购的可能。

以下是一些在 20 世纪 80 年代常见的处理要约收购的 SEC 规定：

（1）13（d）条款。13（d）大部分人都很熟悉。任何个人或实体直接购得或拥有另一家公司 5% 或更多的股票，必须要在 10 天内根据 13（d）的规定向 SEC 提交一份报告。购买公司同样必须要向目标公司上市的证券交易所和目标公司提交 13（d）文件。这份报告必须要包含已购得股票的公司或个人的详细信息以及他们的意图。该规定用于抵制不公平接管意图，并使股东和市场从总体上了解影响股价的重要信息。13（d）文件的提交也许首先就意味着很大数量的股票已被收购。在收购 5% 的股票后 10 个工作日内提交报告文件的期限到期前，收购公司可能已经购入了额外的股票，这样在提交文件之日，收购公司可能已经拥有了远远高于 5% 的股票份额。

对 13（d）条款，最常见的公司管理层报怨就是该条款对敌意收购公司提交虚假 13（d）文件的行为没有任何惩罚措施。虚假 13（d）文件包括错误的、误导性的或不完整的信息。实际而言，对虚假 13（d）文件的惩罚仅仅是修改文档并重新编写。在一些接管案例中，大量 13（d）文档都被多次重新提交。因此还存有很大空间来更好地实施该条款。

（2）13（e）4 条款。规定要约收购报告所含信息包括：收购要约、资金来源、收购意图、财务信息和其他信息。

（3）13（g）条款。规定在其他公司拥有 5% 或更多股份的公司每年必须按要求提交文件。

（4）14（a）条款。该条款规定了代理表决权竞争中的披露要求。

（5）14（d）条款。该条款涵盖了要约收购的规则、限制条件和披露要求。在向股东提出收购要约之时，收购公司必须向 SEC 提供 14（d）-1 文件，内容包括要约收购的性质和其他与 13（d）文件相似的信息。

（6）14（d）-2条款。该条款主要处理要约收购初始阶段的问题。通常，要约正式提出的日期被认为是收购要约的正式生效日。

（7）14（d）-4条款和14（d）-6条款。有关要约期限、发约人身份和背景、收购意图及资金来源的具体信息必须要呈交给目标公司的有价证券持有人。其他14（d）条款规定的披露要求包括要约目的、收购公司和目标公司的财务报告及任何重要信息。

（8）14（d）-5条款。发约人会要求提供股东名册，目标公司可以选择要么通过邮寄的方式将发约人要求的要约收购材料邮寄给发约人，由发约人付费，或直接提供给发约人。

涉及目标公司的条款，14（e）-2条款。在10个工作日内，目标公司必须做出以下书面说明：
① 建议接受或拒绝要约；
② 保持中立；
③ 不能发表意见。

（9）14（d）-9条款。根据14（d）-9条款规定，目标公司提供给股东的建议和沟通文件也应当提供给SEC、发约人和相应的证券交易所，称为"主动建议报告"，其中应当包括对提供建议接受要约或不能发表意见的合理解释。

10.1.11　1976年Hart–Scott–Rodino法案

该法案要求联邦贸易委员会和司法部应在并购交易完成之前根据反托拉斯法律进行审查。在Hart–Scott–Rodino（HSR）法案实施之前，没有向反托拉斯机构披露信息的要求，并购交易也不受制于反托拉斯规定。

10.1.11.1　一般要求

发约人不能够购买目标公司15%（或1500万美元）或更多的投票权股份，除非已将特定信息提供给了司法部和联邦贸易委员会，且要求的等待期限已满。这为政府监管机构提供了一定时间进行调查，并且如果需要，则会在收购交易完成之前阻止这项并购交易。

10.1.11.2　等待期限

HSR法案要求在现金要约收购中，收购前的通知期（提交文件和等待）是发约人提交文件之日起15个公历日。若不是现金要约收购，等待期限为30日。然而，等待期限可以根据政府的判断提前终止。

10.1.11.3　补充信息要求

政府可能也会要求补充的信息。如果要求发约人提供补充信息，等待期限可以在要求提供日起延长20日。若为完全现金收购要约，等待期限可以延长10日。

10.1.11.4 目标公司

目标公司也应当提交特定信息的文件,但是补充信息的回应或文件提交的延迟并不能延长等待期限。

监管要约收购的期限规定如下:

(1) 最低要约期限——20 日;

(2) 股票出售的初始期限——15 个工作日;

(3) 超过期限非购股票可以出售的期限——60 个公历日;

(4) 个人非目标公司提出竞争要约之日开始增加可出售期限——10 个工作日;

(5) 股价上升或要约内容有重大变动的最低要约期限——10 个工作日。

10.1.11.5 提前终止

根据政府的判断,如果任何机构不打算进一步采取任何行动,等待期限可以提前终止。在敌意收购中或提前公示的要求仅有特定公司满足竞争要约情形下,提前终止特别重要。表 10.4 列示了现金要约收购的时机。

表 10.4 现金要约收购的时机

工作日数	收购方	目标公司	
		董事会	股东
	收购方获得 15% 的股份后 10 天提交 13 (d) 文件①		
1	要约收购开始 • HSR 文件 • 提交 SEC 及相应证券交易所 14 (d) -1 文件 • 向州政府及其他监管机构提交文件		
10	必须:	• 提交 SEC 立场声明文件 • 向股东提供要约建议文件	
15 20	初始 HSR 等待期终止②		最长出售期终止 部分要约规定期限终止 最长要约期限终止③

① 不必提交收购要约。
② HSR 规定现金要约收购等待期为 15 个公历日,换股要约收购为 30 个公历日。
③ 这个时间仅仅反映了与交易相关的最重要事件。

敌意公司在购买目标公司累计5%的股票及制定要约收购计划和战略方面没有时间限制，这给了敌意收购公司提前准备并出奇不意攻击的优势。敌意公司在要约的时机控制上有完全的主动权。在 20 个工作日内，目标公司的董事会必须完成以下方面的工作：

（1）对要约的回应；

（2）设计出防御战略；

（3）执行该战略。

在决策过程中，董事会对股东负有保证良好商业判断的信托责任。如果不存在利己行为、欺诈、不守信用或滥用判断等行为，法院无权干涉商业判断的实施。

10.1.11.6　要约收购的定义

因为联邦证券法没有给出要约收购的定义，因此 SEC 利用以下几方面来区分要约收购和非要约收购交易：

（1）公众股东的广泛主动请求；

（2）主动收购重大比例的股票；

（3）溢价收购要约；

（4）要约条款固定——不可谈判改变；

（5）固定的最大数量股票的或有收购要约；

（6）存在特定期限限制的要约；

（7）受约人迫于压力出售股票；

（8）在快速积累股票之前或同时公开宣布收购计划。

10.1.11.7　接管监管和证券持有者沟通（接管公告）

对接管交易规则和监管复杂性的修改于 2000 年 1 月 24 日开始生效。在接管公告中，修改后的规则允许增加收购公司与证券持有者和市场的沟通程度。修改的原因如下：

（1）换股收购的要约数量增加；

（2）涉及代理表决权或同意征求的敌意收购交易数量增加；

（3）大量的技术应用使得与证券持有人和市场的沟通更为快捷。

值得注意的是，现存的监管框架在与证券持有人和市场沟通方面设置了很多限制。此外，对现金收购要约和股票收购要约以及对要约收购和其他不常见收购方式（如合并）的不同处理能够影响发约人要约类型的选择，并增加额外的成本，而没有带来足够的边际利益。

以下是建议修订的目标：

（1）促进与证券持有人和市场的沟通；

（2）最小化选择性披露；

（3）协调不一致的披露要求，减少处理过程中不必要的负担；

（4）维持对投资者权益的保护。

这些对1933年证券法和1934年证券交易法的修改是自1986年Williams法案以来对商业收购监管规则最大范围的修订。

10.1.11.8 跨境收购要约和换股要约、商业合并和认股权收购要约（跨境收购公告）

在跨境收购公告中，1933年证券法和1934年证券交易法的豁免条款适用于与外国公司证券有关的跨境收购要约和换股要约、商业合并、认股权要约，其在2000年1月24日开始生效。

豁免条款的目的在于，鼓励境外独立证券发行者允许美国境内证券持有者参与收购，来加强美国投资者在跨境交易中的参与程度。在以往的一些收购案中，美国投资者被排除在外，没有能够参与国外公司的并购交易。国外公司声称将美国投资者排除在外的原因是美国的证券法和立法数量所导致的高昂成本和复杂性。

主要有以下两种级别的豁免：

（1）对于第一级别的豁免，如果以下情况发生，要约收购不受美国大部分要约收购规定的监管：

① 美国证券持有者持有份额在10%（含10%）以下；

② 收购要约必须以英文形式提供美国证券持有人，并按类似的基础提供给其他证券持有人；

③ 条款应当对所有的证券持有人公平有利；

④ 发约人必须将要约资料以英文形式提供给SEC。

（2）对于第二级别的豁免，如果满足以下条件，发约人能够获得不受美国要约收购规定监管的限制性豁免：

① 发约人为境外独立发行者，美国证券持有人所持股份高于10%且低于40%；

② 发约人必须对美国和非美国的证券持有者提供一致的对价。

10.2 税收环境

有许多因素都会影响公司合并中相应会计方法的选择，因此需要重点考虑的是该项收购是股权联营合并（Pooling of Interest）还是购买合并（Purchase）。

CVX 合并中选择了权益结合法（Pooling of Interest Method）。

20 世纪 80 年代的大部分收购兼并都选用了购买法，权益结合法被认为过于苛刻。然而，在商誉摊销处理方面，权益结合法有很大优势，在 90 年代开始盛行。

10.2.1 会计方法

美国的通用会计准则（GAAP）针对商业合并提供了两种会计方法可供选择，分别为：权益结合法和购买法。

但是，两种会计方法同时存在也产生了一些问题。对于极为相似的商业合并而言，两种会计方法在财务报告上产生了差异巨大的结果。权益结合法在当时成为首选。

10.2.2 权益结合法

在权益结合法下，合并公司的资源合并在一起（Pooled）。两家公司的资产负债表项目仅是简单地相加，且商誉不被确认。

> 自 2001 年 6 月开始，权益结合法被废除。

优势	劣势
处理简单	低估资产和负债的价值
商誉不摊销	缺乏透明度
净利润不受影响	忽略支付的溢价

由于不再确认商誉摊销，因此净利润不受影响。没有人想要一个能够给净利润带来负面影响的收购。

10.2.3 购买法

购买法有明显的缺陷——商誉的确认和摊销会降低收购之后的净利润。而且，商誉的确认和摊销方法也不一致。

> 购买法过去受财务会计准则委员会（FASB）青睐。

财务会计准则委员会采用的方法是取消两种并行的会计方法，改变商誉摊销的要求——只有在商誉真正损失时才予以确认。非摊销方法仍然需要对商誉的减损进行复杂的评估——判断账面价值是否高于公平市场价值？

> FASB 在 2001 年 6 月发布了两个公告。第 141 号商业合并公告，取代了以前 GAAP 的意见、APB 第 16 号意见及第 142 号商誉和其他无形资产公告，规定收购兼并采用一致的会计方法及对商誉减损的确认和评估原则。尽管如此，还是存在问题的。FASB 指定紧急会计问题工作组（EITF）负责评估商誉、无形资产及损耗的确认这类复杂问题。这类问题在 Issue03-9 中得以确定——《财务会计准则第 142 号商誉及其他无形资产》中 11（d）条款标准的评估——确定无形资产寿命期中更新或扩展的问题。

采用新 GAAP 规定确认未来超大型企业合并事项，有几点需要注意：
（1）未存续公司股东的资产权益是否被终结；
（2）未存续公司管理层是否被解散；
（3）其中一家公司的商业性质是否发生实质性改变；
（4）合并双方的规模是否差异显著。

只有同时不满足以上四个条件，才可采用新会计方法确认。由合并交易结构体现的双方的合并意图是监管重点所在。

收购所得资产在收购时按公平市场价值评估并确认。商誉就是账面价值与公平市场价值两者之间的差额。在资产收购中，如果支付的对价超过了净资产的账面价值，超出部分可以按照两种方法处理。一种方法将超出部分确认为商誉，记为无形资产的一部分。另一种方法就是将超出账面价值的部分作为土地、厂房及设备的账面价值的增加处理。其他情况下，会将该超出部分在一定年限内摊销并从收入中扣除。然而，商誉的摊销通常并不能在税前扣除。

表 10.5 证实了合并采用购买法对合并财务报表的影响。假设公司 B 在年末最后一天以 1 亿美元现金收购了公司 A。收购公司仅能将收购日之后的被合并公司的收入纳入合并范围。本例中收购公司的收入没有任何增加，因为交易发生在年度的最后一天。

表 10.5 购买法下的合并

单位：百万美元

利润表	被收购公司 A	收购公司 B	合并报表 购买法
净收入	200	500	500
减：销售成本	150	350	350
毛利润	50	150	150
减：销售费用	20	100	100

续表

利润表	被收购公司 A	收购公司 B	合并报表 购买法
净利润（税前）	30	50	50
减：所得税	10	17	17
净利润（税后）	20	33	33
资产负债表			
运营资本	50	140	90①
固定资产净值	25	50	75
商誉	0	0	25
资产净额合计	75	190	190
资本			
普通股	25	50	50
留存收益	50	140	140
资本总计	75	190	190

① 其中 1 亿美元为支付给公司 A 股东的购买价格。

10.3 交易架构

税法规定公司合并可以按可纳税或免税的交易进行架构安排。在可纳税交易中，出售者会根据股票或资产的转让情况确认利得或损失。根据资产的性质，一项利得可以被确认为一般收益或资本利得。

应纳税交易中的现金收购资产交易的纳税基础为支付对价，折旧计提也以支付的对价为基础。

有许多种类的应纳税交易。应纳税交易的最常见要素就是出售公司或股东持有的私有股份被完全——或至少大部分——终止。

10.3.1 免税交易

免税（Tax–free）一词实际并不恰当，涉及并购方面的税法规定购买者有义务支付超定额税（Recapture Tax）。出售者必须为差价（Boot）支付所得税及权益出售的递延税，差价是对出售者非权益部分的补偿。根据权益对非权益资产的比率将并购交易按税收目的分为类型 A、B 和 C。所谓免税就是支付对价的大部分仅能涵盖目标公司的权益。

10.3.2 公司重组类型

根据《1954 年美国税收法》第 368 条款，将公司重组类型分为 7 类。这些重组类型根据各自所涉及条款在税务角度重新分类。这样，A类重组就根据A类条款划分，主要处理的是创立合并或新设合并。三种主要公司重组类型分为A、B、C三类。

10.3.2.1 A类

A类重组，或由两家原始公司构成的合并，实际上是一种吸收合并，即收购方吸收另一家公司，并形成独立的法律实体。考虑对价支付方式，A类重组是最常见和灵活的免税重组方式。

A类重组的优势是收购支付对价至少有一半是以换股的形式交割完成，剩下的50%可以由现金、认股权证或债务有价证券构成。这种情形下，换股交易部分对股东是免税的。股票换资产的收购方式可能不会影响收购交易的免税权利，但是股东要受到一些负面税收结果的影响。

在A类重组中，消亡公司的税收属性会转移给存续的公司。在A类收购中，购买法会将收购对价在收购资产间进行分配。

10.3.2.2 B类

B类重组，通常称为换股重组，灵活性很低，支付方式也受到限制。B类重组是第二类最常见的交易方式。在B类重组方式下，收购公司可用的唯一支付方式就是自己的表决权股票，包括优先股和母公司表决权股票，但两者不能兼有。收购公司仅能够用自己的股票换取被收购公司的股票。收购一旦完成，收购公司就能够控制被收购公司。控制就是拥有各类具有表决权股票至少80%，且至少80%的其他类型公司股票。

10.3.2.3 C类

C类重组主要是股票换资产交易，可能是最不常见的交易方式。因其同A类重组相似，通常被认为是一种可行的交易方式。收购公司购买被收购公司全部资产。收购公司通常仅是一个壳公司，唯一资产就是被收购公司的股票。这个壳公司通常在资产被收购后进行清算。

C类交易与B类交易的区别在于收购公司必须要用股票购买目标公司的大部分资产。余下资产可以通过其他方式购买。在B类交易中，80%的股票收购完成后，余下的收购仍然要按照B类交易形式完成。此外，被收购公司必须按照重组计划将其获得的股票、有价证券及其他资产进行分配，也包括自身的其他相关资产。

表10.6汇总了不同类型收购方式的法律和税收处理问题。

表 10.6　收购交易法律和税收问题汇总

项　目	法律处理			
	应纳税	收购股票	收购资产	新成本基础
资产收购	是	否	是	是
338 交易	是	是	否	是
股票收购	是	是	否	否
A 类重组	否	是	否	否
B 类重组	否	是	否	否
C 类重组	否	否	是	否

10.3.3　有限合伙制公司（MLP）

有限合伙制公司的前身是特权信托公司（Royalty Trust）。特权信托公司使得信托证券持有者能够直接拥有油气生产资产的工作权益。通过这种方式可以规避一个层级的所得税，这就是特权信托公司的主要优势。

特权信托形式首先由 1954 年创立的 Tidelands Royalty Trust B 所采用。该信托由港湾石油公司创立，享有墨西哥湾 60 个区块权益的管理和清算权力。

信托公司在折耗余额调整后将特权费（Royalties）分配给信托证券持有人，并由持有人支付所得税。特权信托概念在那时并没有引起人们的注意。在 14 年后，随着 North European Oil Royalty Trust 的建立再次出现。这个信托公司是 North European 石油公司清算的产物，其主要拥有的是位于联邦民主德国的油气生产资产的矿产特许权益（Royalty Interest）。

Mesa 石油公司在 1979 年创立 Mesa 特权信托公司。Mesa 公司将位于 Kansas、New Mexico、Colorado 和 Wyoming 州的生产资产特证开采权益转移给了这个信托公司。

Southland Royalty 公司在 1980 年创立了 Houston Oil Trust、Permian Basin Trust 和 San Juan Basin Royalty Trust，这些信托公司将现金流及价值冲减直接转给投资者。

同样在 1980 年，油气行业创造出了一种新的金融工具——有限合伙制公司。第一家有限合伙制公司成立于 1981 年，由 Apache 石油公司创立。MLP 概念同特权信托相似，主要目的是规避公司所得税。对于合伙人或持有人（称为 MLP 的持有人）另一项优势是达到初始投资前的分配不需纳税。一旦达到了初始投资成本，额外的分配则需纳税。

1986年税收改革法案极大地改变了MLP的境况。早期钻井活动产生的损失不再可以冲减投资者的收入，这些过去产生的损失仅能够从其他投资收入中冲减。1987年，美国税务署规定MLP的收入作为投资组合收入的一部分处理，并且损失不能再从其他收入中扣减。

MLP工具不再像以前那样具有吸引力了。许多公司开始考虑通过将这些MLP重新纳回企业组织结构的方式重组这些实体。

1981年至1990年期间，大约有150个MLP创立，其中大约30个处于能源行业——大部分属于管道分销板块——市场价值大概为300亿美元。最近的一家管道MLP是Kinder Morgan Inc.（KMI），收入规模超过10亿美元，市场价值为50亿美元。El Paso Energy Partners（EPN）是另一家较大的MLP，收入达2.02亿美元，市场价值达16亿美元。

对于其前身，MLP有一项优势即可在柜台交易或公开交易，以前的有限合伙公司不具有流通性。如今，MLP可在NYSE和AMEX交易。通常机构投资者不会购买MLP的证券，一些券商也不承担这些业务，因为MLP比普通股票的发行要复杂得多，而且需要额外的纳税工作。尽管如此，国会正在考虑放宽能源行业的资本限制以使基金经理对MLP投资更简单化。

公司通过将资产注入一个独立公司实体的方式创立MLP。这个实体可以通过将一个已存在的合伙权益并入［或称为缩合（Rolling Up）］MLP形成，因此也称为缩合型业主有限合伙公司（Roll-up MLP）。缩合方式的一个优势在于其证券可以公开交易。这就给信托证券持有者提供了流动性，而在此之前是无法做到的。

如果这个实体公司是由创立MLP的公司所剥离的生产性资产为基础创立的，则可被称为剥离型业主有限合伙公司（Drop-Down MLP）。业主有限合伙公司（MLP）将其证券销售给投资者，这样投资者就成为了有限合伙人。

投资者一般认为MLP的油气资产价值要高于其原有价值，因为规避了一个层级的税收——公司所得税。同样，现金流的大部分通常也分配给了股东。分配的大部分，尤其在早期阶段，作为资本回收处理，因此不按原始收入纳税。

不同的MLP在公众持股程度和现金流指定用途等方面存在显著区别。一些MLP仅分配现金流的一小部分，将剩下的现金流进行再投资，而另一些MLP则设计为将大部分现金流进行分配。

衡量一家MLP成功与否的依据就是维持现金流分配的能力。MLP概念能够很好地体现油气公司的清算价值。MLP的平均分配水平为75%，一些实际上按季度股利支付的形式将全部现金流分配给股东。

MLP证券的收益率较高，因此投资者愿意支付高溢价购买。20世纪80年代中期，MLP 的一般交易价格约为现金流量的 6 倍，而同期主要石油公司为 3~4 倍。许多分析师认为相对于其基础资产价值，MLP 的交易价格过高。

10.3.3.1　MLP 估值

MLP 的估值主要关注的是储量水平和现金流创造能力。MLP 维持收入 85%~90% 的分配水平能力是最低标准。上游 MLP 的特点是其储量在被慢慢地消耗，与独立的石油公司相比，对勘探和开发钻井的再投资水平较低。

因此，MLP 价值分析的主要目标应当是储量价值的评估，其储量价值评估的方法与石油公司一样。

10.3.3.2　SEC 公平披露条例（Reg FD）

前 SEC 主席 Arthur Leavitt 和投资者们都意识到市场信息的传递不能保证公正、平等。重要市场信息在传递给公众投资者之前就已经泄露给了分析师和大股东。这种现象很容易证实，因为股价在利空消息披露之前就已开始迅速下跌或在利好消息公布之前就已开始迅猛上涨。重要信息是指所有能够导致理性投资者作出投资决策的信息，如收入、收购兼并、储藏发现、公司高管或审计师的变更等信息。

SEC 一般在推出监管法案之前会公开征求意见，这些评论通常都来自于公司的律师顾问及行业贸易组织和其他机构的代表。需注意到，但也许并不奇怪，大量来自公众投资者支持 Reg FD 的信件涌向了 SEC。

对个人投资者而言，这项条例不会使公司分析变得简单，但可能会在一定程度上抑制那些股东提前获得信息的状况。

Reg FD 的缺点在于其对"重要信息"这一概念的定义上。一些信息单独考虑可能不是很重要，但与其他消息结合在一起考虑就会变得非常重要。同重要信息一同使用的这类信息就被称作"镶嵌信息（Mosaic Information）"。

10.4　萨班斯法案

10.4.1　利益冲突

前任 SEC 主席 Arthur Leavitt 早在 1998 年就已意识到为客户公司提供会计和咨询双重服务的会计师事务所存在内部利益冲突。在此前 20 年间，公众会计师事务所的咨询服务收入占总收入百分比从大约 15% 上升到 70%。这并非是没有理由的，可以设想咨询部门是不想让审计部令客户感到烦扰。Leavitt 那时便力推改革，包括禁止像安达信这样的事务所提供会计（审计）和咨询的双重服务。五大会计师事务所极力游说反对 Leavitt 的提议，并最终获胜。

另一个导致 Leavitt 改革不能通过的原因就是公众对这项改革的需求还不是很明显。

那时还没有一个导火索来诱使这项改革发生。还没有确凿证据！但安然改变了这一切。

> SOX 的一般意义就是会计、审计和鉴证，要求公平及时披露，承担真正的责任。要么遵守，要么惩罚。

萨班斯法案（SOX，有时也称为 SOA 和 SARBOX）在议会和白宫获得通过，仅有三个反对票，随后布什总统于 2002 年 7 月 30 签署生效，引发了自 1930 年以来联邦证券法最彻底的改变。SOX 法案将矛头直指众多大型公司的财务丑闻案件。这些财务丑闻案件摧毁了投资者的信心，很显然"必须要做一些事情了"，而且要迅速。

10.4.2 SOX 主要条款

10.4.2.1 302 条款——披露确认

要求首席执行官和首席财务官在审计报告中保证"期间报告所含财务报表和披露信息的准确性，以及财务报表和披露信息在重大方面公允地反映了公司的经营成果和财务状况。"该条款是这项新法案最早、最常见的条款之一。以下是 CVX 2002 年 12 月 10 - K 报告中主席和首席执行官的确认。

David J. O'Reilly，声明如下：

（1）我已审阅过雪佛龙·德士古公司年报的 10 - K 报告。

（2）根据我所了解，该年报不存在任何重大的虚假记载或做出声明的相关情况的重大遗漏，或者该年报期间的误导性陈述。

（3）根据我所了解，财务报告和该年报中包含的其他财务信息公允地反映了年报期间公司重要的财务状况、经营成果和现金流情况。

（4）我和公司的其他声明人负责披露工作的监控和流程的建立与维持（根据证券法案 13a - 14 条和 15d - 14 条）：

① 建立披露的监控措施和相关流程是为了确保公司及其子公司的相关重大信息能通过公司其他人让我们知晓，尤其是在该年报准备期间的信息；

② 在该年报提交前的 90 天（评估日）对公司披露的监控和流程进行评估；

③ 并且基于我们在评估日所做的评估结果，年报包含我们对披露监控和流程设置的有效性的结论。

（5）我和公司的其他声明人已经基于最近的评估结果向公司的审计人员和公司董事会的审计委员会（或者履行相同职能的人士）披露了以下内容：

① 所有给公司记录、处理、汇总和报告财务数据带来负面影响的内控方面

的设置和操作的重大缺陷,并且已向公司的审计人员表明内控方面的重大缺陷;

② 以及无论重大与否,凡是涉及公司管理层和其他在公司内控中承担重要职责人员的任何欺诈。

(6) 同时我和该年报中公司的其他声明人已在年报中说明,在我们最近的评估日期之后,是否存在内控的重大变化或者其他能带来内控方面重大影响的情况,包含任何纠正重大缺陷和重大不足的措施。

David J. O'Reilly
董事局主席兼 CEO

如果签字官员明知违规,可判处 100 万美元罚款以及 10 年以下监禁。如果签字官员故意违规,可判处 500 万美元罚款以及最多 20 年以下监禁。对举报人进行打击报复的行为要处以 10 年以下监禁。

10.4.2.2　404 条款——管理层对内部控制的评价

管理层及会计信息系统的建立必须要与 SOX 规定一致。这就意味着会计系统必须能够公允、准确和及时地报告财务信息。值得注意的是,既然许多公司拥有大量的内部控制工具,包括人工控制的和系统自动控制的,则这些工具必须满足 SOX 规定,而不仅是一致,管理层必须要确认其有效性。

10.4.2.3　409 条款——实时信息披露

要求向公众披露财务状况和经营上的重大变化。那么,重大变化的定义是什么呢?是指影响财务报告公允披露的重要的特定事件(单独或集体发生),也可以是任何能够导致理性投资者对其持有的公司所有权股票做出财务决策的信息。

其他主要的 SOX 监管规定如下:

(1) NYSE 和 NASDAQ 应禁止其审计委员会在审计师任命、薪酬和监管方面不符合法规要求的公司公开上市交易。审计委员会必须仅由独立审计师构成。

(2) 任何发行证券公司禁止向董事及执行官员提供、扩展、修改或更新信贷(特定限制除外)。

(3) 内部交易(内部人交易公司证券)必须在交易完成后的 2 个工作日内予以公告。

(4) 提交给 SEC 包含财务报表在内的年报资料必须包含全部由注册的会计公司确认的重要更改。

该法案新定义的证券违规行为如下:

(1) 故意妨碍或影响联邦调查或破产过程的销毁、变更或伪造记录的行为;

（2）会计师明知和蓄意未将审计资料或工作底稿保存5年的行为；

（3）证券发行过程中的企图欺诈行为。

10.4.2.4　SEC

1929年股市危机之后，SEC成立，意在力促证券法的通过。SEC由美国总统任命的5名委员，4个部门，18个办公室以及3100名员工构成（2004年数据）。SEC负责评估和解释建立基本规则和目标的法律法规，修订现有规定、提出新规定并促进法律法规的实施。制定法规监管规则的简化流程如图10.1所示。

美国国会负责证券法律、法规和规章的最终审批。1934年的证券法案成立了证券交易委员会，负责解释法律和制定证券法规。

美国国会

法律颁布
　　20世纪60年代的突击收购导致了1968年威廉姆斯法案的颁布。
法律解释

SEC
美国证券交易委员会

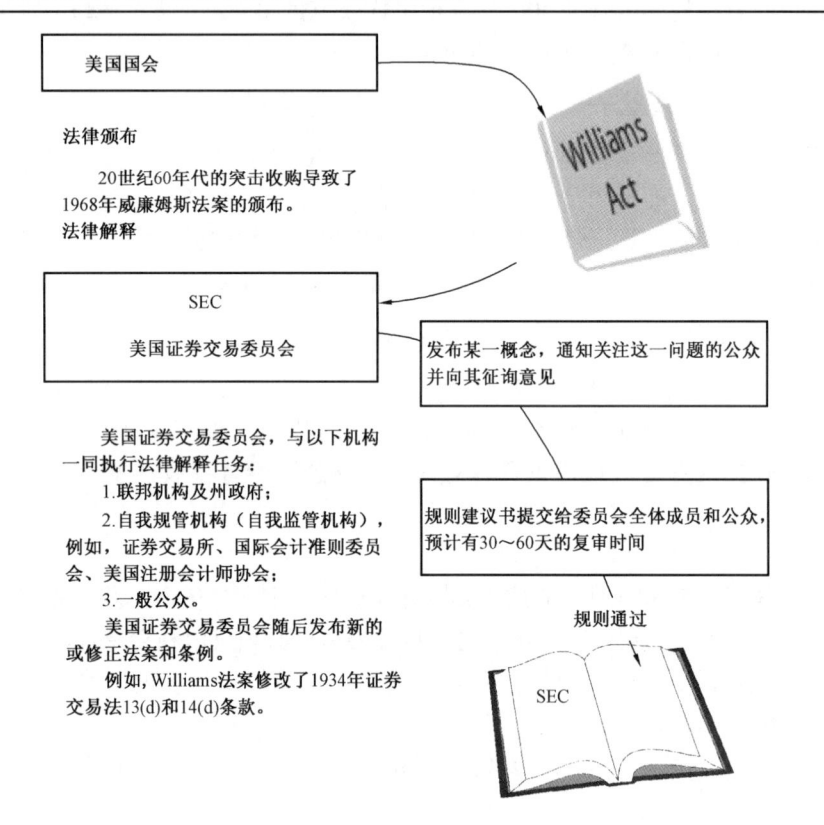

发布某一概念，通知关注这一问题的公众并向其征询意见

美国证券交易委员会，与以下机构一同执行法律解释任务：
1. 联邦机构及州政府；
2. 自我规管机构（自我监管机构），例如，证券交易所、国际会计准则委员会、美国注册会计师协会；
3. 一般公众。
美国证券交易委员会随后发布新的或修正法案和条例。
例如，Williams法案修改了1934年证券交易法13(d)和14(d)条款。

规则建议书提交给委员会全体成员和公众，预计有30～60天的复审时间

规则通过

SEC

图10.1　制定SEC规定

SEC根据这些解释制定规则。一般，这个流程从条例修改建议书开始。但是，如果该项意见书是首次或独特的，SEC要发布一项概念声明（Concept Release）以寻求反馈意见。

一项条例修改建议书必须是详细的建议，SEC员工会将该建议书呈递给全部委员会成员审核。委员会批准了该项条例修改建议书之后，会将其公示以收集反馈意见，通常为30~60天。在起草最终版时，会将公众意见考虑进去。

一旦最终的条例起草完毕，SEC员工会将其呈交给委员会。最终条例获准通过后，其就被纳入官方法律体系中。主要条例在正式实施之前还需要送与国会评估并行使否决权。

SEC同样也具有如下监管责任：

（1）股票交易；

（2）证券公司；

（3）投资咨询师；

（4）共同基金；

（5）公共事业控股公司。

SEC也同样具有证券法实施的权力，每年大约有400~500项针对个人和公司违背证券法的民事诉讼。

10.4.3 GAAP

SEC的一个重要规则就是所有受SEC监管的公司都必须要提供依据公认会计准则编制的已审计过的财务报表。GAAP由会计研究公告（ARB）、意见书（Opinions）、准则公报（Statements of Standards）、规定、处理程序和惯例构成，这些都是公司被要求在财务报表中报告财务信息所使用的，其中包含了大量文件，包括1938年以来各种组织提供的解释文件、公告、条款及文献，这些组织过去都是在美国会计师协会（AICPA）的帮助下成立的，而近些年提供帮助的主要是新成立的上市公司会计监督委员会（PCAOB）。

表10.7列示了一些权威组织及其公布的报告，代表GAAP体系下的最高等级。

表10.7　GAAP高级公告

组　　织	时　　期	公　　告
会计程序委员会（CAP）	1938—1959年	51份会计研究公告
会计原则委员会（APB）	1959—1973年	31份意见书——4份公告
财务会计准则委员会（FASB）	1973至今	150分公告，截至2003年5月
上市公司会计监督委员会（PCAOB）	2002至今	

10.4.3.1 会计程序委员会（CAP）

1938 年，SEC 支持 AICPA 成立 CAP，CAP 成员主要是兼职的会计学教授，没有报酬。他们集中于解决独立问题，没有设计出一套广泛整体的准则架构。尽管公布了 51 份会计研究公告，但仅有 3 份公告通过修订，最终以合并的形式保留下来。由于工作低效 CAP 备受指责，并最终被 APB 取代。

10.4.3.2 会计原则委员会（APB）

AICPA 于 1959 年以 APB 取代了 CAP。APB 共发布了 31 项意见书和 4 份公告，但在一些有争议问题的观点上遭受批评。APB 同样是由会计学教授兼职担任。1971 年，惠特委员会（Wheat Committee）成立，专门研究 APB 的问题。惠特委员会最终得出结论：建议取代 APB。

10.4.3.3 财务会计准则委员会（FASB）

1973 年，FASB 成立，完全取代了 APB。目的就是成立一个更具有代表性的独立组织机构。委员会成员来自公司和其他组织结构，他们全职为 FASB 服务，薪酬全部来自外界支持——公司和会计师事务所也会提供一部分经费。

10.4.3.4 公众公司会计监督委员会（PCAOB）

PCAOB 的任务：美国公众公司会计监督委员会（Public Company Accounting Oversight Board，PCAOB）是一家私营的非盈利机构，根据 2002 年的《萨班斯·奥克斯利法案》创立，目的是监督公众公司详尽、公允和独立的审计报告编制工作，以保护并加强投资者利益。

GAAP 的创立十分复杂。根据 AICPA 审计准则委员公布的第 69 号审计准则公告（SAS 69），GAAP 是财务会计中的一个技术术语。GAAP 包括了在特定时间为了确定认可的会计实务所必需的惯例、规则和程序等。GAAP 的准则不仅包括了广泛的一般应用指南，而且还包括了具体的实务和程序。

图 10.2 体现了 SEC 同其他组织结构一同发展 GAAP 的一个方式。

表 10.8 描述了美国境内的一些主要交易，表 10.9 列举了部分参与解释和开发 GAAP 的组织机构。这份列表并不全面，但足以看出 GAAP 的利益复杂性。

国会、证券交易委员会或有关当事人可以提出改变现有的程序或要求新的程序。美国证券交易委员会将通过提案提交给财务会计准则委员会（FASB）审议。FASB将指定一个委员会来审查这些提案，并作出适当的回应。

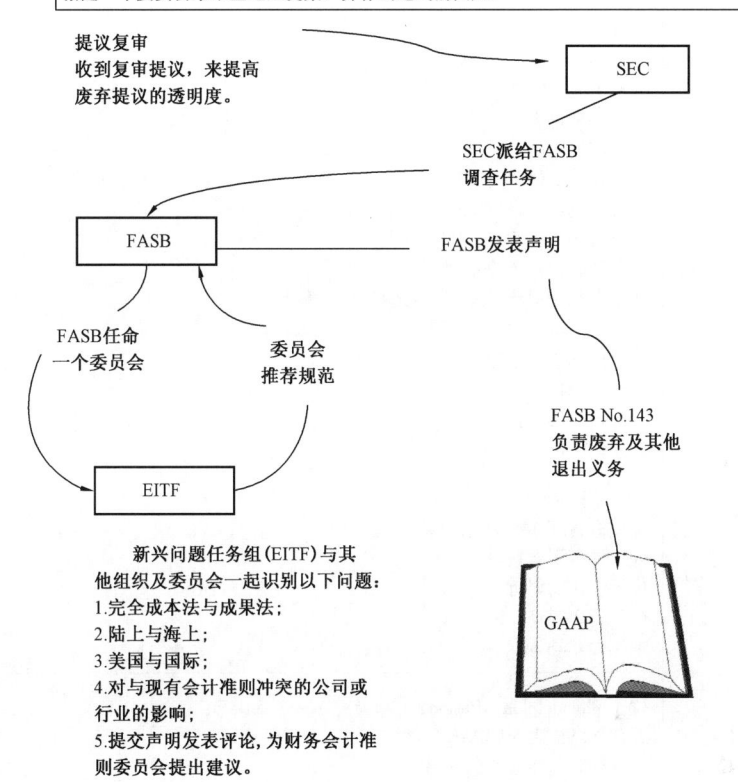

提议复审
收到复审提议，来提高废弃提议的透明度。

SEC

SEC派给FASB调查任务

FASB

FASB发表声明

FASB任命一个委员会

委员会推荐规范

EITF

FASB No.143 负责废弃及其他退出义务

GAAP

新兴问题任务组(EITF)与其他组织及委员会一起识别以下问题：
1.完全成本法与成果法；
2.陆上与海上；
3.美国与国际；
4.对与现有会计准则冲突的公司或行业的影响；
5.提交声明发表评论，为财务会计准则委员会提出建议。

图 10.2　GAAP

表 10.8　美国股票市场

股票交易市场	描　　述
NYSE	1792 年建立； 2800 支上市股票； 处理 80% 的股票交易； 人工下达指令； 位于华尔街； 被称为 Big Board； 会员情况：1366 个席位，338 家会员公司，7 家专业顾问公司 （最近一个席位售价 185 万美元，最高记录为 1999 年 8 月的 265 万美元）； 上市费用：150000～250000 美元； 年费：3500～500000 美元； 首次上市市值规模要求：至少 6000 万美元

续表

股票交易市场	描 述
NASDAQ	1971 年建立； 3600 支股票公开交易； 处理 17% 的股票交易； 电子处理指令； 交易商遍布各地； 母公司 NASD； 会员情况：276 个做市商； 上市费用：100000～150000 美元； 年费：21000～60000 美元； 初始上市市值规模要求：至少 800 万美元
电子交易市场	收集处理买卖指令； 电子匹配指令； 交易执行迅速； 例如，Island，Instinet，ArcaEx
美国股票交易市场	700 支上市股票； 也提供 NASDAQ 股票交易； 人工处理买卖指令； 位于华尔街附近； 被 NASD 持有； 也称为 the Curb
地区市场	位于 Philadelphia，Boston，Chicago，San Fransisco； 处理 NYSE 或 NASDAQ 股票； 能够处理这些股票的交易

表 10.9 参与 GAAP 开发的部分组织机构

简写	单位名称	成立时间	备 注
AAA	美国会计学会	1916	
AcSEC	美国会计师协会 AICPA 的会计标注执行委员会		AICPA 的高级技术委员会，与 FASB 一同制定标准
AIA	美国会计师协会		先驱者，或称 AICPA
AICPA	美国注册会计师协会	1887	33 万非盈利会员，解释标准的机构
AIMR	美国投资管理研究协会	1990	合并 FAF 与 ICFA
APB	会计准则委员会	1959—1973	1959 年取代 CAP，过于苛求，宽泛的代表
ARB	会计研究简报		
ASB	美国标准委员会	1978	继承 AudSEC 的 AICPA 实体

10 兼并的法律和税收环境

续表

简写	单位名称	成立时间	备注
AudSEC	审计标准执行委员会	1978	代替 ASB 的 AICPA 实体
CAP	会计程序委员会	1939—1959	发布了 51 号会计研究简报 ARB，被 APB 取代
CASB	成本会计准则委员会	1970	由国会建立，最初用来保护合约商
EITF	新兴会计问题工作组	1984	协助 FASB 改进财务报告
FASAB	联邦会计准则咨询委员会	1990	为美国政府发展会计标准与原则
FASB	财务会计准则委员会	1973	编写公认会计准则，3 个下属机构
FAF	财会基金会		FASB 的发起机构
FASB	财务会计准则委员会	1973	主要运行机构
FASAC	财务会计准则咨询理事会	1973	为 FASB、FEI 提供咨询
FEI	财务经理协会		
GASB	政府会计准则委员会		
GOA	会计总会		
IASB	国际会计准则委员会	1973	由成员国协议
ICFA	特许金融分析师协会		
IMA	管理会计师协会	1919	专业及认证机构——起源于成本会计师协会目前有 94000 位会员
IRS	美国国税局		
OMB	国家管理和预算局（美国）		
PCAOB	美国上市公司会计监管委员会	2002	萨班斯—404 奥克斯利法案下成立的可代替 AICPA 解释标准的角色
POB	公众监督委员会	1977	萨班斯中关于国外同行评审和质量控制调查过程
QCIC	质量控制研讯委员会		
SEC	证券交易委员会		
SECPS	证券交易委员会业务部	1989	重新构建组专业准则计划的一部分

债券和优先股的估值

人们曾经将债券视为长期投资，但现在已不再如此。投资者购买债券不再仅仅是为了持有到期，他们购买债券是希望未来利率下降，债券价格上升。在等待的过程中，投资者还能获得利息收入。

人们经常会将购买公司股票的股东与购买公司债券的债券投资者进行对比。然而，股东同债券投资者一样，很少能感受到所有权带来的激情。他们购买股票也仅是期待股票价格的上升，而在这期间，通常可以获得股利分配。

11.1 债券

对分析师来说，了解公司的资金需求及其资本结构很重要。因此，必须要理解掌握债券和信用分析的基本方法。

债券通常主要由公司、市政部门、联邦政府及州政府和联邦政府代理机构发售。一般来讲，涉及债券发行的交易者为市政部门、公司、政府或代理机构。

公司发行了长期债券之后就必须要承担一定的义务。首先，它必须在到期日按面值赎回债券（即偿还本金）。其次，固定的定期支付利息必须要支付给债券所有人。债券面值（Face Value）通常为 1000 美元，也称为 Par Value 或 Principle。市政债券的面值通常为 5000 美元。与公司债券不同，市政债券的利息可以免征联邦所得税。如果债券持有人为美国居民，也可以免征州政府及当地政府的所得税。

债券有时会有抵押资产作担保，但是通常仅凭发行公司的信誉作为担保。这种非抵押债券通常称为信用债券（Debenture）。

债券和优先股都是高级有价证券，代表了公司的负债，而普通股则反映的是所有权。普通股股东可以从公司成长中获利，如股利增长或股价上涨。债券持有者或优先股股东则不能直接从公司的成长中获利,他们仅仅能够获得本金或利息的支付。如果公司经营失败,他们比普通股股东具有优先权,必须在普通股股东获得清偿之前先行获得补偿。

债券市场的规模比股票市场大数倍。有时,债券占据了公司新增融资的80%。拥有债券的投资者与股票投资者数目相当。大部分债券都被大型机构投资者、养老基金及保险机构购买,这些债券的信用评级和风险水平都是他们所能接受的。

人们认为债券是比股票更安全、更保守的投资。股票价格经常剧烈波动,尽管债券的价格会随利率水平变化,但一般波动不会较大,这种波动就是所谓的"利率风险"。利率水平上升,债券价格下降;利率水平下降,债券价格上升。但是如果利率水平下降,发行者通常可以行使赎回权赎回债券。如果债券是可赎回的,发行方可以赎回这些债券并以较低利率水平重新发行债券。当然利率水平必须下降的足够多以满足行使赎回权。债券赎回权是赋予发行者可以按预先约定的价格赎回债券的权利。通常来讲,赎回权要求债券应当按面值加额外券息的价格赎回。

债券的到期期限通常为10~30年。向债券持有人的定期支付被称为券息,券息通常设定为面值的一定比例,如10%。债券的预期收益率会高于券息率。债券的面值通常为1000美元,而债券售价并不是1000美元,其价格可能较高,也可能较低。

债券价值的计算公式如下:

$$V = R \cdot \frac{1 - \left[\frac{1}{(1+i)^n}\right]}{i} + \frac{1000}{(1+i)^n}$$

式中　　V——债券价值;

R——每期支付券息;

i——市场利率;

n——到期前的年数。

该公式包含了券息支付的现值和到期日面值支付的现值(该例中为1000美元)。

例11.1　到期日

如果市场利率水平为10%,面值为1000美元,每期券息为80美元,10年到期的债券,投资者愿意支付的价格为878美元。

$$P = 80 \times \frac{1 - \left[\frac{1}{(1 + 0.1)^{10}}\right]}{0.1} + \frac{1000}{(1 + 0.1)^{10}}$$

$$= 80 \times 6.15 + 1000 \div 2.59$$

$$= 492 + 386$$

$$= 878(美元)$$

11.1.1 债券收益率

11.1.1.1 名义收益率

名义收益率就是通常报出的券息率。上述例子中，债券的券息率为8%，即名义收益率为8%。

11.1.1.2 当期收益率

债券的收益率有时也会涉及当期收益率的概念，考虑了当期债券的市场价值，即用券息除以债券价格。在前述例子中，成本为878美元，每期券息为80美元的债券现时收益率计算如下：

$$80 \div 878 = 9.1\%$$

11.1.1.3 到期收益率

债券的到期收益率就是内含报酬率（IRR）。这个概念假设按现行市场价格购买债券，并持有到期。通过代数方法求解除现值公式中的 i（利息率），即YTM。这个方法可以计算出支付利息和到期日支付本金的现值。粗略计算YTM的公式如下：

$$YTM = \frac{券息 + 每年价值增加}{平均投资额} = \frac{R + (V - P)/n}{(V + P)/2}$$

式中　YTM——到期收益率；

　　　R——券息或每期支付金额；

　　　V——债券面值；

　　　n——到期前的年数；

　　　P——债券购买价格。

例 11.2　到期收益率

债券面值为1000美元，每年券息为50美元，购买价格为900美元，期限为10年。这个债券的到期收益率为6.3%。

$$YTM = \frac{50 + [(1000 - 900) \div 10]}{(1000 + 900) \div 2}$$

$$= \frac{50 + 10}{950}$$

$$= 6.3\%$$

11.1.1.4 赎回收益率

赎回收益率（Yield to Call，YTC）就是计算可赎回债券的收益率，假设债券在第一次行使赎回权时便赎回或到期。其计算方法同YTM的计算方法相同，仅是将系数n变为第一次行使赎回权的持有期数。

11.1.2 债券评级

债券评级是由独立的评级服务公司量化评估信用风险。这个评级与因利率水平变动导致债券价格变动的利率风险是无关的。四家提供债券评级服务的公司分别是标准普尔（S&P）、穆迪投资者服务（Moody Investor Service）、达芙 & 菲尔普斯（Duff & Phelps）及惠誉投资者服务公司（Fitch Investor's Service），它们根据公司的信用历史记录和债券偿付能力提供正式评估结果。公布的评级成为了衡量这些债券风险水平的一个指标。优先股也有类似于债券的评级。

评级服务机构使用一组数字或字母来表示债券的信用水平。债券的最高评级通常为AAA或3A级（表11.1）。

表11.1 公司债券信用评级

信用评级对于试图进行资本结构管理的公司尤为重要。评级越高，公司越容易获得融资。维持信用评级也十分重要，一旦评级下降，债券就要遭到赎回。

公司债和政府债的主要评级	评级服务			
	Fitch	Moody's	S&P	Duff&Phelps
投资级				
最高信用质量 风险仅高于美国财政债券	AAA	Aaa	AAA	1
高信用 低风险	AA +	Aa1	AA +	2
	AA	Aa2	AA	3
	AA −	Aa3	AA −	4

续表

公司债和政府债的主要评级	评级服务			
	Fitch	Moody's	S&P	Duff&Phelps
较高级别 信用质量较好	A+	A1	A+	5
	A	A2	A	6
	A−	A3	A−	7
中级别 具有一定风险	BBB+	Baa1	BBB+	8
	BBB	Baa2	BBB	9
	BBB−	Baa3	BBB−	10
低投资级				
投机为主 垃圾债券 可偿还	BB+	Ba1	BB+	11
	BB	Ba2	BB	12
	BB−	Ba3	BB−	13
投机级——低级别 到期违约风险较高	B+	B1	B+	14
	B	B2	B	15
	B−	B3	B−	16
高投机 高违约风险	CCC	Caa	CCC	17
	CC	Ca	CC	
	CC	Ca	CC	
信用质量最低 利息无法偿还	C	C	C	
违约级	DDD	D	D	
	DD			
	D			

如果不同的评级机构对同一个债券有不同的评级结果，那么就存在分割评级（Split Rating）的问题。不同评级公司对一只债券的评级结果不在一个等级的现象很少见。例如，穆迪对一只债券的评级为AAA，而惠誉的结论可能为AA。通常在债券发行时便进行评级，这种初始评级结论会影响债券的市场销售能力和实际利率水平。评级服务机构会定期对债券的质量进行评定，这时的评级结论会影响债券的市场流通能力及发行之后在二级市场的价格水平。债券初始发行之后的交易场所称为二级市场。

表11.1对比了债券评级的术语。债券评级的主要差别就是投资级和非投资级。这些术语定义了机构投资不愿投资的债券风险水平。具有特殊信托责任的组

合投资经理，如养老基金的经理层不会投资于低于投资级别的债券。低于投资级别的债券通常称为垃圾债券（Junk Bonds）。

标准普尔公司会在一个等级内添加正号或负号以进一步区分评级水平。穆迪公司会添加 1 以标示为同一等级内最高级别，如 Baa1。债券评级分析师会利用类似于分析股票的分析技术检查公司的财务状况。债券评级对债券价值和利率水平具有重要意义。图 11.1 给出了不同评级水平债券的整体利率水平。通常，风险越高，相对于面值比率和利率水平的价格就越低，即风险越高，评级越低，债券利息率水平越高。

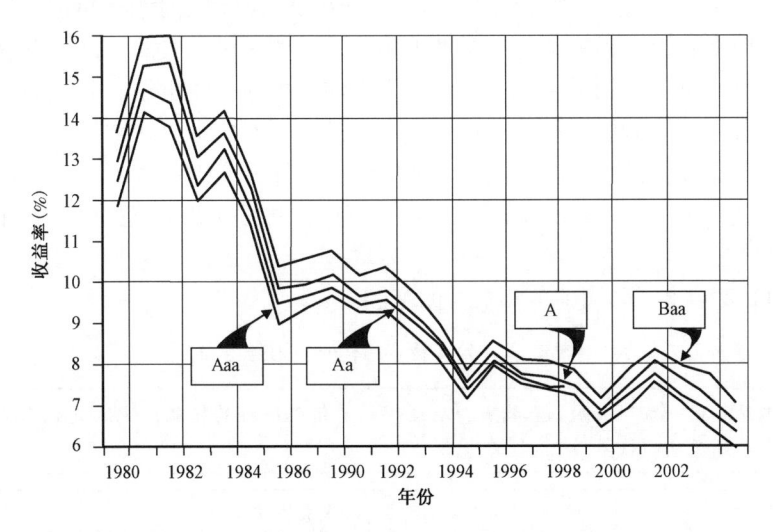

图 11.1　穆迪公司债券长期平均收益率
来源：穆迪

通常债券发行公司会确定利息水平及到期年限。例如，CompX $10^{1/2}$ 08 就是财务报告机构使用的一种术语，用以说明公司 X 发行债券的券息率为 $10^{1/2}\%$，2008 年到期。一般公司债券的面值为 1000 美元，券息率为 10.5% 就意味着每年支付 105 美元的券息，通常每半年支付一次。

赎回条款（Call Provision）：现在大部分发行的债券都赋予了发行公司在债券到期前赎回债券的权力。这些条款与优先股的赎回条款相似，给发行公司应对利息率的波动提供了一定的灵活性。假设一只债券是在利息率水平较高的时期发行的，券息率为 9%，随后利息率开始下降。在一个新的利息率水平下，相同债券可以按照 7% 的券息率发行，这样可以节省很大的利息费用。债务终止的概念在第 4 章已经介绍过，即用新的低利率债券替代旧的高利率债券。一般，赎回条款要求债券必须溢价赎回，溢价幅度约为一年的利息。例如，在到期前，券息率

9%的债券应当按1090美元的价格赎回。因为债券和优先股具有相似性，两者的估值技术实际上是一致的。

11.2 优先股

优先股通常被称为混合证券（Hybrid Security），包括很多种类型。优先股既有债务又有权益的特点，这取决于条款、期权和赎回方式。从资金提供者角度看，优先股被看作是一种权益，因为其对资产的求偿权排在债务之后。而同债券利息支付一样，优先股股利支付在计算分配给普通股股东净利润之前的营业利润中扣除，因此，股东将大部分优先股视作债务。股票分析师通常将优先股看作负债。

这是财务理论中最复杂的一个理论领域，一些对优先股的讨论很有价值。有些优先股具有强制赎回的要求，因此，它更像一种纯粹的负债。分析师应该将其视作负债分析。随着资本结构中债务比率上升，债务成本也在增加，公司债务就表现出与股票相同的高成本和波动大的特性，这样就变得有些复杂。通常的观点认为公司的资产是由一系列求偿权决定的，有时债务和权益之间的划分并不清晰。

表11.2给出了公司债务和权益的范围。

表11.2　公司资本结构——财务范围

公司资本结构由一系列金融证券构成，从纯粹的负债到纯粹的权益，从低成本低风险的负债到高成本高风险的权益。		
纯粹的负债	低风险低成本	优先抵押债券
		高级担保债券
		次级担保债券
		信用债券（无抵押）
准负债 混合证券		可转换公司债（通常次级）
		可赎回优先股
		具有固定到期日或偿债基金的优先股
准权益		第二优先股（随后发行的）
		累积优先股
		收益性债券或调整债券（利息不能获得保证）
		可转换优先股
		非累积优先股（无偿付本金条款）
纯粹的权益	高风险高成本	普通股

从实务角度看，尤其是普通股估值分析时，优先股几乎总是被视为公司的负债，但位于其他负债之后。与公司债券不同，不支付优先股股利并不算违约，但是债券要求必须支付利息和本金。

普通股股东会享受到收益增加带来的股价上升的好处，但债券和优先股投资者无法享受到这样的好处。因此，普通股对收益情况更加敏感，而债券和优先股则对利息率水平敏感。增加的利息率会降低债券和优先股的价值，而利息率降低则会增加这些固定支付金融工具的价值。

当试图计算普通股的价值时，预估优先股的市场价值十分重要。在预估清算价值时尤为如此。因为从会计角度看，优先股通常会被看作一种权益，有时将面值确定为账面价值，这一价值可能远远低于它的清算价值。

优先股的股利支付被看作是一种永续年金。在该假设下，优先股的价值为：

$$市场价值 = \frac{每年股利}{市场利率}$$

例 11.3 市场价值

假设优先股不可转换，每股股利为 5 美元。适用于该优先股的市场利率为 9%，则优先股价值为 55.55 美元。

$$市场价值 = \frac{5}{0.09}$$

$$= 55.55（美元）$$

在对优先股估值时，关键就是要知道优先股的市场利率，可以通过优先股的股利对市价比率来确定。

11.2.1 累积优先股

累积优先股（Cumulative Preferred Stock）允许未发放的股利可以累积至以后年度支付。如果股利支付中断，则应当在累积未支付的优先股股利全部支付完之后才能支付普通股股利。对非累积优先股而言，发行公司未支付的股利可不再支付。

11.2.2 可转换优先股

可转换优先股（Convertible Preferred）可按照事先规定好的比率转换为普通

股。赎回权对于评估优先股或债券的价值很重要。赎回条款规定了赎回价格、时间以及发行公司在赎回前提供通知的数量。最常见的赎回条款就是标准赎回，通常标准赎回条款规定发行后的 5～10 年内，优先股或债券可以按赎回价格赎回。赎回价格经常设定为发行价格加一年期的股利，对于债券而言就是券息。如果有应计股利，则赎回价格应当包含这部分应计股利。

另一种常见的赎回条款就是传统赎回。传统赎回条款规定公司可以按设定的价格加应计股利的价格赎回，但应当提前 30～60 天发出公示通知。传统赎回条款下支付的溢价通常要比标准赎回条款高，但在传统赎回条款下，发行方不被限制必须使用现金赎回，也可以用普通股进行赎回。

优先股一般按当期收益率交易。计算收益率的方法与计算债券的 YTM 公式相似，可以参考赎回收益率（YTC）公式。

11.2.3 优先股 YTC 公式

$$YTC = \frac{每年股利 + \frac{(现价 - 赎回价格)}{已持有年数}}{\frac{(现价 + 赎回价格)}{2}}$$

例 11.4 YTC

假设优先股现价为每股 115 美元，每年累积优先股股利为 9 美元，当期收益率为 7.8%（9÷115），5 年后赎回价格为 100 美元。若股票 5 年后赎回，则赎回收益率为 11.16%。

$$YTC = \frac{9.00 + \frac{(115 - 100)}{5}}{\frac{(115 - 100)}{2}}$$

$$= \frac{9.00 + 3.00}{107.5}$$

$$= \frac{12.00}{107.5}$$

$$= 11.16\%$$

上例中优先股的市场价值（MV）可以通过计算 5 年股利的现值和赎回价格 100 美元现值确定。这与估计债券的价值相似。

$$V = R \cdot \frac{1 - \left[\frac{1}{(1+i)^n}\right]}{i} + \frac{100}{(1+i)^n}$$

式中　V——优先股价值；

　　　R——每期支付股利；

　　　i——市场利率；

　　　n——赎回前的年数。

这个公式包含了优先股股利和到期赎回价格的现值计算。

例 11.5　赎回价格

假设市场利率为9%，每年股利为12美元，5年后赎回价格为100美元，则投资者愿意为该优先股支付的对价为111.61美元。

$$P = 12 \times \frac{1 - \left[\frac{1}{(1+0.09)^5}\right]}{0.09} + \frac{100}{(1+0.09)^5}$$

$$= 12 \times \frac{1 - \frac{1}{1.54}}{0.09} + \frac{100}{1.54}$$

$$= 46.67 + 64.94$$

$$= 111.61（美元）$$

11.2.4　税收考虑

优先股在税收上有一个特殊性，即对于公司持有者而言，70%的优先股股利免税。因此，从这个角度看，公司持有优先股比较有利。优先股的税收影响由两个因素决定：税率和需纳税的优先股股利比例。计算公式如下：

$$税后收益率 = R \cdot (1 - P \cdot T)$$

式中　R——股利率；

　　　T——税率；

　　　P——需纳税股利的比例。

假设优先股股利率为9%，公司所得税率为34%。

税后收益率为8.08%。

税后收益率 = 9% × (1 − 0.3 × 0.34)

　　　　　 = 9% − 9% × 0.102

　　　　　 = 8.08%

附录

附录1　缩略语

$/BBL	Dollars per Barrel	美元/桶
S/BOE	Dollars per Barrel of Oil Equivalent	美元每桶油当量
$/BOPD	Dollars per Barrel of Oil per Day	美元每桶油每日
$/MCF	Dollars per Thousand Cubic Feet of Gas	美元每千立方英尺天然气
$/MCFD	Dollars per Thousand Cubic Feet of Gas per Day	美元每千立方英尺天然气每日
ADV	Ad valorem Tax	从价税
AHTS	Anchor Handling Tug Supply	操锚/拖带/平台供应船
AICPA	American Institute of Certified Public Accountants	美国注册会计师协会
AMEX	American Stock Exchange	美国证券交易所
APB	Accounting Principle Board	会计原则委员会
API	American Petroleum Institute	美国石油学会
ARB	Arbitrageur	套利者、套汇者
ARBS	Accounting Research Bulletins	会计研究公告
ARPS	Adjustable Rate Prefferred Stock	浮动股利优先股
ASE	American Stock Exchange	美国证券交易所
B/CD	Barrels per Clendar Day (refinery：365 days)	日历日桶数（炼油厂为365天）
B/D	Broker/Dealer	经纪人/交易商
B/SD	Barrels per Stream Day (usually：330days)	生产日桶数（通常

330 天）

BBL	Barrel – crude or Condensate –（42 U.S. gallons）	桶（原油或凝析油，约为42美制加仑）
BCF	Billion Cubic Feet of Gas	十亿立方英尺天然气
BCPD	Barrels of Condesate per Day	日产凝析油桶数
BOE	Barrels of Oil Equivalent (see COE)	桶油当量（见原油当量）
BOEPD	Barrles of Oil Equivalent per Day	日产桶油当量
BOPD	Barrels of Oil per Day	日产原油桶数
BP	British Petroleum	英国石油
BS	Balance Sheet	资产负债表
BTU	British Thermal Unit	英制热量单位
CA	Current Assets	流动资产
CAP	Committee on Accounting Procedure	会计程序委员会
CAPM	Capital Asset Pricing Model	资本资产定价模型
CD	Certificate of Deposit	存单
CEO	Chief Executive Officer	首席执行官
CFFO	Cash Flow From Operation	经营现金流
CFO	Chief Financial Officer	首席财务管
CIF	Cost, Insurance, and Freight	成本、保险及运费
COE	Crude Oil Equivalent (also called BOE)	原油当量（也称桶油当量）
COGS	Cost of Goods Sold	销售成本
C-STROES	Convenience Stores	便利店
CVX	Chevron Texaco	雪弗隆 德士古
D&B	Dunn and Bradstreet	邓白氏公司
DB	Declining Balance	余额递减法
DCF	Discounted Cash Flow	折现现金流
DCFM	Discounted Cash Flow Method	折现现金流法
DD&A	Depreciation, Depletion, and Amortization	折旧、折耗及摊销
DDB	Double-Declining Balance	双倍余额递减法
DJIA	Dow Jones Industrial Average	道琼斯工业指数
DJUA	Dow Jones Utility Average	道琼斯平均指数
DR&R	Dismantlement, Removal, and Restoration	废弃、拆除及恢复
DRM	Diamond Shamrock R&M, Inc.	钻石三叶草炼油公司（美国瓦莱

罗能源公司子公司）

DWT	Deadweight Tons	载重吨位
E&P	Exploration and Production	勘探与生产行业
E&S	Equipment and Services	设备及服务行业
EBIT	Earnings Before Interest, and Taxes	息税前利润
EBITD	Earnings Before Interest, Taxes, and DD&A	加回折旧、折耗及摊销的息税前利润
EBITDA	Same as EBITD	同 BEITD
EBITXD	Earnings Before Interest, Taxes, Exploration Expenses, and DD&A	加回勘探费和折旧、折耗及摊销的息税前利润
EBO	Equivalent Barrels of Oil (see BOE and COE)	约当原油桶数（见桶油当量和原油当量）
EBSA	Employee Benefits Security Administration	雇员福利保障管理署
EIA	Energy Information Administration	能源信息署
EITF	Emerging Issues Task Force	新兴会计问题工作组
EMH	Efficient Market Hypothesis	效率市场假说
EMV	Expected Monetary Value	预期货币价值
EOR	Enhanced Oil Recovery	提高采收率法
EPA	Enviromental Protection Agency	美国国家环境保护局
EPR	Earnings Price Ratio	收益市价比率
EPS	Earnings per Share	每股收益
ERISA	Employee Retirement Income Security Act of 1974	1974年雇员退休收入保障法
ESOP	Employee Stock Ownership Plan	员工持股计划
FASB	Financial Accounting Standards Board	财务会计准则委员会
FC	Full Cost	完全成本法
FIFO	First-in, First-out	先进先出法
FIT	Federal Income Tax	联邦所得税
FMV	Fair Market Value	公平市场价值
FOB	Free on Board	离岸价格
FRS	Federal Reporting System	联邦报告系统
FTC	Federal Trade Commission	联邦交易委员会
FY	Fiscal Year	财政年度
G&A	General and Administration	一般管理费用

G&G	Geological and Geophysical	地址和地球物理勘探费
GAAP	Generally Accepted Accounting Practices	公认会计准则
GAO	General Accounting Office	美国审计总署
GOM	Gulf of Mexico	墨西哥湾
GOR	Gas–oil Ratio	油气比
GRR	Growth Rate of Return	报酬增长率
HBOG	Hudson's Bay Oil and Gas	哈得逊湾石油天然气公司
HHI	Hirshman–Herfindahl Index	赫希曼—赫芬达指数
HSR ACT	Hart–Scott–Rodino Act	哈特–斯科特–洛迪诺法案
IASB	International Accounting Standards Board	国际会计准则委员会
IDC	Intangible Drilling Costs	无形钻井费用
IPO	Initial Public Offering	首次公开发行
IR	Investor Relations	投资者关系
IRB	Industrial Revenue Bond	工业收益债券
IRR	Internal Rate of Return	内部收益率
IRS	Internal Revenue Service	美国税收总署
ITC	Investment Tax Credit	投资税收抵免
L/C	Letter of Credit	信用证
L/I	Letter of Intent	意向书
LASMO	London and Scottish Marine Oil	伦敦苏格兰海洋石油公司
LBO	Leveraged Buyout	杠杆收购
LDC	Long–distance Carrier	远程运输船
LIBOR	London Interbank Offered Rate	伦敦银行同业拆借利率
LIFO	Last–in, First out	后进先出法
LLC	Limited Liability Corporation	有限责任公司
LNG	Liquefied Natural Gas	液化天然气
LP	Limited Partnership	有限合伙企业
LPG	Liquid Petroleum Gas	液化石油气
LTCM	Long–term Capital Management	长期资本管理公司
LTD	Limited	有限责任公司
M&A	Mergers and Acquisitions	收购与兼并
MBO	Management Buyout	管理层收购
MCFD	Thousand Cubic Feet of Gas per Day	千立方英尺每日
MD&A	Management's Discussion and Analysis	管理层讨论与分析

MLP	Master Limited Partnership	业主有限合伙公司
MBBLS	Thousand Barrels	千桶
MMBBLS	Million Barrels	百万桶
MMCF	Million Cubic Feet of Gas	百万立方英尺天然气
MV	Market Value	市场价值
NAPIA	National Association of Petroleum Investment Analysts	国家石油投资分析师协会
NASD	National Association of Security Dealers	国家证券经纪商协会
NASDAQ	National Association of Security Dealers Automated Quotation	国家证券经纪商协会自动报价系统
NAV	Net Asset Value	净资产价值
NGL	Natural Gas Liquids	天然气凝析液
NIC	Newly Industrialized Countries（China，India，Brazil）	新兴工业国家（中国、印度、巴西）
NOL	Net Operation Loss	净经营损失
NPV	Net Present Value	净现值
NRI	Net Revenue Interest	净收入权益
NSMIA	National Securites Markets Improvement Act	美国证券市场促进法案
NYFE	New York Furtures Exchange	纽约期货交易所
NYME	New York Mercantile Exchange	纽约商品交易所
NYSE	New York Stock Exchange	纽约证券交易所
OBS	Off‐Balance‐Sheet	表外事项
OCS	Outer Continental Shelf	外大陆架
OECD	Organization for Economic Cooperation and Development	经济合作与发展组织
OEG	Oil Equivalent Gas	油当量气
OPEC	Organization of Petroleum Exporting Countries	石油输出国组织
OPM	Optios Pricing Model	期权定价模型
ORI	Overriding Royalty Interest（also ORRI）	开采权益（也缩写为ORRI）
ORRI	见 ORI	
OTC	Over‐The‐Counter	柜台交易
OWC	Oil‐Water Contact	油水界面

P/E	Price Earnings Ratio	市盈率
P&L	Profit and Loss (as in profit and loss statement)	损益（损益表项目）
P/R	Production to Reserves Ratio	产储比
PCAOB	Public Company Accouting Oversight Board	上市公司会计监督委员会
PFD	Preferred Stock	优先股
PLC	(British) Public Limited Company	（英）上市有限公司
PP&E	Property, Plant, and Equipment	财产、厂房及设备
PR	Public Relations	公共关系
PRP	Potentially Responsible Parties	潜在责任方
PSC	Production Sharing Contract (also PSA)	产品分成合同（也作产品分成协议）
PUC	Public Utilities Commission	公共事业委员会
PUHCA	Public Utilities Holding Company Act	公用事业控股公司法
PV	Present Value	现值
PVP	Present Value Profits	现值收益
R&D	Research and Development	研究开发费
REG FD	Regulation Fair Disclosure	公平披露规则
RI	Royalty Interests	矿区特许使用权益
RLI	Reserve Life Index	储量寿命指数
ROA	Return on Asserts	资产报酬率
ROC	Return on Capital	资本报酬率
ROCE	Return on Capital Employed	已用资本报酬率
ROE	Return on Equity	权益报酬率
ROI	Return on Investment	投资报酬率
ROIC	Return on Invested Capital	投入资本报酬率
ROR	Rate of Return	报酬率
RRA	Reserve Recognition Accounting	储藏确认会计
RT	Royalty Trust	特权信托基金
S&P	Standard and Poor's	标准普尔公司
SARBOX	见 SOX 法案	
SAS 69	Statement on Auditing Standards 69	第 69 号审计准则公告
SCF	Statement of Cash Flows	现金流量表

SE	Successful Efforts	成果法会计
SEC	Securities and Exchange Commission	证券交易委员会
SF	Sinking Fund	偿债基金
SLD	Straight – line Deline	直线法折旧
SMOG	Standard Measure of Oil and Gas	石油天然气标准化计量法
SOA	见 SOX	
SOX	Public Company Accounting Reform and Investment Act　上市公司会计改革与投资法案，也成为 2002 年萨班斯奥克斯利法案，也可简写为 SOA 或 SARBOX	
SPE	Special Purpose Entity	特殊目的实体
SPV	Special Purpose Vehicle	特殊目的机构
SRO	Self – regulating Organization	自律性组织
SYD	Sum – of – the – Years Digits	年数总和法
TCF	Trillion Cubic Feet of Gas	万亿立方英尺天然气
TLCB	Tax Loss Carry – Back	税损移前扣减
TLCF	Tax Loss Carry – Forward	税损移后扣减
UK	United Kingdom	英联邦
ULCC	Ultra – Large Crude Carrier	超大型油轮
UOP	Units of Production	产量法折旧
VAT	Value – Added Tax	增值税
VLCC	Very – Large Crude Carriers	大型油轮
W/C	Working Capital	运营资本
WACC	Weighted Average Cost of Capital	加权平均资本成本
WI	Working Interest	工作权益
YLD	Yield	收益率
YTC	Yield to Call	赎回收益率
YTM	Yield to Maturity	到期收益率
XOM	ExxonMobil	埃克森美孚公司

附录2 能源转换系数

Btu 当量：石油、天然气、煤和电能

一单位英国热量单位（Btu）相当于将一磅水的温度提升一华氏度所需要的热量，在该温度下水的密度最大。

1 桶原油（42 加仑）　　　　　=5800000Btu
　　　　　　　　　　　　　　=5614 立方英尺天然气
　　　　　　　　　　　　　　=0.22 吨煤
　　　　　　　　　　　　　　=1700 千瓦时电

1 立方英尺天然气（干气）　　=1032Btu
　　　　　　　　　　　　　　=0.000178 桶石油
　　　　　　　　　　　　　　=0.000040 吨煤
　　　　　　　　　　　　　　=0.30 千瓦时电

1 短吨煤（2000 磅）　　　　　=26200000Btu
　　　　　　　　　　　　　　=5.42 桶石油
　　　　　　　　　　　　　　=25314 立方英尺天然气
　　　　　　　　　　　　　　=7679 千瓦时电

公制转换：

1 公吨石油 = 2204 磅

= 7 ~ 7.5 桶石油

1 立方米天然气 = 35.314 立方英尺

1 立方米液体 = 6.2888 桶

1 升液体 = 1.057 夸脱

长度

1 英尺 = 0.305 米

1 米 = 3.281 英尺

1 英里 = 1.609 千米

= 0.868 海里

1 海里 = 1.852 千米

= 1.1515 英里

面积

1 平方英里 = 640 英亩

= 2.59 平方千米

= 59.0 公顷

1 平方千米 = 0.368 平方英里

= 100 公顷

= 247.1 英亩

1 英亩 = 43560 平方英尺

= 0.405 公顷

体积

1 立方英尺 = 0.028317 立方米

1 立方米 = 35.514667 立方英尺

1 立方米 = 6.2898 桶

1 加仑 = 3.7854 升

1 升 = 0.2642 加仑

1 桶 = 42 加仑

= 158.99 升

重量

1 短吨	=0.907185 公吨
	=0.892857 长吨
1 长吨	=1.01605 公吨
	=1.120 短吨
	=2240 磅
1 公吨	=0.98421 长吨
	=1.10231 短吨
	=2204.6 英镑

附录3 单利现值

利率								
期间	0.05	0.08	0.1	0.12	0.15	0.2	0.25	0.3
1	0.976	0.962	0.953	0.945	0.933	0.913	0.894	0.877
2	0.929	0.891	0.867	0.844	0.811	0.761	0.716	0.675
3	0.885	0.825	0.788	0.753	0.705	0.634	0.572	0.519
4	0.843	0.764	0.716	0.673	0.613	0.528	0.458	0.399
5	0.803	0.707	0.651	0.601	0.533	0.44	0.366	0.307
6	0.765	0.655	0.592	0.536	0.464	0.367	0.293	0.236
7	0.728	0.606	0.538	0.479	0.403	0.306	0.234	0.182
8	0.694	0.561	0.489	0.427	0.351	0.255	0.188	0.14
9	0.661	0.52	0.445	0.382	0.305	0.212	0.15	0.108
10	0.629	0.481	0.404	0.341	0.265	0.177	0.12	0.083
11	0.599	0.446	0.368	0.304	0.231	0.147	0.096	0.064
12	0.571	0.413	0.334	0.272	0.2	0.123	0.077	0.049
13	0.543	0.382	0.304	0.243	0.174	0.102	0.061	0.038
14	0.518	0.354	0.276	0.217	0.152	0.085	0.049	0.029
15	0.493	0.328	0.251	0.193	0.132	0.071	0.039	0.022

附录3 单利现值

续表

利率期间	0.05	0.08	0.1	0.12	0.15	0.2	0.25	0.3
16	0.469	0.303	0.228	0.173	0.115	0.059	0.031	0.017
17	0.447	0.281	0.208	0.154	0.1	0.049	0.025	0.013
18	0.426	0.26	0.189	0.138	0.087	0.041	0.02	0.01
19	0.406	0.241	0.171	0.123	0.075	0.034	0.016	0.008
20	0.386	0.223	0.156	0.11	0.066	0.029	0.013	0.006
21	0.368	0.206	0.142	0.098	0.057	0.024	0.01	0.005
22	0.35	0.191	0.129	0.087	0.05	0.02	0.008	0.004
23	0.334	0.177	0.117	0.078	0.043	0.017	0.007	0.003
24	0.318	0.164	0.106	0.07	0.037	0.014	0.005	0.002
25	0.303	0.152	0.097	0.062	0.033	0.011	0.004	0.002
26	0.288	0.141	0.088	0.056	0.028	0.01	0.003	0.001
27	0.274	0.13	0.08	0.05	0.025	0.008	0.003	0.001
28	0.261	0.12	0.073	0.044	0.021	0.007	0.002	0.001
29	0.249	0.112	0.066	0.04	0.019	0.006	0.002	0.001
30	0.237	0.103	0.06	0.035	0.016	0.005	0.001	0.000
31	0.226	0.096	0.055	0.032	0.014	0.004	0.001	0.000
32	0.215	0.089	0.05	0.028	0.012	0.003	0.001	0.000
33	0.205	0.082	0.045	0.025	0.011	0.003	0.001	0.000
34	0.195	0.076	0.041	0.022	0.009	0.002	0.001	0.000
35	0.186	0.07	0.037	0.02	0.008	0.002	0.000	0.000
36	0.177	0.065	0.034	0.018	0.007	0.002	0.000	0.000
37	0.168	0.06	0.031	0.016	0.006	0.001	0.000	0.000
38	0.16	0.056	0.028	0.014	0.005	0.001	0.000	0.000
39	0.153	0.052	0.025	0.013	0.005	0.001	0.000	0.000
40	0.146	0.048	0.023	0.011	0.004	0.001	0.000	0.000

不同折现法比较：

下面将比较三种不同的折现法。每种方法都是用来估计2年后每月还款总额100万美元的现值。

最贴近价值真实情况的方法是每月的月中折现，但它通常是不现实的。大多数评估使用年中折现，这虽然有点乐观，但更容易操作。许多电子表程序默认年末折现，需要再次注意的是，年中折现与年末折现的差别是很小的，但这有助于理解差别。

折现技术比较：

	年末折现	年中折现	每月月中折现
公式	$P = \dfrac{F}{(1+i)^n}$	$P = \dfrac{F}{(1+i)^{n-0.5}}$	$P = \dfrac{F}{(1+i)^{n-0.5}}$
	$i = 10\%$	$i = 10\%$	$i = 0.8333\%$
	$n = 3$	$n = 3$	$n = 25 \sim 36$
	$F = 1000000$	$F = 1000000$	$F = 83333$
	年末支付	年中支付	每月支付
折现因子	0.751	0.788	0.816～0.745 ❶
现值	751315	787986	779916

式中 F——支付的终值；

P——年金支付总和的现值；

i——折现率；

n——总期数。

---

❶ 先代入 $n=25$，然后代入 $n=36$，才能得出该计算结果。

附录4 年金现值

利率								
期间	0.05	0.08	0.1	0.12	0.15	0.2	0.25	0.3
1	0.976	0.962	0.953	0.945	0.933	0.913	0.894	0.877
2	1.905	1.853	1.82	1.789	1.743	1.674	1.61	1.552
3	2.79	2.678	2.608	2.542	2.448	2.308	2.182	2.071
4	3.634	3.442	3.325	3.214	3.062	2.836	2.64	2.47
5	4.436	4.149	3.976	3.815	3.595	3.276	3.007	2.777
6	5.201	4.804	4.568	4.351	4.058	3.643	3.3	3.013
7	5.929	5.411	5.106	4.83	4.462	3.949	3.534	3.195
8	6.623	5.972	5.595	5.257	4.812	4.203	3.722	3.335
9	7.283	6.492	6.04	5.639	5.117	4.416	3.872	3.442
10	7.912	6.973	6.444	5.98	5.382	4.593	3.992	3.525
11	8.512	7.419	6.812	6.284	5.613	4.74	4.088	3.589
12	9.082	7.832	7.146	6.556	5.813	4.863	4.165	3.637
13	9.626	8.214	7.45	6.798	5.987	4.965	4.226	3.675
14	10.143	8.568	7.726	7.015	6.139	5.051	4.275	3.704
15	10.636	8.895	7.977	7.208	6.271	5.122	4.315	3.726

续表

期间\利率	0.05	0.08	0.1	0.12	0.15	0.2	0.25	0.3
16	11.105	9.199	8.206	7.381	6.385	5.181	4.346	3.743
17	11.552	9.479	8.413	7.535	6.485	5.23	4.371	3.757
18	11.978	9.74	8.602	7.672	6.572	5.271	4.392	3.767
19	12.384	9.98	8.773	7.795	6.647	5.306	4.408	3.775
20	12.77	10.203	8.929	7.905	6.712	5.334	4.421	3.781
21	13.138	10.41	9.071	8.003	6.769	5.358	4.431	3.785
22	13.488	10.601	9.2	8.09	6.819	5.378	4.439	3.789
23	13.822	10.778	9.317	8.168	6.862	5.395	4.446	3.791
24	14.139	10.942	9.423	8.238	6.899	5.408	4.451	3.794
25	14.442	11.094	9.52	8.3	6.932	5.42	4.455	3.795
26	14.73	11.234	9.608	8.356	6.96	5.429	4.459	3.796
27	15.005	11.364	9.688	8.406	6.985	5.437	4.461	3.797
28	15.266	11.485	9.761	8.45	7.006	5.444	4.463	3.798
29	15.515	11.596	9.827	8.489	7.025	5.45	4.465	3.799
30	15.752	11.699	9.887	8.525	7.041	5.454	4.467	3.799
31	15.978	11.795	9.942	8.556	7.055	5.458	4.468	3.799
32	16.193	11.884	9.991	8.585	7.068	5.461	4.469	3.8
33	16.398	11.966	10.037	8.61	7.078	5.464	4.469	3.8
34	16.593	12.041	10.078	8.632	7.087	5.466	4.47	3.8
35	16.779	12.112	10.115	8.652	7.096	5.468	4.47	3.8
36	16.955	12.177	10.149	8.67	7.103	5.469	4.471	3.8
37	17.124	12.237	10.18	8.686	7.109	5.471	4.471	3.8
38	17.284	12.293	10.208	8.7	7.114	5.472	4.471	3.8
39	17.437	12.345	10.233	8.713	7.119	5.473	4.471	3.8
40	17.583	12.392	10.256	8.724	7.123	5.473	4.472	3.8

不同折现法比较：

下面将比较三种不同的折现法。每种方法都是用来估计 2 年后每月还款总额 100 万美元的现值。

最贴近价值真实情况的方法是每月的月中折现，但它通常是不现实的。大多数评估使用年中折现，这虽然有点乐观，但更容易操作。许多电子表程序默认年末折现，需要再次注意的是，年中折现与年末折现的差别是很小的，但这有助于理解差别。

折现技术比较：

	年末折现	年中折现	每月月中折现
公式	$P = \dfrac{F}{(1+i)^n}$	$P = \dfrac{F}{(1+i)^{n-0.5}}$	$P = \dfrac{F}{(1+i)^{n-0.5}}$
	$i = 10\%$	$i = 10\%$	$i = 0.8333\%$
	$n = 3$	$n = 3$	$n = 25 \sim 36$
	$F = 1000000$	$F = 1000000$	$F = 83333$
	年末支付	年中支付	每月支付
折现因子	0.751	0.788	0.816～0.745
现值	751315	787986	779916

式中　F——支付的终值；

　　　P——年金支付总和的现值；

　　　i——折现率；

　　　n——总期数。

附录5 天然气产品

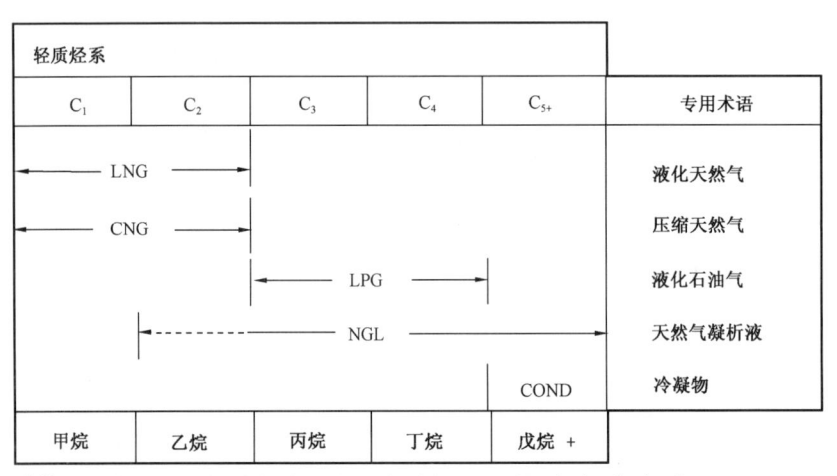

轻质烃系					专用术语
C_1	C_2	C_3	C_4	C_{5+}	
←—— LNG ——→					液化天然气
←—— CNG ——→					压缩天然气
		←—— LPG ——→			液化石油气
	←———— NGL ————→				天然气凝析液
				COND	冷凝物
甲烷	乙烷	丙烷	丁烷	戊烷+	

来源：Daniel Johnston, Internaional Petroleum Fiscal Systems and Production Sharing Contracts。

	碳氢化合物	化学结构	沸点	LNG	CNG	LPG	NGL
C_1	甲烷	CH_4	-260 °F	√	√		
C_2	乙烷	C_2H_6	-125 °F	√	√		
C_3	丙烷	C_3H_8	-50 °F			√	√
C_4	丁烷	C_4H_{10}	30 °F			√	√
C_5	戊烷	C_5H_{12}	100 °F				√

续表

	碳氢化合物	化学结构	沸点	LNG	CNG	LPG	NGL
C_6	己烷	C_6H_{14}	160 ℉				√
C_7	庚烷	C_7H_{16}	210 ℉				√
C_8	辛烷	C_8H_{18}	260 ℉				√

液化天然气（LNG）：

一百万立方英尺天然气　　=43.57 磅 LNG

一吨 LNG　　　　　　　　=46 百万立方英尺天然气

附录6　财务报告系统及报表

财务报表分析

几乎每个人都对公司的年报很熟悉，但是年报仅仅是上市公司提供的众多文件中的一小部分。上市公司信息来源主要包括以下几方面：

（1）提交给股东的年报。关于经营结果、总裁至股东信及未来展望、财务报告。

（2）10-K。提交给SEC的正式年度商业财务报告。

（3）20-F。非美国注册公司提交的正式年度财务报告（与10-K相似）。

（4）10-Q。提交SEC的正式季报。

（5）提交给股东的季报。季度经营结果报告——提交给SEC的非正式文件。

（6）8-K。提交给股东或SEC的，可能影响投资者决策的重大事项报告。

（7）代理报告。股东大会报告，主要描述投票表决事项和公司管理层。

（8）注册报告（Registrant Statement）。关于商业活动、公司管理和重要财务信息的正式报告——必须在有价证券公开上市交易前提交。

（9）公司章程。规定公司管理、董事数量、法定股本、选举权等内容的法律效力文件。

（10）债券契约。关于公司财务杠杆、限制性财务契约和赎回条款的限制性规定。

年报及 10-K 报告

要对公司作出正确的分析，就需要分析年报和 10-K 报告。

实际上，10-K 报告已经包含了所有需要提交给股东和 SEC 的年度报告内容。提交给股东的年报不需要提交给 SEC。通常 10-K 报告要比一般的年度报告规定了更多、更详细的技术信息，但有时 10-K 报告也会提及年度报告中的内容。

在 20 世纪 80 年代中期行业处于低谷时，许多公司开始向股东提交修改后的 10-K 报告，而不是单独的年度报告文件。

管理层也需要提供一封致股东的信，简要介绍 10-K 报告中的事项。

10-K 报告有时不会直接提供所有的标准信息，但是会指出其已包含在年报中。1980 年 SEC 对规定做出修改，旨在推动一个广泛的报告及披露系统，称为整体披露。在 10-K 报告和年报中采用了参考模式，例如，10-K 报告中没有直接包含财务报表，但可采用参考形式说明其已在年报中包含。正因此，10-K 报告和年报两者经常都是需要同时使用的。本附录末尾是 10-K 报告中一般包含的详细信息汇总。

8-K 报告是提交给股东或 SEC 的可能影响投资者决策的重大事项报告。普通的股东一般看不到这个文件，但是公司在 10-K 报告中必须列出 8-K 报告包含的内容。对于了解公司是否有重要的环境或法律问题，这是一个值得注意且很重要的途径。

从这些报告中可以获得大量信息。管理层有义务提供大部分信息，也包括没有要求提供却有用的信息。

年报的重要组成部分包括：重要财务数据、致股东信、业务板块及运营讨论分析、财务报表及附注、审计报告。

（1）重点财务数据：过去几年重要财务数据的范围一直在变化，这些重点财务数据可以解决基本的规模和价值问题。通常 3~5 年的非常重要的统计数据可以帮助快速分析并提供参考。

（2）致股东信：致股东的信以及展示业务板块运营结构的文件建议读者阅读。一般来讲，这些文件没有提供分析师需要的全部信息，但是通过阅读以往报告中管理层的观点可以加深对企业的了解。

管理层在这些文件中的表述都非常小心谨慎。读懂深层次的含义非常重要而且也很有趣。可以看到，通常大篇大篇地描述好消息——而坏消息却很简短、晦涩。如果在股东信中有大量的进行时态，余下部分就会对其进行解释。这就是分析师寻找蛛丝马迹的地方，如果存在线索，那么就能在报告中发现深层次的东西。管理层受到相当严格的披露要求监管,必须要尽可能在信中提供真实、可靠的信息,任何企图欺骗股东的行为都会受到严厉的惩罚。

(3) 业务板块及运营讨论分析:年报中对公司不同业务板块或地区分部的讨论更值得阅读。尽管可以在年报的其他部分或10–K报告中获得补充信息,但业务板块的信息似乎从来都没有完整地被提供过。通常这部分是以各板块的业务状况为分析基础。一般来讲,各个板块都应当提供足够的信息以确定各自的经营收入、利润、DD&A及可确认资产。

(4) 财务报表及附注:财务报表及附注是年报或10–K报告的核心。虽然财务报表没有直接提供答案,但却提供了信息。如果说财务报表提供了答案,那么资产负债表提供的是某一时点公司的价值是多少,利润表提供的是在某会计期间内公司赚了多少钱,然而事实并非如此。

本附录的余下部分和第5章阐述了如何对财务报表数据进行分析。每个报表都提供了某一会计期间内公司及财务结果的简要汇总——对于资产负债表则是某一时点的。附注对那些需要解释的个别记录、特定事项或者问题进行了扩充。

附注包含了大量信息。在对财务报表分析发现问题时,可以在随后几页的附注中找到答案。附注是用于解释资产负债表和利润表项的。如果没有附注,就不可能如此准确地描述公司的财务状况。

一些分析师发现市场总是对利润和股利的信息迅速作出反应,但是几周之后才对附注信息做出反应,也许事实就是如此。

(5) 合并报表:如果一家公司对另一家公司(子公司)控股超过50%,通常要合并财务报表,全资子公司的合并比较简单。然而,在母公司持股少于100%的情况下,资产负债表和利润表中通常用少数股东权益代表这部分权益。在第5章已深入讨论过这一问题。

(6) 审计报告:审计报告与财务报表密切相关。审计师的责任就是确保财务报表符合GAAP规则,并与以前年度应用一致。大部分文献都建议年报的分析从审计报告开始,这可以很快发现公司的财务状况是否存在违规或异常的情况。无论分析是否从这里开始,都应当阅读审计报告,这是判断公司财务不存在欺诈且比较健康的一个依据。若审计师提供了保留意见书,则应另当别论了。

在保留意见书中,审计师会提出特别注意公司财务报表中的异常项目或公司采用的非正常会计处理手段。例如,保留意见书会指出未决诉讼的不确定性或潜在的税收义务。

通常保留意见仅是表明审计意见的一小段文字,但保留意见的解释说明经常充分有力。发表保留意见一般让人有不祥之感并引起较大程度的担忧。对这类事情,市场总是表现地很敏感,一旦出具了保留意见,报表附注和管理讨论文件中

现金流量表

1988年开始，FASB要求披露现金流量表，取代了之前的财务状况变动说明书（the Statement of Changes in Financial Position）。1988年7月开始，FASB第95号公告——现金流量表正式成为财年度财务报表的一部分。

现金流量表分解并汇总了公司商业交易信息。这张报表是一张衍生报表，因为可以根据资产负债表和利润表中的信息编制。

10-K报告中所含信息汇总

第一部分

项目1 　业务讨论——整体信息
　　　　公司架构和现阶段发展状况
　　　　板块及地区信息
　　　　主要客户、市场及竞争
　　　　融资
　　　　收购
　　　　勘探及生产

项目2 　资产描述
　　　　区块面积
　　　　钻井活动
　　　　生产井
　　　　生产信息汇总
　　　　单位销售价格及生产成本
　　　　储量信息汇总
　　　　石油天然气法规

项目3 　法律程序

项目4 　提交证券持有人投票表决的事项

第二部分

项目5 　登记人普通权益的市场交易情况、相关的股份持有人的情况

项目6 　财务数据摘要——季度股票交易价格的最高与最低点

项目7 　管理层对财务状况和经营结构的讨论与分析

项目 8　财务报表及补充数据

　　　　审计师意见书

　　　　资产负债表

　　　　利润表

　　　　现金流量表

　　　　附注

　　　　　　1. 资产出售——重组

　　　　　　2. 重要会计政策汇总

　　　　　　3. 石油天然气收购——合并

　　　　　　4. 石油天然气支出

　　　　　　5. 长期负债

　　　　　　6. 其他长期负债

　　　　　　7. 员工福利

　　　　　　8. 所得税

　　　　　　9. 股票期权及权证

　　　　　　10. 每股收益

　　　　　　11. 义务及或有事项

　　　　　　12. 分部报告及主要客户

　　　　　　13. 关联方交易

　　　　　　14. 季度财务数据

　　　　　　15. 石油天然气数据

　　　　　　　　a. 经营结果

　　　　　　　　b. 未来净现金流量的标准计量（SEC 储藏价值）

　　　　　　　　c. 标准计量方法的变动

项目 9　注册会计师的更换和公司与注册会计师在会计和财务披露上的分歧

第三部分

项目 10　董事及高层管理者

项目 11　管理层报酬*

项目 12　享有收益权的所有者和管理层的证券持有情况*

项目 13　管理层与公司的特殊关系及关联交易、董事会成员的独立性*

*项目 11~13 一般包含在代理报告中。

第四部分

项目 14　列表、财务报表明细表和 8-K 格式报告

Ⅰ短期投资及可交易证券

Ⅱ关联方应收账款

Ⅲ简要财务信息

Ⅳ下属公司负债情况*

Ⅴ财产、土地及设备

Ⅵ财产、土地及设备的累积折旧、折耗及摊销

Ⅶ其他发行方的证券担保*

Ⅷ应收账款及储藏估值

Ⅸ短期借款

Ⅹ补充利润表信息

Ⅺ补充的收益及亏损信息*

Ⅻ股利收入（下属公司权益）*

ⅩⅢ其他投资

*通常情况可以不提交。如果认为不可用或信息已包含在财务报表或相关附注中，则该信息可以省略。

附录7 安然和特殊目的实体

在安然破产之前,很少有人知道特殊目的实体(SPE)是什么,甚至在金融领域也是如此。然而 SPE 的确已经存在了很长时间,形式上接近于一个公司的子公司。与子公司不同,如果 SPE 满足 SEC 的两个规定,其可以看作是独立的。这两个规定如下:

(1)与公司无关联的第三方必须拥有至少3%的权益或所有权。
(2)特殊目的实体公司必须由另一方控制而不是母公司。

如果满足这些规定,SPE 就不必合并入母公司的财务报表。

GAAP 和税法均认为 SPE 是管理风险业务的合法手段。Williams 公司创立了 Williams 通信公司参与通信行业的竞争,它将风险从母公司股东转移到了愿意投资于新实体的投资者身上。然而,银行要求母公司为 Williams 通信公司的负债提供担保,这是很正常的。要记住,没有人能够预测到通信行业的崩溃如此突然。有一点要明确,在过去,人们认为新创立的公司不会增加母公司的风险水平。

石油公司通过表外实体与投资者分担风险,以期从盈利的油气发现中获利。大多数情况下,一家公司使用的 SPE 公司数量并不多,而安然拥有的 SPE 数量远超过其他公司,它们的财务结构极为复杂。从此可以判断出,它们创立 SPE 的目的就是要误导或隐藏大量商业活动,而不必费力气去满足前面提到的 SEC 规定。

LJM1

LJM1 是安然创立的一个 SPE,用以规避安然对一家新成立的互联网通信公司的投资风险,该公司名为 Rhythms Netconnection(Rhythms)。它是安然早期使用的可疑 SPE 之一。

Rhythms

1998 年当安然以每股 1.85 美元购买了 540 万股，总计约 1000 万美元的 Rhythms 公司股票时，Rhythms 只是一家私营公司。一年后，Rhythms 公开发行上市，发行价为每股 24 美元。交易的第一天结束后，股票收盘价为 69 美元。为了粉饰财务报表，安然利用市值计价会计方法将这部分股票增值记为收入。但是，作为早期投资者，安然不能将这部分股票增值的暴利立即变现，因为首次公开发行有一项股票限售期条款。首次公开募股（IPO）条款规定早期投资者在 Rhythms 股票首次公开发行之后的 6 个月内不得出售股票。

若想保住这份巨大利得，安然公司可以通过期权交易对冲股票得以实现，然而那时没有可供 Rhythms 股票对冲的市场。风险太高，没有人愿意参与到 Rhythms 股票的期权交易中，而正是期权交易可以帮助安然公司在股票价格下跌时掩盖亏损。

对冲操作

如果存在一个意愿的交易对方，安然就可以购买一份看跌期权，这份期权可给予安然公司在未来某时期按预先规定的价格出售 Rhythms 股票的权力。一份设定在 6 个月后以每股 56 美元价格出售 540 万股 Rhythms 股票的看跌期权可以留住安然的账面投资收益。按照这个方案，两种情况可能会发生：

（1）Rhythms 的股票价格可保持到 6 个月的锁定期结束。安然的初始投资价值仍然为 3 亿美元，但期权已无价值。安然的净投资收益为 3 亿美元。

（2）在限售期内，Rhythms 股票价格可能下跌，安然的初始投资会遭受损失。然而，以每股 60 美元出售 500 万股的期权，仍可获得 3 亿美元的投资收益。

但是，没有交易对手愿意参与这个必要的期权交易，因此熟知 SPE 操作的安然创立了一个 SPE，称为 LJM1。LJM1 SPE 结构图如图附 7.1 所示。

LJM1 结构

LJM Cayman, LP（LJM1）是在开曼群岛注册的有限合伙公司。主要合伙人就是 LJM Partners, LP，而 LJM Partners，由 Andrew Fastow 和 LJM Partners, LLC 共同持有，Andrew Fastow 是其唯一成员。LJM1 最初从两个有限合伙人 ERNB Partnership, Ltd（ERNB）和 Campsie Ltd（Campsie）那里共筹得 1500 万美元，公司实体由瑞士信贷第一波士顿和英国 NAT 西部银行控制。（Andrew Fastow 和其

声名狼藉的安然早期曾经使用过的一个用于对冲操作的特殊目的实体(简称为SPE)之一就是LJM1,其被用于对冲安然对一家互联网新兴公司的投资——Rhythms Netconnections。

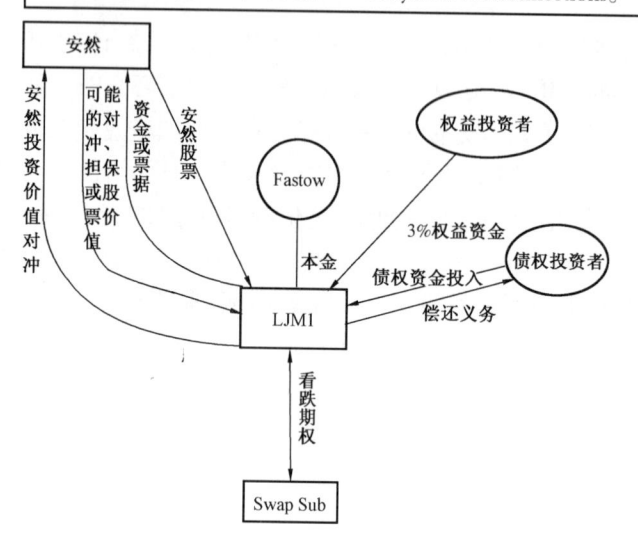

图附7.1　特殊目的实体LJM1

他投资者于2000年收购了上述两个有限合伙人的全部股份。)

安然不持有LJM1的股份,但向LJM1提供了价值2.76亿美元的股票作为贷款。安然规定LJM1在四年内禁止出售股票和一年内不能对股票进行对冲操作,然而安然可以利用这部分进行股票抵押融资,但因安然股票受限制的影响,这部分股票仅价值1.68亿美元。作为这部分贷款的回报,LJM1向安然提供了6400万美元的票据作为首期还款,安然从LJM1的子公司——LJM1 Swap Sub, LP那里购买看跌期权。看跌期权价值1.04亿美元,规定Swap Sub有义务从安然以56美元/股的价格购买540万股Rhythms股票。看跌期权1.04亿美元加票据6400万美元恰好等于安然提供贷款的1.68亿美元。

安然最初关心的是Rhythms股票价格大幅下降会给其财务报表带来不利影响。对这部分利得进行套期保值可以抵消任何损失,但是他们却找不到相应的公司愿意共担风险参与这项对冲交易。通过设立一家特殊目的的实体（简称为SPE,编者按）作为交易参与者,承担了Rhythms股票下跌的风险,因此安然不必将损失列示在其报表上。然而,LJM1并不满足独立SPE的条件,因为它不符合SEC的要求。外部投资对LJM1的投资不足3%,并且是由母公司派出的管理者负责管理。

需要指出的很重要一点就是SPE承担了风险,但是潜在的风险主要是由安然的股票担保。无论怎样，Rhythms 股票下跌最终还是给安然带来了损失。同 LJM1 和 Swap Sub 的复杂交易仅仅是将潜在的损失从财务报表上粉饰掉。

很显然，Swap Sub 也不是独立的合伙公司，因为外部投资者的投资也不足 3%。

Swap Sub

LJM1 向 Swap Sub 提供了 3750 万美元现金和价值约为 8000 万美元的安然股票作为 Swap Sub 的资产，总计约为 8400 万美元。其实是 Swap Sub 参与了 Rhythms 股票的初始看跌期权交易，向安然提供了价值约为 1.04 亿美元的看跌期权机会。初始看跌期权交易不久后，Swap Sub 与安然对 Rhythms 股票再次进行对冲操作，同样使用的是期权。

Swap Sub 或许仅仅是用于保护 LJM1 的投资者规避潜在义务。

Cuiaba 资产

1999 年末，安然将持有的 Cuiaba（该公司在巴西拥有一个电力项目）13% 的权益转移给 LJM1，总计 1080 万美元。这笔交易使安然在 1999 年至 2001 年的财务报表上增加了总计 8300 万美元的投资收益。2000 年 5 月，LJM1 收到交易费 240000 美元，2001 年安然又以总计 1440 万美元的代价重新购回了 Cuiaba 股份。

2000 年一季度，安然向 LJM1 提供了一项看跌期权，赋予了 LJM1 一项权力，即将持有的安然股票以 71 美元/股的价格出售给安然。与此同时，安然与 LJM1 终止了 Rhythms 股票的对冲及相关融资交易。在这项协议中，安然得到 Swap Sub 持有的安然股票，并向 LJM1 支付 2680 万美元。安然将此作为实际交易事项确认，实现了财务利得或损失，同时也达到了粉饰财务报表和规避联邦所得税法的目的。

LJM2 和 Raptor

LJM2 是由 Andrew Fastow 和 Micheal Kopper——一位向 Andrew 报告的经理，对 Andrew 十分忠诚——于 1999 年 10 月创立的特拉华州有限合伙公司。LJM2 的私有性质吸引了另外 50 位投资者。安然在 2001 年 3 月向 SEC 提交的 Form 14 代理报告中将 LJM2 描述为"一家私营投资公司，主要从事与能源及通信相关领域的收购和投资，既包括了安然决定出售资产的处理，和控制价格波动引起的风险敞口及资产价格波动风险相关的风险管理活动。"

Dr. Dimistris N. Chorafas 在其书中——《新经济下的风险管理》，纽约金融学会 2001 年出版——指出"表外金融工具的一个主要缺陷就在于其内在复杂性"，而且"更大的忧虑就是衍生品市场使得杠杆融资难以控制"。LJM2 的融资结构非常复杂，使用了多种方案。

LJM2 要比 LJM1 复杂的多，而且涉及的规模和范围也更广。LJM1 最初的设计仅是对一项 3 亿美元投资的对冲操作，而 LJM2 的对冲操作对象则是价值超过 20 亿美元的全部为衍生品的投资交易。

从 2000 年中期开始至 2001 年末，LJM2 最为著名的就是四项 Raptor 交易：

Raptor Ⅰ – Talon

Raptor Ⅱ – Timberwolf

Raptor Ⅲ – Porcupine

Raptor Ⅳ – Bobcat

图附 7.2 所示的就是典型的 raptor 结构，摘自税收联合委员会编制的一份报告——《关于安然公司及相关实体就联邦税和赔偿问题的调查及政策建议报告》，该报告总计 2721 页。

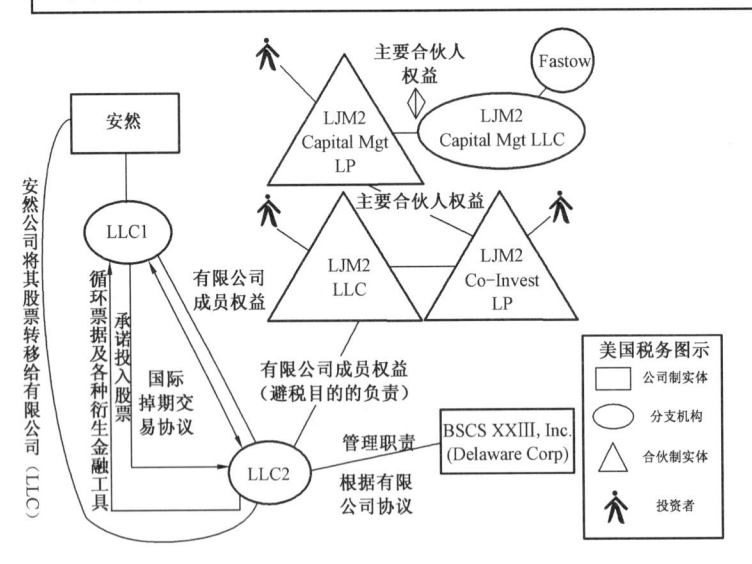

图附 7.2　LJM2 与 Raptor 组合

来源：关于安然公司及相关实体就联邦税和赔偿问题的调查及政策建议报告——税收调查联合委员会

Raptor Ⅰ （Talon）

Raptor Ⅰ 是成立于 2000 年 4 月的 SPE，命名为 Talon Ⅰ，LLC（Talon），目的也是与安然进行对冲交易。投资者为 LJM2（通过其下属公司 LJM2 - Talon，LLC）和 Harrier Ⅰ，LLC（Harrier）——安然公司为专门参与 Raptor Ⅰ 而组建的 SPE。LJM2 投入 3000 万美元现金，Harrier 以 4.5 亿美元本票、安然股票及总计达到 5.37 亿美元的股票合约作为股本投入。安然股票同样被限制，价值折扣 35%。

Harrier 获得成员权益（Membership Interest），并收到 Talon 提供的价值 4 亿美元的本票作为投资交换。LJM2 负责管理 Talon。

Talon/Harrier/LJM2 结构将 LJM2 排除在安然的财务报表和纳税范围之外，Talon 也没有合并在安然的财务报表内，但安然的纳税申报单中却包含了 Talon。Talon 不能对股票进行对冲操作，直到 LJM2 获得收益——4100 万美元和 30% 年收益率的两者最高值。因可以从利润中获得分配，LJM2 能够将初始投资的 3000 万美元视作 SPE 的 3% 权益投资。一旦 LJM2 获得最低回报之后，Harrier 就可以获取 Talon 的剩余利润分配。

Talon 预期能够从与安然的互换交易中收益，但是实际上他们为下跌承担了风险。

Avici。Talon 对冲的头寸就是安然持有的 Avici 系统公司的股票。安然将头寸设定为 109 万股 Avici 股票，并采用按市值计价的方法。Avici 同 Raptor 的交易在 9 月结束，但文件签署日期为 2000 年 8 月 3 日。将文件日期倒签很重要，因为 2000 年 8 月 3 日 Avici 股票价格达到历史最高点 165.50 美元/股——市值计价方法将虚增安然的账面收益。

安然对 Talon 核算采用成本法，这使得 Talon 的损失没有合并计入安然的报表内。

Raptor Ⅱ （Timberwolf）

Raptor Ⅱ 是一家特拉华州有限责任公司，名为 Timberwolf，LLC，其合伙人为 LJM2 - Timberwolf（LJM2 下属公司）和 Grizzly Ⅰ，LLC（安然的全资子公司）。与 Raptor Ⅰ 相似，也是获得了 4100 万美元对安然的投资进行对冲操作。Timberwolf 获得安然投入的 780 万股安然公司限制性股票和 5000 万美元本票作为资本。

Raptor Ⅲ（Porcupine）

Porcupine Ⅰ成立于2000年9月，是一家由两个合伙人出资成立的有限责任公司。LJM2通过其下属公司LJM2 - Porcupine，LLC获得成员权益，其余的权益由安然的全资SPE Pronghorn Ⅰ，LLC持有。Raptor Ⅲ创立的目的是对安然所持有NPW（一家能源供应企业）75%的股份进行部分对冲操作。Raptor Ⅲ获得NPW股票，共2400万股，每股10.75美元，Porcupine向安然开出2.59亿美元的票据。NPW股票为Raptor Ⅲ的注资资本——因为那时安然股票不可用，LJM2也投入了3000万美元作为资本。

10月5日，NPW股票以21美元/股的价格公开发售，Raptor Ⅲ获得2.46亿美元的账面收益，随后安然向LJM2支付3950万美元作为投资收益担保。

之后，安然与Raptor Ⅲ在21美元/股的基础上签订了1800万股NPW股票的总收益互换协议。

如果NPW股价高于21美元/股，Raptor Ⅲ将受益。但在互换协议下，如果股价低于21美元/股，Raptor Ⅲ必须要支付21美元/股与实际价格之间的差额。

Raptor Ⅲ的操作值得玩味，因为它用NPW的股票为其自身做对冲操作。由于Raptor Ⅲ的资本就是NPW股票，所以Raptor Ⅲ支付差额的能力随股票价格的下跌而降低。到2000年末，NPW的股价已经跌到10美元/股以下，Raptor Ⅲ处境十分困难。

Raptor Ⅳ Bobcat

Raptor Ⅳ成立于2000年8月，比Raptor Ⅲ早一个月。与最初的两个Raptor一样，安然向Raptor Ⅳ提供资本以对冲投资。Raptor Ⅳ由三家合伙公司构成，分别为：Bobcat Ⅰ，LLC（由两个合伙人投资成立的有限责任公司），LJM2 - Bobcat，LLC（LJM2的下属公司）和Roadrunner Ⅰ，LLC（安然的全资子公司）。Raptor Ⅳ并不参与安然的衍生品交易，而是用其资产维系Raptor Ⅰ和Raptor Ⅱ的信用水平。

无成本领子期权（Costless Collars）

2000年秋季，安然决定采用无成本领子期权对Raptor资本进行对冲操作。在这些无成本领子期权中，依据NYSE股价，设定了最低价和最高价。如果安然股票的价格低于最低价，则Raptor向安然支付差额。如果股价超过最高价，安然向Raptor支付差额。期权中设定的双向支付最高价与最低价如表附7.1所示。

表附7.1　无成本领子期权限值设定

SPE	最低价（美元）	最高价（美元）	股票数（近似）	日期
Raptor Ⅰ	81	116	400万	2000年秋季
Raptor Ⅱ	79	112	700万	2000年秋季
Raptor Ⅳ	83	112	600万	2001年1月

最初转移给 Raptor 的安然股票禁止进行对冲操作，因此若要无成本领子期权生效必须要终止这些限制。Raptor Ⅱ 签订的无成本领子期权及价格限定如图附 7.3 所示。

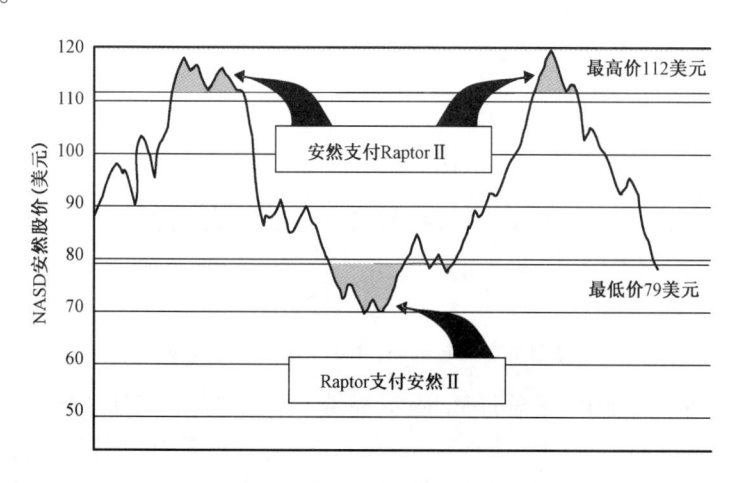

图附 7.3　Raptor Ⅱ 无成本领子期权

变相贷款

安然急需资金，且融资存在问题，这就形成了恶性循环：安然需要筹集资金，若是按照传统方法筹集，债务就会显示在报表上，增加的债务会降低安然的信用评级。信用评级的降低会使融资变得更加困难，且增加融资成本。更糟的是，这毫无疑问会对安然的股票价格造成负面影响。

为了避免这样的情况发生，安然同 J. P. 摩根的一家下属公司签订先付互换协定，根据协定该公司向安然提供资金而不增加其负债。这家下属公司名为 Mahonia Ltd.（Mahonia），成立于 1992 年的离岸实体，在英属海峡群岛以外进行管理和运营活动。最初，安然和 Mahonia 的交易给安然提供了一种递延税款的手段。在一段时期内，安然向 Mahonia 提供原油和天然气。安然在年末确认销售，以增加当年的销售额，却将负债递延至下一年确认。在一些情况下，安然会在财务上确认销售，在税务上确认为负债。

1999 年，Mahonia 的一位高层对该协定的交易表示忧虑，意识到他们做的实际上就是变相贷款（Disguised Loans）。就在此时，安然同保险公司签订合同保证对 Mahonia 的天然气和石油供应。图附 7.4 显示了安然和 Mahonia 最后几次互换交易中的一笔交易结构。

> 如果安然从 J.P.摩根借钱，这笔钱将不得不在安然的财务报表上显示出来。而这笔交易并没有列为贷款。J.P.摩根购买天然气，从安然角度来看它不是贷款，而是收入。

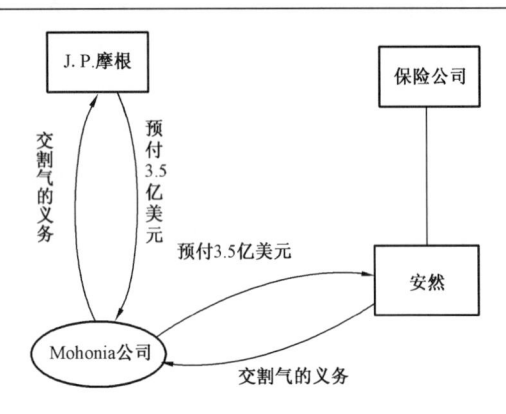

图附 7.4　Mahonia，Ltd – Enron 先付互换

2001 年 9 月，J. P. 摩根向 Mahonia 提供 3.5 亿美元，互换交易正式开始。按协议规定，Mahonia 向 J. P. 摩根进行支付，支付的计价基础就是天然气远期价格。Mahonia 随后同安然进行相同的互换交易。实际上，并没有真实天然气或原油进行交易——这种交易很正常。然而，很显然，离岸实体就是在向安然提供贷款，而这笔贷款不必体现在安然的报表上。

安然垮台时，他们还欠 Mahonia（J. P. 摩根）10 亿美元。J. P. 摩根起诉了那家对天然气供应提供保证的保险公司。保险公司反驳道他们提供保证的"互换交易"实际上是变相贷款，最终仅同意支付 6.35 亿美元。

PROMIGAS

1996 年，安然资本与交易集团收购了 Promigas40% 的股权——一家哥伦比亚的天然气管道公司。Promigas 的股票已上市交易，并且随着哥伦比亚市场的增长，Promigas 的股票价格随之上升。

安然改变了对 Promigas 的投资策略，从一项长期战略投资变为交易性投资，他们很可能随时卖掉这些股份。这项更改允许他们采用公允法或者市价法，将

Promigas 股价增长确认为投资收益。

问题就在于 Promigas 股价并没有继续上升，转而开始下跌。为了避免对 Promigas 的投资出现负收益，安然决定购买大量股票试图推高股票价格，这样的状况维持了几个季度，但是若要维持住现在股票的价格，必须还要购买更多的股票。

为了粉饰掉这部分潜在的亏损，安然开始对所持有的 40% Promigas 股票重新估值。背后的逻辑就是任何潜在的 Promigas 股票投资者将愿意为公司的具有控制权股份支付溢价，这部分控制权溢价能够帮助安然隐藏掉在股票价格上的亏损。Arhtur Anderson 竟然支持安然的决定。

尼日利亚发电驳船

安然在 1999 年安排的三艘发电驳船交易很简单。安然希望将这些驳船卖给亚洲的一家公司，而没有想到实际上这笔交易意外地帮助其实现了 1999 年的财务目标。

为了完成这笔交易并满足 1999 年的目标，他们找了一位临时买家——美林投资银行。美林基本上同意在 1999 年购买这些驳船，并从安然获得保证他们以后能够拿回这笔钱。这看来就是一笔贷款，但是安然却将此交易确认为收入，并借此实现了 1999 年的财务目标。

6 个月后，安然的一家 SPE——LJM2 从美林那里购回了这批驳船。

去理清这些混乱的事情十分困难——将其解释清楚同样也很困难。安然对股东作出解释——著名的安然 2000 年报表（附注 16），一场掩人耳目的精心谋划。

附注 16 安然报表

16 关联方交易

在 2000 年和 1999 年，安然同数个有限合伙公司（关联方）达成交易，这些公司的主要合伙人都是安然的一位高层管理者。关联方的有限合伙人均与安然无关联。管理层认为这些交易的条款与同第三方谈判的交易相类似，很合理。

2000 年，安然同关联交易方就特定交易性投资和其他资产达成协议。作为协议的一部分，安然（1）向新成立的实体公司（特殊目的实体）提供大约 12 亿美元的资产，其中包括 1.5 亿美元的安然公司应付票据，370 万股限制性的安然公司股票以及一项于 2003 年 3 月获得总计 1800 万股安然公司普通股（限制性）的期权，（2）转移给特殊目的实体公司价值约为 3.09 亿美元资产，包括 5000 万美元的应付票据，以及对一家实体公司的投资，这项投资间接持有可转换为安然公司以权益法核算的被投资公司的认股权证。作为回报,安然将从实体公司获得经济利益——3.09亿美元的应收票据,其中2.59亿美元的结转成本为0,此外还有来自特殊目的实体公司价值12亿美元应收票据的特殊分配,这项特殊分配由安然应付本金的变动决定,这个变动与另外的衍生金融工具的执行相关。这些特殊目的实体公司的1.726亿美元资金投资于安然的即期票据。此外,安然还支付了1.23亿美元从特殊目的实体公司手中购买以安然公司2170万股普通股为标的的股票期权。这些特殊目的实体公司向安然支付了1070万美元,终止了其中1460万股的股票期权。2000年末,安然同特殊目的实体公司签订了以1540万股安然公司普通股为标的的领子期权,这些期权在清算时将作为权益交易处理。

2000年,安然同特殊目的实体公司签订衍生品交易协议,这项协议涉及总金额为21亿美元资金的对特定交易性投资和其他投资的衍生品对冲操作。因需支付衍生品交易的溢价,安然公司应收票据的余额减少3600万美元。随后安然对这些衍生品市场价格的变动确认了大约5亿美元的收益,这些收益抵销了大宗商品投资的市场价值变动。另外,安然对应收特殊目的实体公司的应收票据确认了4450万美元的利息收入,对应付特殊目的实体公司的应付票据确认了1410万美元的利息费用。

1999年,安然同第三方和关联方签订一系列交易协定。这些交易的结果包括(1)安然同第三方修改了某些购买安然公司股票的远期协议,使得安然可以根据协议在未来按市场价格购买安然股票,(2)关联方根据修改条款获得680万股安然公司普通股,(3)安然获得一份1999年12月偿付的应收票据,及对安然所持投资进行对冲的金融工具。安然将获得的资产和发行的权益证券按市场价格确认。对于这些交易,关联方同意安然高管不能获得这些普通股的经济收益,并且这些股份不享有表决权。2000年,安然同关联方签订协议终止了部分1999年签订的金融工具,根据这项协议,安然获得了关联方持有的310万股安然公司股票。一项看跌期权也在这个协议中终止,这项看跌期权是2000年一季度签订的,赋予了关联方可以71.31美元/股的执行价格向安然出售安然公司普通股。作为回报,安然向关联方支付了大约2680万美元。

2000年,安然销售了一部分暗光纤存货,获得3000万美元现金和7000万应收票据,这份应收票据在后来结算了。安然对这笔交易确认了6700万美元的毛利润。

2000年,通过资产证券化,关联方从安然获得大约3500万美元的交易性投资。此外,安然同关联方成立了合伙公司,安然投入现金和资产作为股本,关联方投入1750万美元现金。之后,安然通过证券化的方式出售了一部分合伙公司的股份。详见附注3。同样,安然将一份看跌期权转移给了一家信托公司,而关联方和Whitewing在这家公司持有股权和债权。2000年12月31日,按市场价格计算这份股票期权,安然损失3600万美元。

1999年,关联方从安然获得大约3.71亿美元的交易性资产和投资。从这些交易中,安然确认了大约1600万美元的税前收入。关联方签订了一份协议,内容是以3400万美元的价格收购安然一家非合并下属公司的股份。

谁来监督监管者?

最近爆出的一系列会计丑闻引出一个问题——谁失职了?坦率地说是每一个人,包括:政府、法律制定者、SEC、FASB、AICPA、会计和审计公司、信用评级公司、分析师、银行家、投资者、公司董事会、高管和经理、商业媒体。

附录8　股票信息表的解读

52 – Week										
高	低	股票	股利率	股利收益率（%）	P/E Ratio	交易量 百美元	高	低	收盘价	变动值
80.00	61.31	Chevron Tex	2.80	3.9	33	19454	72.88	71.22	72.02	−0.53

　　粗体——表明该股票价格变动上升或下跌至少4%，且每股价格波动超过75美分。

　　下划线——（纽约证券交易所或美国证券交易所）表明该股票交易量超过发行在外总股数的1%。

　　下划线——纳斯达克交易所表明股票交易量超过发行在外总股数的2%。

　　52周内的最高价与最低价——在上一年中（不包括前一天）股票达到的最高价和最低价。

　　箭头：

　　▲——前一交易日的最高价超过52周的最高价。

　　▼——前一交易日的最低价低于52周的最低价。

　　▲
　　▼——达到新的最高价和最低价。

　　股票名称：

　　cld——已被宣告赎回的优先股。

　　ec——在美国证券交易所的新兴公司交易所上市的公司。

　　n——上一年新发行的股票。52周内最高价与最低价数据选取时间段自交易开始日计算。

s——上一年拆股比率至少为20%的股票。
pf——优先股发行。
pp——未缴足股本，持有人需额外支付股份。
pr——优先权。
un——unit 缩写，包括不止一种证券。
rs——上一年股票合并比例达到至少50%。
rt——以特定价格购买股票的权力。
wd——股票分配时进行交易结算。
wi——股票发行时进行交易结算。
wt——购股权证。
vj——处于破产阶段、被接管阶段、按破产法进行重组的公司，列示于公司名称前。
g——按加元计算的股利和收益。
Dividend——根据最新宣布的当年年股利支付率计算，除非附注中特别声明。
a——以前额外支付的股利，但没有包含在现在股利中。
b——年股利支付率。
c——清算股利。
e——上一年支付的股利总和。
f——当年股利支付率，因最新宣布的股利支付而增加。
i——股票拆股后支付的股利总和，并非常规股利支付率。
j——当年支付的股利总和，剔除最新支付的股利。
m——当年股利支付率，因最新宣布的股利支付而减少。
p——首次支付的股利，无年股利支付率和收益率信息。
r——前12个月已宣布或已支付的股票股利。
t——实缴股本，近似于配股时的现金价值。
Yield——年支付股利与收盘价的比率，以百分比表示。股本利得不包含在股利收益率的计算中。
Price/Earnings Ration——股票价格除以过去四个季度的每股收益之和。
q——股票为封闭式基金，无 P/E 信息。
cc——P/E 值超过99。
dd——过去12个月亏损。
Sales——股票交易数量，按百计算。
x——除息日，指不享有本次股息分配的交易第一天，股价会进行调整以对此作出反应。

y——除息及交易数量占总股本的比例。

z——以总股数表示的交易数量。

Prices——常规交易时间，纽约证券交易所和美国证券交易所东部时间9：00PM开始，至4：30PM，太平洋交易所于4：00PM休市，纳斯达克交易所于4：00PM休市。

High——股票交易盘中最高价。

Low——股票交易盘中最低价。

Change——盘中最后一笔成交价与上一日收盘价的差额。

资料来源：The New York Times；Associated Press，summer of 2003。

附录9 能源行业的市盈率

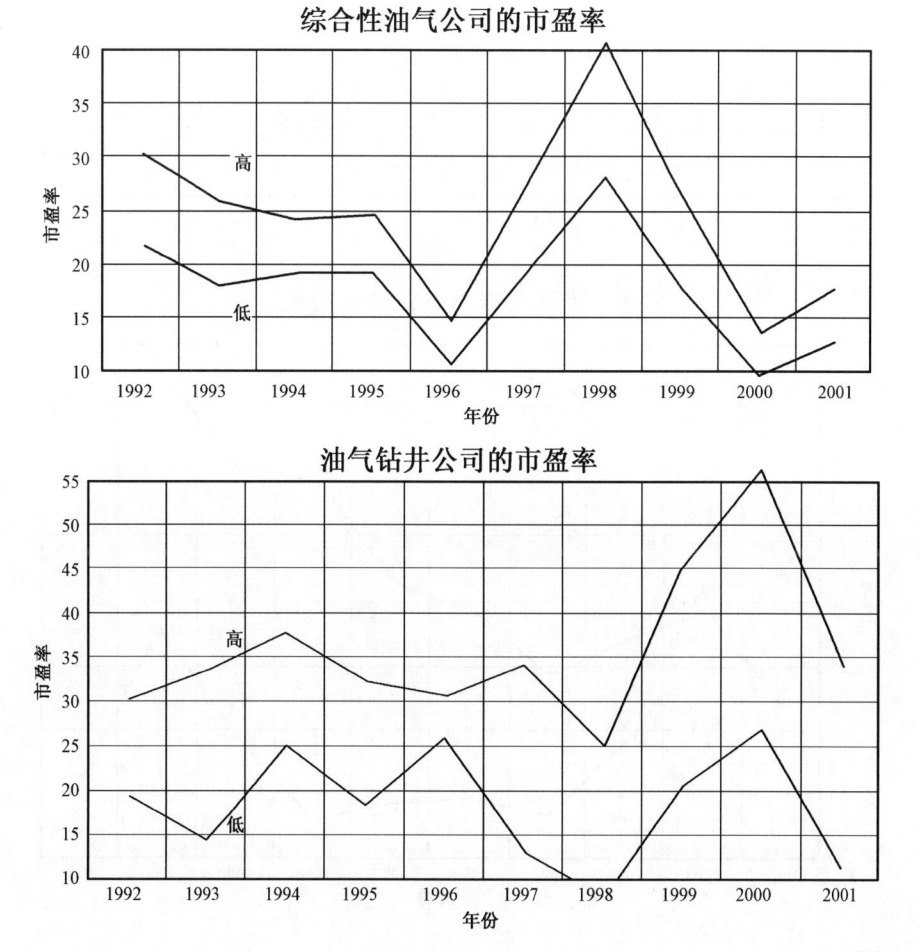

综合性油气公司的市盈率

油气钻井公司的市盈率

炼化、销售及运输行业的市盈率

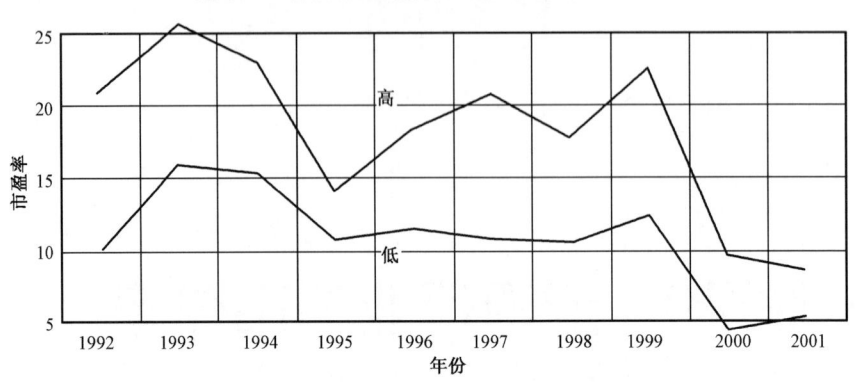

多元经营的市盈率

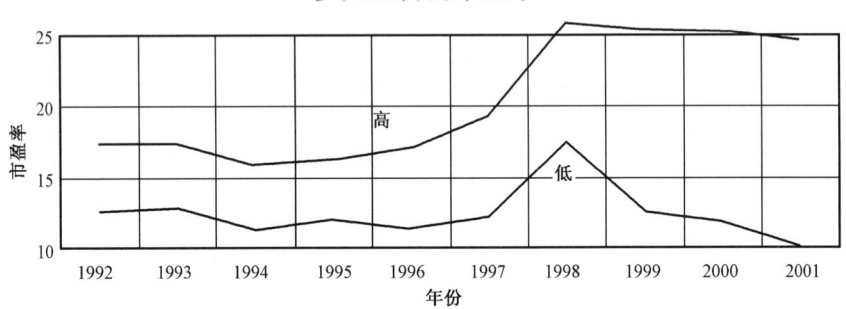

油气设备与服务公司的市盈率

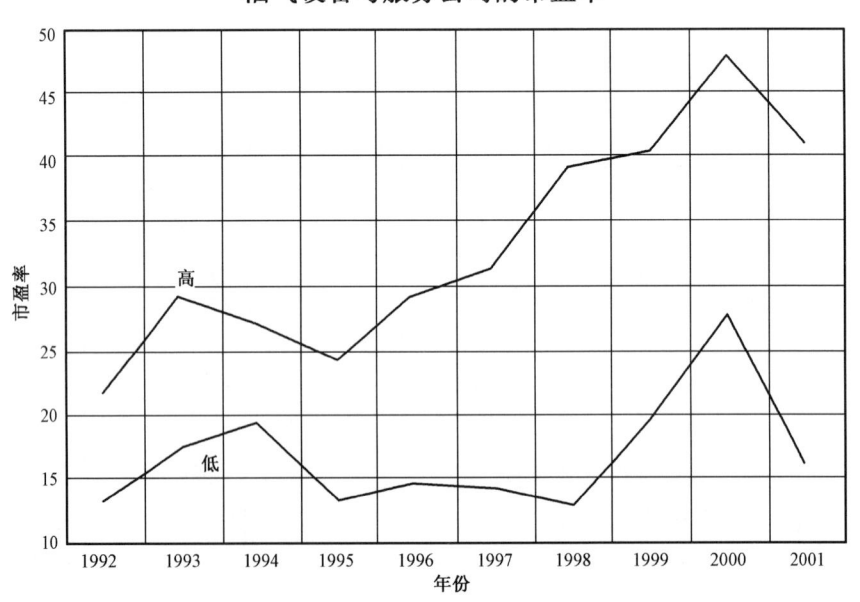

附录9 能源行业的市盈率

勘探与开发公司的市盈率

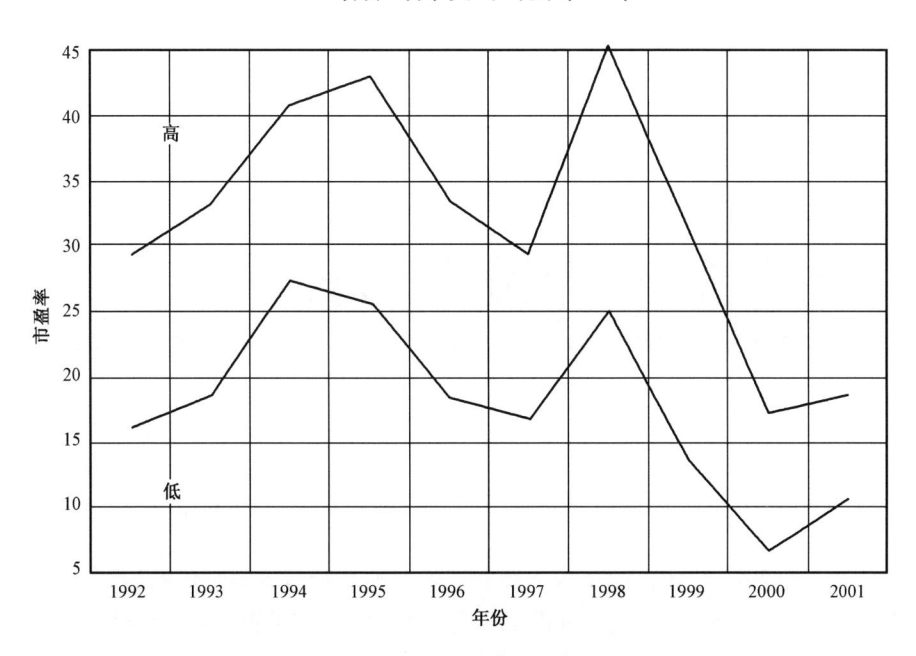

燃气公司的市盈率

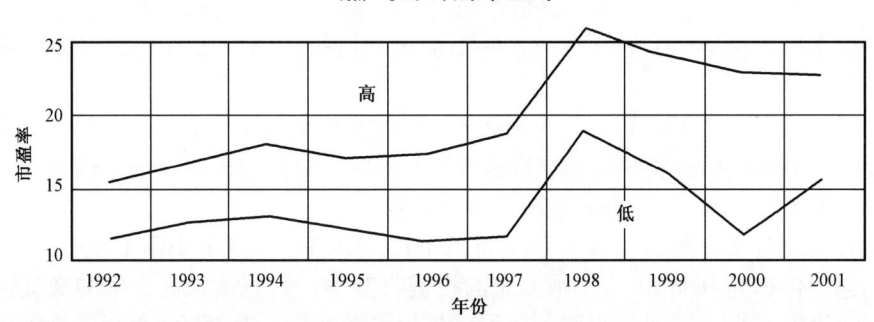

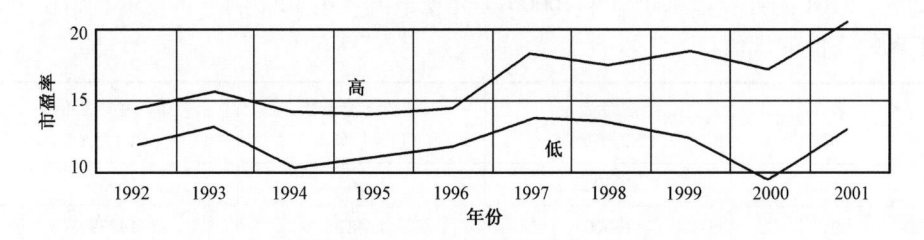

电力公司的市盈率

附录10　再投资假设

20世纪80年代，能源行业内对用IRR作为衡量获利能力的指标的合理性存在巨大争论。

一些人坚持认为IRR存在一个缺陷，即获得的收益不一定能够按照项目的投资收益率进行再投资，这就是再投资假设争论的一个基本点。争论点源于许多人想把IRR作为衡量投入资本真实获利能力的指标。IRR与银行存款的利息不同，如果投资者或储蓄者选择将利息留在账户内，则银行账户会对这部分利息复利计算。许多投资机会产生的现金回报并不能像初始投资那样按照IRR回报率进行投资。

反对观点认为将IRR作为获利能力衡量的指标太过于乐观，除非投资产生的现金收益能够按照投资收益率进行再投资。因此，对比分析应该采用投资收益增长率（收益增长率）。这便是主要的争论焦点。

投资收益增长率（Growth Rate of Return，GRR）概念同IRR的讨论一样复杂。通常也称为Baldwin方法或修正的投资收益率，其假设投资产生的现金流按不同于IRR的收益率进行投资。假设一位投资者进行一项35000美元的投资，可以连续5年获得每年10000美元的现金流入，且投资者可获得名义收益率为12%。GRR的计算是基于每年10000美元现金流入按12%利率再投资直到在第5年末的终值的现值。

年 (n)	现金流 （F，美元）	复利终值系数 （$i=12\%$）	第5年末终值 （P，美元）
1	10000	1.665	16650
2	10000	1.487	14879

续表

年 (n)	现金流 (F, 美元)	复利终值系数 (i=12%)	第 5 年末终值 (P, 美元)
3	10000	1.328	13280
4	10000	1.185	11850
5	10000	1.058	10580
终值			67230

每年 10000 美元收入按 12% 计算在第 5 年末的终值为 67230 美元,也称为 terminal value。下一步就是计算使得 67230 美元的现值为 35000 美元的折现率。利用一次性支付的现值公式就可以获得 i。GRR 计算如下:

$$P = \frac{F}{(1+i)^n}$$

$$35000 \text{ 美元} = \frac{67230}{(1+i)^5}$$

该例中,i = 13.9%,GRR 就等于复利利息率 13.9%。也就是说,如果 35000 美元按这个收益率投资,在第 5 年末的价值将为 67230 美元。

该项投资的 IRR 为 16.4%,GRR 通常与 IRR 和再投资报酬率的平均值接近:

$$\frac{16.4\% + 12\%}{2} = 14.2\%$$

附录11　公开领域信息的价值

本附录对公开领域信息的价值和可得性进行了简要论述。如今石油公司的股东比以前能够获得更多的信息，一些基本信息需要按SEC披露要求来提供（FASB的SFAS69号：石油天然气生产活动披露），这些披露要求早在20多年前就已制定。商业媒体、分析师报告和公开出版物提供了一些补充信息，互联网信息的可获得性与速度更是促进了信息的获得。然而，对于普通股东而言仍然感到困惑与沮丧，从媒体披露油田发现，到储量确定，再到确定出储量的SEC价值——SMOG的计算结果总是与这些信息相脱节。

最近出版的一期《石油与天然气投资者》（Oil & Gas Investor）刊登的一则声明描述了这些可用的信息。[1]

图附11.1展示的是Talisman能源公司最近的一项油气发现，位于马来西亚半岛东部海岸。[2]

本通告是Talisman公司在马来西亚取得了新的油气发现，预计产量可达11300桶/日，该通告中所含信息的详细程度超过了行业惯例。

13日，马来西亚
Talisman能源公司
据卡尔加里报道，在马来西亚盆地的近海PM-305区块取得油气发现。Angsi-1南部，PM-305区块以南10千米处的Angsi现场，发现两个生产油层。上面的产油层经测试表明油层厚度为20米，日产原油可达8500桶。下面的产油层经测试表明油层厚度为15米，日产原油可达2500桶。储量约为2500万桶。Talisman预计将在2005年投产，日产量可达1.5万到2万桶。Talisman负责作业，并享有PM-305区块60%的权益，而Petronas Carigali则持有其余的40%权益。
来自："石油与天然气投资者"，2003年7月，国际聚焦，61页。

图附11.1　Talisman的发现

对于该项声明，公司股东或潜在股东自然会提出这样的问题：
（1）这项发现重要程度如何？
（2）价值多少？
（3）对股价有什么影响？

像这样简单的信息会要求在常规的 10－K 报告中披露。对于该声明中披露的信息需要谨慎对待并加以分析，对于 10－K 报告或年报同样如此。

这份声明提供的信息数量有些异常，大部分声明提供的信息远没有这么多。在某些方面，这份声明提供的信息数量超过了 SEC 的要求，也让人产生一些困惑。与此类似的其他途径披露的用于补充 SEC 信息可以帮助深入分析，但这些信息的来源可靠性无从保证。

测 试 产 量

该项发现的产能预计综合可达 11300 桶/日，这在过去几年中在全球范围内报告的油气发现里名列前 25%。[3] 同以往与此类似的发现对比，一般产量不太可能达到 11300 桶/日，但是按马来西亚标准判断仍然是很不错的。所有油田都会从高产量中获益的，但是深水开发需要巨大的产量支撑，因为必需的油井数量对生产设施和相关成本的影响很大。然而，这并不是一项深水油气发现。

水 深

从媒体披露或其他声明中并不能获得 Angsi South 的水深信息，但是位于 Talisman 该项发现以东 10 千米的 Angsi 盆地水深为 69 米[4]。这样的水深（226 英尺）正好处于自升式钻井船的作业范围内，明显比浮动式钻井平台成本低。

产油层有效厚度

报道中，两个层面的产油层有效厚度总计为 115 英尺（分别为 20 米＝66 英尺，15 米＝49 英尺），这个厚度比较理想。在墨西哥湾部分油田的产油带达到了这个厚度——更多的是在最近发现的深水油田。在墨西哥湾的潜海区，一般的产油层厚度仅为 15～25 英尺。早期的大型北海油田产油层厚度曾达到了 300 英尺以上，但是北海油田投产后第一年全年的产量平均仅为 10000 桶/日。测试产量一般都要高于第一年全年的平均产量水平。

生 产 时 机

2003 年 7 月出版的《石油天然气投资者》预计生产将于 2005 年启动，从发现到生产需要大约 2 年的时间。这个假设条件是发现时间为 2003 年初，因为确切日期并不知道，这样的效率已经相当快了。另一个信息来源是 Talisman 的 PPT[5]（发表声明当天从互联网上获得）预计生产启动时间约为 2005 年第二季度。因为该发现仅位于大型 Angsi 油田北部 10 千米，因此 Angsi 的生产设备可用于 Talisman/Petronas Angsi South 油田的开发，这将会降低成本并加快开发进度。然而，从可得信息判断，这一点并不确定。

储　　藏

　　从勘探前景角度讲，2500 万桶的储量其实很低。一般来说，声明所报道的储量是可采储量，相当于最有可能的，P_{50} 或者 2P 储量，其代表的应当是 100% 工作权益，无论是《石油天然气投资者》的媒体披露还是其他的因特网信息来源都没有对此进行清晰表述。尽管如此，Talisman 的 PPT 上表明这 2500 万桶的储量是 Talisman 的 60% 工作权益净额。因此，总收入（100% 工作权益净额）为 4200 万桶（2500 万桶 ÷ 0.60）。

　　通常，在苛刻的财税或合同条款下，如马来西亚，这样小规模的油田还不足以判断出与勘探相关的高成本和高风险。不管怎样，一旦确定了油田发现，勘探风险就变得无意义了。然而，这块油田的边际价格很可能是低于 18 美元/桶。

　　对于这项发现，有一方面还没有涉及：天然气怎么处理呢？与此类似的油田发现总是会伴生一些天然气，尤其是轻质原油。溶解在原油中的天然气数量——气油比（GOR）——会对操作成本产生很大影响。进一步讲就是，如果天然气产量很大而且没有市场的话，开发规划中不包含天然气注入地下的操作，是不会被批准的，这同样也影响着资本成本。

开 采 区 域

　　Talisman 的幻灯片中提供了一幅油藏结构图（图附 11.2 列示部分图像），该图显示了油田发现的可能开采区域。然而，诸如油水界面和储层厚度等信息体现的并不是很清晰。从图上可以看出，可采区域的面积大约为 7.5 平方千米或 1800 英亩。如果纵向井单井采集区域为 160～200 英亩，每个油层大概需要 10 口井，除非存在双层完井情况，即单个井可对两个油层同时采油。或许也存在水平井的规划——但无法确定。如果钻 20 口井，单井产量大约为 200 万桶，考虑到产油层有效厚度，这个产量看起来还是合理的。

　　15000～20000 桶/日（Talisman 获得的净产量）的生产率在一年内可获得 550～730 万桶产量，这个产量为 Talisman 份额可采储量（2500 万桶）在产量最高峰时的 22%～29%。即使对一个小型油田来说，这也是个较高的采储比。这意味着储量的预估可能也比较保守。对于一块印度尼西亚的油田来说，20%～25% 的采储比很常见，但是印度尼西亚政府有一项财税策略——国内市场义务

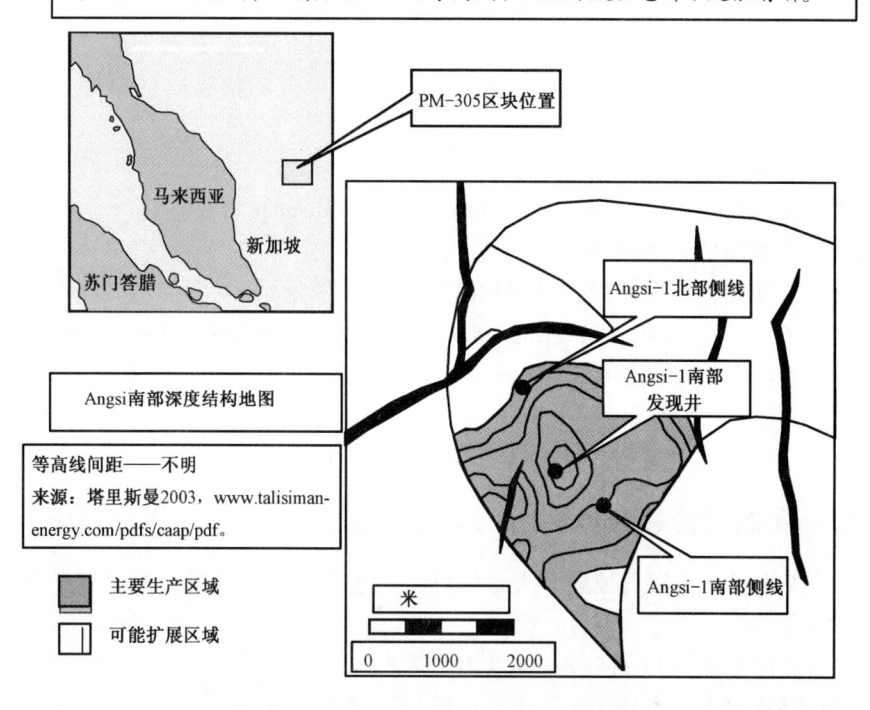

图附11.2　Talisman 的 Angsi South 油气发现

（DMO）——这项策略促使生产率提高，从而采储比也较高。而储量的估计通常比较保守，但预计的最高产量并不保守。处理设备和管道的规模由预计高峰生产率水平决定，高峰生产率通常是公开的。如果另一个来源的信息宣称总产量可达到15000～20000桶/日，采储比为13%～18%，哪一个更合理，你应该相信谁?

Talisman60% 工作权益

这是一个比较高的工作权益比率，但是很正常。对于一项发现，能够尽可能多地获得份额是有利的。对于干井，最好尽可能将权益降至最低——好比建议投资者"低买高卖"。

公开领域获得信息

从披露中很明显地看出，2002年在该区块进行了一次大规模三维地震测试，2003年6月3日对该油气发现的完整评估数据已确定，一口评价井（侧钻）位于北部1000米，另一口评价井位于东南部700米。同样可得到，原油为高品质轻质原油，上层油层相对密度为41°API，下层油层相对密度为48°API。[7]

对该发现可以了解到哪些信息？

该油田发现不久后披露的信息几乎满足了 SEC 的披露要求。进一步讲，媒体披露的信息和互联网及《石油天然气投资者》公开的信息质量要好于平均水平，解答了很多问题。

(1) 可采储量：4100 万桶（2P 储量）；
(2) 预计最高产量：15000～20000 桶/日（Talisman 净权益）；
(3) 开采区域：1800 英亩（大约）；
(4) 发现井测试生产量：11300 桶/日（综合流量）；
(5) 评价井：2 口（一口北部 1000 米，一口南部 700 米）；
(6) 水深：10 千米外水深为 69 米；
(7) Talisman 工作权益：60%；
(8) 原油品质：高质，41～48°API。

还不了解的信息有哪些？

尽管媒体对该项发现披露了大量信息，远远超过一般情况，但仍有很多问题还无法解答：

(1) 实际水深（可能与 Angsi 油田附近水深接近）；
(2) 储层厚度；
(3) 储层岩质类型；
(4) 储层压力；
(5) 孔隙度；
(6) 渗透率；
(7) 烃饱和度（烃化合物所占比重）；
(8) 气油比（溶解于原油中的天然气量）；
(9) 天然气储量；
(10) 合同类型及合同条款；
(11) 作业者的相关情况；
(12) 两口侧钻的测试产量（如果已测试）；
(13) 两口侧钻的产油层有效厚度；
(14) 开发计划及成本预估（例如，是否使用 Angsi 的生产设备）。

是否有其他办法判断 Angsi South 油田发现的价值呢？

马来西亚的条款极为苛刻——政府份额大约为 85%。既然油田规模不是很大，成本可能也不会太繁重；否则，便不具备经济可行性了❶，因为财税条款不能维持高昂的成本。

在新的马来西亚产品分成合同即收入/成本（R/C）PSC中，对于储量低于3000万桶的油田，政府初始份额仅为70%。❷

假设油价为20~25美元/桶，对于Talisman在原有马来西亚标准合同条款下，Talisman该项发现（已发现尚未开发）的价值大约为15~40美分/桶。如果该区块采用R/C PSC合同，那么储藏的价值会高一些——大约为2倍——30美分/桶，甚至可能达到1.00美元/桶。然而，没有信息表明该油田发现采用了哪种类型的合同（图附11.3）。

> 对于像马来西亚这样的国家(政府份额较高),储藏(地下)价值主要决定因素为是否被开发。除此之外，储藏价值是油田规模、液体特性、价格、成本（也是规模的函数）、开发时机和折旧率（假设10%~12.5%）的函数。

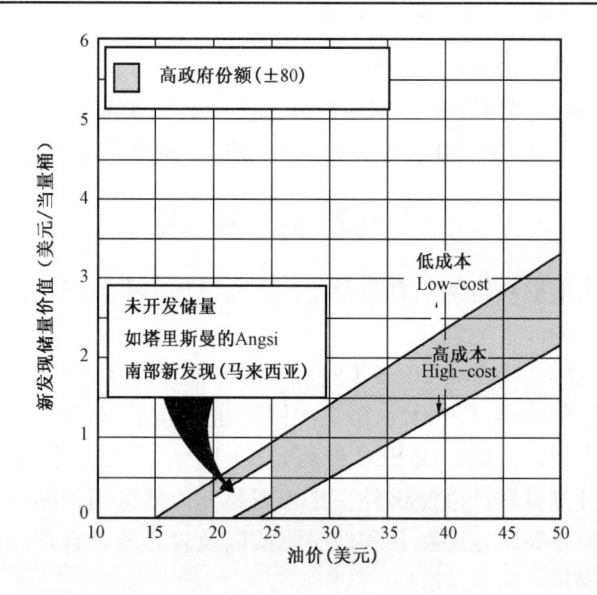

图附11.3　未开发储藏的价值——马来西亚

注：本图根据第八章中图8.1进行的调整

---

❶ 一般来讲，油田开发的经济性应当高于边际产量，这样单桶资本成本与油价的比值才会低于公司份额比例（百分比）。例如，一般的马来西亚产品分成合同，公司的份额仅约为15%。这就是说20美元/桶油价，其15%就是3.00美元/桶。因此，要想油田开发具有经济性，那么资本成本必须低于3.00美元/桶。

❷ R/C PSC按比例计算利润分成和成本回收限制，其依据是累计收入（税前）与累计成本的比值。但是该区块采用的是哪种类型合同还不知道，财税或合同条款将会对油田发现价值产生巨大影响。

Talisman 油田发现的价值可能为 1000~2000 万美元

假设未开发储藏的 2P 储量为 2500 万桶（Talisman 60% 工作权益净额），在原有标准合同下，该储藏价值为 400~1000 万美元（15~40 美分/桶×2500 万桶）。在 R/C PSC 下，价值几乎为两倍（表附 11.1）。

表附 11.1 从工作权益产量到 SMOG

项 目	储 量	评 价
初始发现	4100 万桶	100% 工作权益的探明可采+可能储量
Talisman 报告的工作权益份额	2500 万桶	60% 工作权益的探明可采+可能储量
Talisman 份额（净）	1380 万桶	55% 份额探明可采+可能储量马来西亚合同的一般份额
Talisman 探明可采储量（净）	690 万桶	仅探明可采储量假设探明可采储量为 Talisman Southeast Aisa 报告的 2P 储量的 50%

价值的合理范围可能是 1000~2000 万美元，Talisman2002 年发行在外普通股为 1.34 亿，平均到每股为 7~15 美分。这一时期 Talisman 在美国纽交所上市的股票价格为 32.10~45.70 美元，引起股价波动的差异还不足 0.5%。

披 露 要 求

如今股东能够获得的信息数量要比以前增加很多，但是，信息的数量和质量方面仍有很大的改善空间。

大部分披露要求都是 20 多年前制定的，从那时开始就没有进行过重大修改。石油估值工程师协会（SPEE）第三次国际研讨会于 2002 年 10 月 22 日召开，本次研讨会旨在清楚地确定出 SEC 储藏定义。会上 SEC 工程师展开了讨论，主要围绕在除钻杆测试和产液测试外，是否需要其他信息用于勘探储量。行业代表建议作为可替换方案，电缆测井和地层测试以及岩心的岩石物理信息在某些情况下也应当充分提供。

大部分讨论都是关于墨西哥湾深海油田的。深海环境下的钻杆测试和其他传统产液测试成本极高，钻机日费用率约为 100000 美元至超过 250000 美元（取决于钻机市场的波动情况）。与钻井船或半潜式钻井船相关的辅助服务的日费用率与钻机相当，这些服务包括了供应船、直升机、测井设备、射孔设备、钻井液、水泥、管等。因此，测试费用超过 20000 美元/日，甚至超过 400000 美元/日，并且需要数周时间完成，这主要由以下环境因素决定：储层数量、储层压力、水深及储层厚度。诸如墨西哥湾这样的区域，世界各个公司已经很了解其储层性质。因此，许多公司争论道，在墨西哥湾这样的地区钻杆测试意义不大，不如那些未知区域的需求性高，在高成本的深水环境更具有经济效益。

考虑至此，尤其在墨西哥湾地区，公司根据电缆测试和岩心数据确定储量，而不是钻杆测试数据，这是近20年来的一个小进步。这也符合电缆测试和地震数据收集和处理技术的发展水平。

毫无疑问，SEC关心的是保护股东利益和SEC要求的报告中数据的完整性，但确实存在比这更值得关注的问题，许多人认为仅仅报告探明可采储量局限性太大，可能储量也需要一并报告。此外，SMOG依据的是年末价格——从实务角度看，单独一天的价格与全年平均价格差异巨大，如图附11.4所示。

> 石油天然气的年末价格与平均价格经常存在较大差异，且通常不相关联。这是SMOG估值方法的最大争议之处。

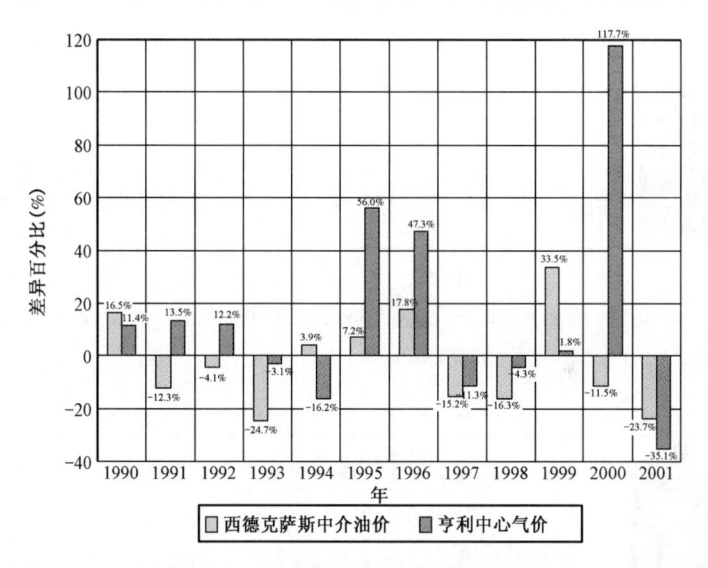

图附 11.4　年末价格与年平均价格的对比

来源：Harrel，R，Presentation May 15，2002，Anadarko Petroleum Corporation www.ryderscott.com/may15-02.pdf

BP的哥伦比亚油田——最糟糕的一次储量信息披露

20世纪90年初，BP通过传真发布一项公告。1992年10月29日，BP宣布"预计石油及混合物的可采储量为13亿~20亿桶，天然气为20000亿~30000亿立方英尺"，接下来发生的事情则极富戏剧性。这份公告具有政治敏感性，因为第一封传真发出之后，紧接就来了另一封传真"Kill Kill Kill"——引起人们的极大关注。图附11.5列示了这几次传真内容，图附11.6则列示了完整的、最终的及修正后的公告内容。

英国石油公司

新闻

BP美国
200公共广场
克利夫兰市，俄亥俄州
215/586-5556

英国石油公司对哥伦比亚石油储量给出估计

伦敦，10月29日，公共关系新闻专线——英国石油公司今日宣布哥伦比亚库西亚纳据估计大约蕴藏着13亿~20亿桶石油和2万亿~3万亿立方尺天然气。

英国石油公司宣称它及其合作伙伴，Total和Triton，在库西亚纳又发现一个独立的油田，在北边15公里相同的许可区域，储量大概只有库西亚纳的三分之一。

库西亚纳和库皮亚瓜都处于相同的地质构造带上……

英国石油公司

新闻

BP美国
200公共广场
克利夫兰市，俄亥俄州
215/586-5556

删删删——英国石油公司

BP公司建议我们编辑应当忽略今天早些时候对BP公司估计哥伦比亚油储量的报道。英国石油公司宣称会在今天晚些时候给出修正后的报道。

公共关系新闻专线——10月29日。

英国石油公司

新闻

BP美国
200公共广场
克利夫兰市，俄亥俄州
215/586-5556

这是BP公告的正确版本
英国石油公司对哥伦比亚石油储量给出估计

伦敦，10月29日，公共关系新闻专线——英国石油公司今天宣称对哥伦比亚库西亚纳油田的评价比预期进展得要快。根据迄今为止的钻探结果，油储量大约有15亿桶并含有大量的天然气资源。

但是库西亚纳的全部储量直到明年年初完井测井工作完成后，油田边界最后确定才可以最终明确。英国石油公司宣称在库西亚纳又发现一个独立的油田，在北边15千米相同的许可区域，储量大概只有库西亚纳的三分之一。

库西亚纳和库皮亚瓜都处于相同的地质构造带上……

图附 11.5　BP公告

英国石油公司

新闻

BP美国
200公共广场
克利夫兰市，俄亥俄州
215/586-5556

英国石油公司评估哥伦比亚石油储量

伦敦，10月29日——英国石油公司今天宣布，其对哥伦比亚库西亚纳油田的石油储备量评估进展速度超过预期。根据至今为止的数据，其石油储量估计已经超过15亿桶，还有大量的天然气。

但是，英国石油公司也表示，在明年年初完井测井工作完成前，库西亚纳的储量还是一个未知数。油田的边界将在随后的钻井工作完成后确定。

英国石油公司还在库皮亚瓜发现了另一块独立的油田，往北15千米处。在相同的合同区块下，它的规模是库西亚纳的三分之一。

库西亚纳和库皮亚瓜均处在相同的地质构造带上，即向北延展至英国石油公司所拥有的一个5000平方千米的皮特埃蒙区块，BP在这里拥有100%的工作权益。英国石油公司当前正在该区域进行冥王星2号的钻井项目。

对库西亚纳的储量估计是基于已经完成的三个油井和另外6个已到达或接近目标深度的评价井。布宜诺斯艾利斯-1是已经完成的油井之一，正在进行一项日产量约10000桶的长期生产测试。

库西亚纳-3、库西亚纳-4以及布宜诺斯艾利斯-3已经进入产油层。另外三个油井——布宜诺斯艾利斯-2、布宜诺斯艾利斯-5和Rio Chitamena预期将在随后的六个星期内能够正式产油。

库皮亚瓜的评估是基于地震分析和库皮亚瓜-1油井的产油数据，该油井已于近期到达12400英尺深的产油层并已经在储量区进行采掘。另外四个油井的评估将在1993年进行。

英国石油公司表示，它预期库西亚纳区块在1993年年中实现宣布商业化。到那时，哥伦比亚国家石油公司将获得50%的权益，同时条款将规定英国石油公司与其合作伙伴的相关合作合同。

英国石油公司的首席执行官David Simon称，库西亚纳油田项目是政府和石油行业私营部门的一次成功的合作。他指出，"我们及我们的合作伙伴正在和哥伦比亚国家石油公司以及哥伦比亚当局紧密合作，以尽快顺利地全面实现投产"。

英国石油公司开发部首席执行官John Browne表示，库西亚纳的开发以及现有出口管道的升级计划正由其合作方以及哥伦比亚国家石油公司拟定，预计在1995年末达到日产量150000桶。

他进一步表明，英国石油公司拥有库西亚纳15.2%的权益，这将使储量在今年末已确定的基础上再增加2.5亿桶。它在库西亚纳的储量份额将在1993年年末评估完成时进行登记。

Browne表示，库西亚纳油田的初步经济评估显示，与其他类似的陆上产油区块相比，库西亚纳油田的每桶开发成本更低。

图附11.6 BP更新后的公告

资产收购信息及相关公告

每年的油田收购交易都涉及数十亿美元,最终支付的每桶价格通常是最先披露的信息,如表附 11.2 至表附 11.8 中的举例所示。但问题是人们通常并不能确定这些信息的确切含义:

(1) 是工作权益产量还是份额产量?
(2) 是 1P 储量还是 2P 储量?
(3) 已开发储量是多少?未开发储量是多少?
(4) 天然气换算为桶的约当储量是多少?

表附 11.2　M&A 交易活动

时　　间	2001	2002	
	二季度	一季度	二季度
交易数量	40	34	42
交易价格总计（十亿美元）	22.81	15.04	13.97
北美以外交易价格总计（十亿美元）	6.5	5.0	8.5
隐含的储藏价值			
世界范围　（美元/桶油当量）		3.26	3.30
美国　　　（美元/桶油当量）		6.05	6.35
加拿大　　（美元/桶油当量）		4.75	7.87

来源:"Upstream M&A Activity, Revenue Values Rebound in N. American", International Oil Daily, August 7, 2002, pg. 5。

表附 11.3　世界范围内储量交易总计

年	投资额（百万美元）	增加储量（百万桶当量）	储藏成本（美元/桶当量）
1995	8635	1982	4.37
1996	11926	2679	4.45
1997	37632	8724	4.31
1998	122110	16610	7.35
1999	96498	16201	5.96
2000	107475	80492	4.63
2001	81532	64709	4.13

来源: John S. Herold Inc., Oil & Gas Journal, May 27, 2002, pg. 28。

表附 11.4 美国油田资产收购交易

交易规模：100万~4亿美元

年	石油价格（美元/桶）	储量 原油（百万桶）	储量 天然气（十亿立方英尺）	储量 百万桶油当量 10:1	收购价格（美元/桶油当量）	收购价格占原油价格百分比（%）
1979	21.54	7	33	10	6.81	32
1980	33.98	6	139	15	17.55	52
1981	37.07	8	54	13	12.46	34
1982	33.59	54	415	96	10.92	33
1983	29.34	27	246	52	8.86	30
1984	28.86	47	953	143	9.91	34
1985	27.00	36	753	111	10.25	38
1986	14.32	35	787	114	8.71	61
1987	18.00	130	686	199	6.08	34
1988	14.62	129	992	228	6.63	45
1989	18.07	164	2151	379	7.78	43
1990	22.20	319	2940	613	5.14	23
1991	18.74	123	1380	261	7.55	40
1992	18.12	216	1718	388	5.88	32
1993	16.66	282	3456	628	6.08	36
1994	15.41	248	1801	428	5.68	37
1995	17.15	269	2986	567	6.23	36
1996	20.57	208	1957	403	5.76	28
1997	18.62	403	3340	737	6.67	36
1998	12.14	280	2855	565	4.93	41
1999	17.27	140	2098	350	6.29	36
2000	27.68	163	4091	572	7.72	28
2001	22.00	213	1577	370	7.36	33
		3506	37408	7247	6.59	35

来源：Scotia Group 数据库。

表附 11.5　美国交易（1975—2001 年）

交易规模	收购价格	
	美元/桶油当量（6∶1）	美元/桶油当量（10∶1）
大于 1 百万美元小于 50 百万美元	4.29	5.73
大于 1 百万美元小于 100 百万美元	4.29	5.72
大于 1 百万美元小于 400 百万美元	4.90	6.59

来源：Scotia Group 数据库。

表附 11.6　美国石油天然气储量交易活动及成本

时间	交易数量	储藏价值 美元/桶油当量（6∶1）	储藏价值 美元/千立方英尺（6∶1）	备 注
2000				
一季度	45	4.61	81 美分 以天然气为主的交易	
二季度	49	4.55		
三季度	34	5.20		
四季度	28	5.10		
2001				
一季度	39	5.20	1.14 美元 以天然气为主的交易	交易中位数 <25 百万美元为 4.05 美元/桶油当量 交易中位数 >100 百万美元为 7.14 美元/桶油当量
二季度	29	6.00		
三季度	25	7.15		
四季度	29	5.88		

来源：Cornerstone Ventures LP，Oil & Gas Journal，May 27，2002，pg 34。

表附 11.7　加拿大石油天然气储量交易活动及成本

时间	交易数量	储藏价值 美元/桶油当量（6∶1）	储藏价值 美元/千立方英尺（6∶1）
2000	87	CA5.88 美元 US3.80 美元	CA1.19 美元 US0.77 美元 以天然气为主的交易
2001	131	CA5.88 美元 US3.80 美元	CA1.59 美元 US1.03 美元 以天然气为主的交易

表附 11.8　俄罗斯主要石油天然气储量交易（1995—2002 年）

讨论到寡头垄断，他们的巨额财富其实都是通过这些交易积累起来的。

年月	购买者	收购权益	投资额（百万美元）	增加储量（百万桶油当量）	储藏成本（美元/桶油当量）
1995—1996	ARCO	7.99%，Lukoil	340	921	0.37
12/95	Surguftneftegaz	40.12%，SNG	88	2359	0.04
12/95	Nikoil	16.07%，Lukoil	172.2	1853	0.09
12/95	Imperial Bank/Lukoil	5%，Lukoil	35	577	0.06
12/95	Uneximbank/MFK	51%，Sidanko	130	4820	0.03
12/95	Laguna（Menetep）	45%，Yukos	159	4518	0.04
12/95	Montblanc（Menetep）	33%，Yukos	360.1	3313	0.11
12/95	NFK（SBS）	51%，Sibneft	100.3	2045	0.05
		1995 年总计	1384.6	20406	0.068
03/97	Sibneft 及其下属公司	47.02%，VSNK	8.1	884	0.01
07/97	Novy Holding（Alpha Group）	40%，TNK	955	1960	0.49
11/97	British Petroleum	10%，Sidanko	572	945	0.60
12/97	Rosprom（Yukos）	45%，VNK	800	992	0.81
12/97	West LB，Daiwa，Standard	31.9%，Yukos	236	3203	0.07
		1997 年总计	2571.1	7984	0.32
02/98	Novy Holding（Alpha Group）	9%，TNK	200	441	0.45
09/98	MES Affiliates	38%，Purneftegaz[①]	10	540	0.02
12/98	Ruhrgas	2.5%，Gazprom	660	3238	0.20
		1998 年总计	870	4219	0.20

来源："Price consensus weakens between banks, reserve buyers", Oil & Gas Journal, May 27, 2002, pg 28。

① 1998 年 12 月，这项债务拍卖收购交易宣告无效，资产返回给 Roseneft。

尾　注

1. 2003. Malaysia Talisman Energy Inc. Oil & Gas Investor. July, 61.
2. 1998. Petronas Signs Gas Production Sharing Contracts with EPMI and Petronas Carigali. 17 November, http://www.petronas.com.my/internet/corp/new.nsf.
3. Johnston, D. 2001. Economic Modeling/Auditing – Art or Science? Part Ⅱ. Petroleum Accounting and Financial Management Journal. Spring, Vol. 20, No. 1, 90–100.
4. Mueller, J. Malaysia moves ahead with new offshore model, Asian Oil & Gas. Http://www.oilonline.com/news/features/aog/20020426.Malaysia.8624.asp.
5. Talisman Energy. 2003. Talisman in 2003. Talisman Energy Powerpoint Presentation. June, http://www.talisman-energy.com/pdfs/CAPP.pdf.
6. 2003. Talisman makes discovery offshore Malaysia (06–05–03). Alexander's Gas & Oil Connections. Discoveries. Vol 8.
7. 2003. Talisman's Malaysia discovery tests 11,300 bbls/d. May 6, http://www.rigzone.com/news/artcle.asp.
8. Harrel, D. R. and T. L. Gardner. 2003. SEC, industry discussion illuminates reserves reporting issues. Oil & Gas Journal. vJune 23, 58–64.

附录12　主要条款的扩展解释

成本保险加运费[1]（CIF）

CIF 是合同中规定的货物价格。卖方有义务将货物移交给承运方，支付运费并交纳至买方目的地的保险费，向买方提供提货单、保险单、发票及运费支付凭证。

下述例子描述了一吨 LNG 的 FOB Jakarta 价格与 CIF Yokohama 价格间的差异。

  FOB　Jakarta　　170 美元／吨　　　　也称为"出厂价"

  　　　　　　　　＋30 美元／吨　　　　运费

  ＝ CIF Yokohama ＝ 200 美元／吨

折旧、折耗及摊销（DD&A）

为了方便讨论 DD&A，我们必须要了解有形成本和无形成本的概念。考虑一项应用半潜式生产系统、油井及管道的油田开发成本（图附 12.1），其油田开发成本分解如下：

---

[1] 也作"到岸价"。

有形成本	无形成本
钢材	人工
电缆	燃料
木材	焊条
玻璃仪器设备	电力
电脑	运输成本
井架	消耗品
有形物品具有实物形态	无形项目不必具有实物形态
有形成本需要折旧	无形成本需摊销

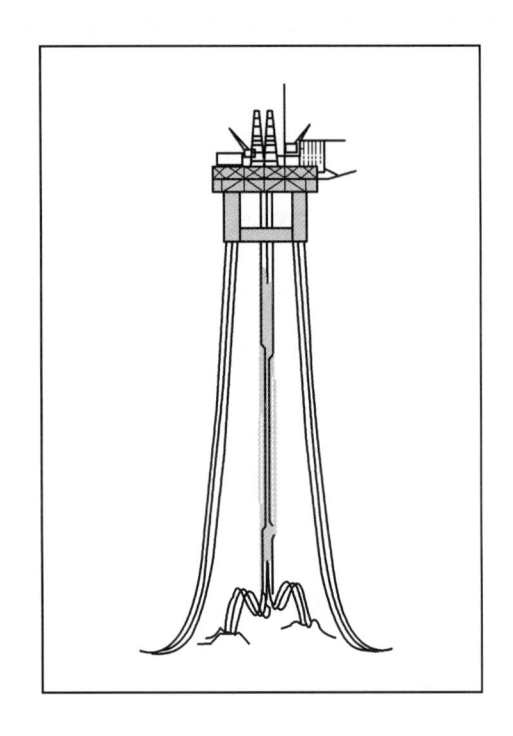

图附12.1 半潜式生产系统油田开发
（产生有形成本与无形成本）

一般来说，人们讨论的折旧概念包含了折旧和摊销。在表附12.1现金流量表举例中，可以看到已投入的资本成本是怎样折旧的。

第F列中的"资本成本"列示的是实际发生的投资，第1年为30000美元，第2年为40000美元，依此类推。第H列中"折旧"是可税前抵扣的，两者总数应该相等。

表附 12.1　DD&A

				现金流样本						
	年产量	油价	总收益	矿税	净收益	资本成本	运营	折旧	SPT TLCF	SPT 抵扣
年	(百万桶) A	(美元/桶) B	(千美元) C	(千美元) D	(千美元) E	(千美元) F	(千美元) G	(千美元) H	(千美元) I	(千美元) J
1	0	20				30000			0	0
2	0	20				40000			0	0
3	578	20	11560	1445	10115	100000	3156	34000	0	10115
4	6100	20	122000	15250	106750	60000	16200	46000	27041	89241
5	9420	20	188000	23550	164850	70000	22840	60000		82840
6	12400	20	248000	31000	217000		28800	60000		88800
7	10850	20	217000	27125	189875		25700	60000		85700
8	9494	20	189880	23735	166145		22988	26000		48988
9	8307	20	166140	20768	145373		20614	14000		
10	7260				127208		18538			
合计					300000		300000			

金融工具

金融工具种类繁多。根据所用金融工具的种类不同，财务报告中对金融工具的披露要求也不同，有三种基本类型的金融工具：

（1）现金；

（2）对公司实体的权益投资，如权益证券。

（3）规定一方有义务交割或者转让权利给另一方，从而获得现金、其他金融工具或交换金融工具的合约，如债务证券。

有许多非有价证券形式的金融工具没有记录到资产负债表，而是作为表外融资（OBS），如：

（1）信用证；

（2）利率互换协议；

（3）金融远期合约；

（4）利率顶；

（5）利率底。

权益投资的会计核算方法因投资比例不同而存在差异，而投资方对被投资方的影响程度对会计核算方法的选择更为重要。

市值负债比率

McDep 比率是市场价值（Mc）和负债（De）的总和与资产评估价值（P）的比值。该方法是石油分析师 Kurt Wulff 提出的。

市场价值 = 股票价格乘以股数

负债　　 = 总负债

　　　　　 − 流动负债

　　　　　 − 递延税的 50%

　　　　　 + 优先股

　　　　　 + 递延资本利得税❶的 50%

资产价值 = 石油天然气资产、区块、管道、炼厂及其他资产（流动资产除外）的价值

评估的权益（资产减负债）价值一部分是由预计的递延资本利得税决定的，而递延资本利得税的计算基础是评估的权益价值。正因为存在这样的依存关系，因此递延资本利得税的预计采用试错法。

互　　换

互换是金融衍生品。举一个简单的例子是，公用事业公司打算稳定天然气供给成本的价格。该公用事业公司就会同对方签订一项期限为 10 年、支付价格为 3.50 美元/千立方英尺的合约。互换就是将波动的价格锁定为固定价格。

这样该公用事业公司就会像以往那样经营，按照原来的方式购买天然气。当天然气成本高于或低于固定或设定价格，互换协议就会起作用。如果天然气价格高于 3.50 美元/千立方英尺，对方就会将差额支付给该公用事业公司。如果天然气价格低于 3.50 美元/千立方英尺，该公用事业公司就会向对方支付差额（图附 12.2）。

石油行业早期的互换协议产生于 1986 年，而安然被公认为第一家采用大额天然气互换协议的公司。

---

❶ 递延资本利得税为账面价值与评估权益价值间的差额乘以税率。

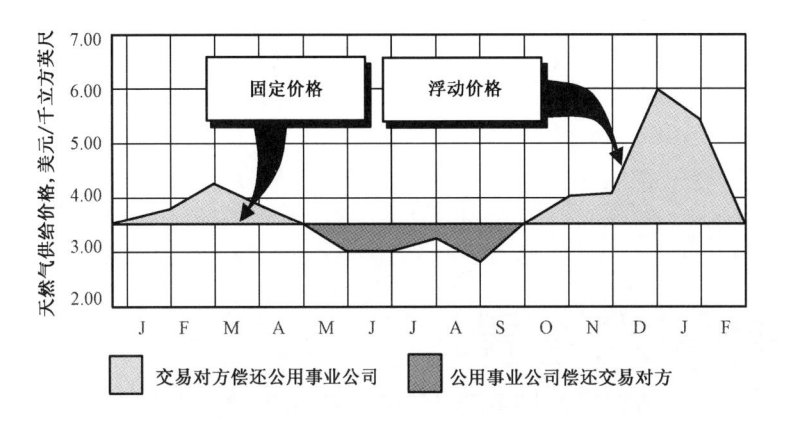

图附 12.2　天然气供给价格的互换协议

并购术语表

Asset Play 资产隙 指资产价值高于股票市场估值的公司（通常是说"个别资产价值总和高于总市值"）。

Breakup Value 清算价值 资产被分拆后，单独出售的公司价值。

Bear Hug 熊抱接管策略 指直接投书给目标公司的董事会而非股东（如要约收购），其结果取决于董事会的批准。若出价足够高，有时董事会出于最大化股东利益的法律责任而被迫勉强接受报价。熊抱接管策略并购方式给董事会施加了压力并提醒股东关注该决策。通常，它暗指一次潜在的敌意收购，如低价收购要约。

Blank Check 空白支票 由董事会或高层管理者授权发行新股（通常是优先股）。董事会可以利用该空白支票发行一种特殊股票开展白衣护卫反收购策略，以防止公司被接管。

Blank Check Preferred Stock 空白支票优先股 董事会可以利用该优先股开展适当的计划或发行一种特殊股票来进行白衣骑士或白衣护卫反收购策略。

Control Share Cash Out 控制股票现金支出 一些州法令要求已取得目标公司部分控制股权的收购方必须以公允市价作为最高支付对价支付给外部流通股票的股东。该法令用于防止双层接管（tow tiered takeover）。

Creeping Tender 爬行要约收购 在1968年威廉姆斯法案颁布之前，并购方可以在提出要约收购之前通过二级市场隐蔽地购买目标公司的大量股票。由于其是逐步地、增量地购买股票，该收购也被称为试收购（toe – hold acquisition）。

Crown Jewels 皇冠明珠 指最具有盈利能力的、吸引力的资产或目标公司的子公司。

Crown Jewel Option 皇冠明珠期权　通过卖掉最有价值的资产来降低公司被收购吸引力的策略。

Fair-Price Provisions 平价条款　（见 shark repellant 拒鲨条款）。

Four-Nine Position 四九头寸策略　持有略少于5%的已发行股票来规避 SEC13（b）条款的披露要求。

Going Private 退市　购买公众持有的全部公司股票，由此，公司从公众公司转变为私有化公司。

Golden Handcuffs 金手铐　通常针对高层管理者的雇佣协议，使其离开公司的成本较高。例如，基于特定供职期限的高收益股票期权。

Golden Handshake 金色握别　基础收购协议中的一项条款，是指交易失败，目标公司同意支付给并购公司一笔可观的补贴。

Golden Parachute 金色降落伞　向并购交易中被解雇的高层管理者支付大额补偿费的保障性协议。若并购公司解雇员工，该协议会提供给他们一定数额的补偿。该补偿可能会达到1000万美金，在一些案例中，大公司的董事会主席甚至更高。

Greenmail 绿色邮件　目标公司对潜在并购方的一项支付。目标公司溢价回购股票以阻止要约方收购行动的继续进行。

Grey Knight 灰色骑士　并非完全善意的营救者，但可能比敌意收购公司更易被目标公司接受。

Hostile Takeover 恶意收购　指不被目标公司董事会接受或同意的强制收购行为。

In Play 处于锁定状态　一家公司被认定为并购目标。通常13（d）文件的提交或收购要约意味着一家公司已成为并购目标。

Insurgent 股权争夺　在代理投票权竞争中，外部股东或利益集团通过代理权争夺获取董事会的席位或控制权。

"Just say no" Defense 简单否定防御措施　简单地拒绝要约并依赖于现有的反收购防御壁垒时，董事会回应熊抱要约收购所采用的策略。

Junk Bonds 垃圾债券　通常指用于并购融资的高风险、高收益债券。

Leverage Buyout（LBO）杠杆收购　以被收购公司的自有资产作为债务担保的收购融资。在该类交易中，以负债的方式实现了对目标公司的收购，创造了以债务为主的资本结构。

Lock-up Defense 锁定防御　白色骑士被给予购买目标公司未发行（但授权的）股票的权利。或另一种变化形式，白色骑士被授予购买目标公司特定资产的权利，使空壳的目标公司变成敌意收购的主体。

Mezzanine Financing 夹层融资 从属于优先支付担保债券的一种债务融资，通常具有权益转换特征，例如，股票期权或权证。

Pac–Man Defense 帕克门式防御 以一款曾经流行的电子游戏命名的防御策略，目标公司试图吞并其购买者。

Poison Pill 毒丸计划 该反收购策略使得并购成本变得极为昂贵，迫使收购方放弃继续收购的努力。例如，在敌意收购完成后，目标公司采取发行具有稀释性或牺牲性股票的计划。

Poison Pill Rights Plan 毒丸权利计划 股票购买权力以股利的形式赋予股东，仅在收购行为发生时才可执行。外翻式（Flip–over）毒丸给予股东半价购买公司股票的权利。

Poison–Put 毒性卖权 允许债券持有者在特定条款下进行赎回。毒性卖权意在保护债券投资者的利益，若公司控制权发生变化，债券持有者可以将债券转变为现金或普通股。通常来讲，公司并购会利用大量的债务融资。并购完成后，目标公司的债券通常被认为更具风险。评级机构会下调原有债务的评级，债券的市场价值随之下降。

Proxy Contest 代理投票权竞争 股东争取获得董事会影响力或改变董事会构成的方法。代理投票权的争夺已非常普遍，为取得公司控制权提供了一种替代方法。在代理投票权竞争中，局外人被视为"暴动分子"。

Raider 恶意并购方 敌意的、想要收购其他公司的外部实体或个人。

Restructuring Defense 重组防御 接管中首选的防御方式，其主要策略如下：

（1）出售优质资产；

（2）分拆；

（3）自我认购或股票回购计划。

Saturday Night Special 周末特别收购 盛行于20世纪60年代，当时大量的要约收购都是在周末突然宣布的，1968年威廉姆斯法案对于信息披露的要求终止了该项策略的运用。

Scorched Earth 焦土政策 是一种自我破坏的策略，公司通过降低自己的吸引力来阻止并购的发生。该策略主要包括剥离并购方想获得的部门或资产；公司也可以安排大量并购后到期的负债挫败收购方的收购意图。但是，大多数收购方都会事先考虑这点。

Shark Repellant 拒鲨条款 指公司为防御收购方的敌意收购而采取的任何反收购策略（如改变公司章程），最常见的方法有：

（1）管理层的金色降落伞和其他补偿计划。

（2）公允价格条款要求所有股东获得相同的股价支付。一些公司要求该价格是公平市价或收购交易中支付的最高价格。

（3）建立一个错综复杂的董事会，使得并购方很难获得董事会多数席位或拉拢董事会成员。

（4）多数条款，规定收购要约必须要获得简单多数、或三分之二、或四分之三的股东投票支持才可通过。

（5）安全港，目标公司通过购买高度管制行业业务来抵制收购。许可证及清算监管制度实际上降低了目标公司的吸引力。

（6）反绿色邮件条款。

Short-Swing Profit 短线交易利润　持有期限短于6个月的内部人所获得的利得（持有数量超过发行股数10%以上的任何个人或实体）。短线交易利润必须在股份出售之后交还给公司。

Standstill Agreement 中止协议　限制收购方对目标公司股票的进一步购买。包括收购方和目标公司之间缔结的有关协议，涉及收购方的股票收购协议及目标公司终止法律行动的协议。通常双方都会做出让步。

Swipe 突袭策略　公司管理层宣布欲出售公司之后，一项未经协商的收购请求。其询价通常高于目标公司管理层所提出的价格。

Target or Target Company 目标或目标公司　指被收购的公司，或敌意、善意收购中的目标。

Tin Parachute 锡降落伞　并购中遭遇解雇的低层员工所获得的解雇补偿保证。在控制权发生变化时或后，解雇补偿计划中所涉及员工将获得解雇补偿。

Two-Tier Offer 双层收购　对公司部分股票的报价。通常双层收购的战术目标是在第一层级的股票收购中即获得公司控制性股权。公允价格条款用于保护未在收购要约第一阶段出售股票的股东利益。若该策略过早使用，在敌意收购者获得控制权后，会损害在第二阶段出售股票的股东利益。

White Knight 白色骑士　通常在敌意收购中，应目标公司请求对其实施营救的公司。白色骑士会接受对目标公司更为有利的收购条款来展开营救措施，例如，接受较高的收购价格和保证目标公司管理的稳定。与白色骑士相对应的是黑色骑士。

White Squire 白衣护卫　通常在敌意收购中，应目标公司请求对其实施营救的公司，该公司会购买并持有较大比例的股票——但非控制权。

专业术语表

Accelerated Depreciation 加速折旧法　以高于直线折旧法的比例对资产进行折旧和摊销的会计折旧方法。加速折旧法的具体方法有很多，但通常在该资产的折旧初期折旧比例较高，后期较低。该方法可有效降低折旧初期的实际税率。

Accrual Accounting 权责发生制会计　将收入和费用在其实际发生期间进行匹配的会计核算方法，而不考虑实际的现金收支（见 Cash Basis Accounting 收付实现制会计）。

Ad Valorem 从价税　拉丁语，意思是按照价格。根据商品或资产的价格，而非数量或尺寸征收税费。以井口价格为征收基础的特许权使用费就是典型的从价税。

Authorized Shares 注册股份　公司章程载明的可发行最大股票数量，包括普通股和优先股。若股东同意修改公司章程，公司可以发行较少量的股票。

American Depository Receipt 美国存托凭证　通过美国银行发行的存托凭证，每份存托凭证通常对应一股或多股外国公司股票。如同股票一样可以在证券交易所进行交易。

Affiliate 关联公司　一家公司拥有另一家公司非多数股票或两家公司都是另一家母公司的子公司时，这两家公司则为关联公司。子公司是其母公司的关联公司（见 Subsidiary 子公司）。

Amortization 摊销　用于估算在一段时间内，导致无形资产价值下降的相关成本和费用的会计核算方法。无形资产摊销的方法有以下几种：

（1）直线摊销法（SLD）；
（2）双倍余额递减法（DDB）；

（3）余额递减法（DB）；

（4）年数总和法（SYD）；

（5）单位产量法（UOP）。

Arbitrage 套利　在不同市场间，寻找商品、股票或货币的价格差异的获利行为。例如，套利者可以在一个市场上根据协议买入商品，同时在另一个市场上卖出相同商品以锁定利润。在并购交易中，套利者可以伺机购买被收购公司的股票，然后卖空并购公司的股票以锁定利润，控制风险。

Arbitration 仲裁　争议各方达成协议将纠纷提交给独立的仲裁者或组织来解决争端的程序，如仲裁法庭。争议双方各选定一位仲裁者，这两位仲裁者再共同选择一位第三方仲裁者。第三方仲裁者作为仲裁法庭的主席，审理双方的争议。仲裁法庭提交最终的、有约束力的决议。

Backwardation 现货升水　当商品现价或现货价格高于期货价格，则认为市场处于反转或现货升水状态。与之相对的是期货升水（Contango）。

Bear Market 熊市　该市场状态的特点是大多数股票的价格下跌。如果一个人的预期悲观，则会看跌市场。预期市场下跌的人也称为卖空者。

Beta 贝塔系数　衡量一种股票相对股票市场指数或某行业股票指数的波动性指标。如果股票价格与行业股票指数同步变动，该股票的贝塔系数为1。如果该股票在牛市中的上涨及在熊市中的下跌程度都高于行业股票指数的波动幅度，则该股票的贝塔系数大于1。较低的贝塔值表明该股票在市场波动状态下表现稳定。例如，每次市场上涨10%，某公司股票仅上涨7%，则该公司相对于市场的贝塔值为0.7（见 Capital Asset Pricing Model 资本资产定价模型）。

Blue Chip Stock 蓝筹股　指在某一行业中处于重要支配地位，业绩优良，交投活跃，红利优厚的公司股票。例如，IBM、埃克森、杜邦以及通用电器。

Bond 债券　发行期限长于一年的债务凭证。短于一年的债券称为票据。债券的义务通常是在特定的时间支付利息及本金。没有利息的债券称为零息债券。

Bond Indenture 债券契约　债券发行的补充协议，用来确定权利、特权以及对债权持有人的限制性条款。

Book Value 账面价值　（1）公司净资产的价值，用总资产减去无形资产（专利权、商誉）和负债的价值计算得来；（2）股东权益的价值，每股账面价值等于股东权益除以普通股股数。完全稀释的账面价值等于股东权益减去优先股股利除以普通股股数；（3）一项资产或一组资产的账面价值等于初始成本减去折旧、折耗和摊销（有效的折旧）；（4）资产负债表上列示的资产价值，也就是资产初始成本减去累计折旧。

Boot 价差　并购中卖方补偿中的非股份支付部分（通常是现金）。

Breakup Value 破产企业清算价值 公司全部营运实体或资产被出售并偿还债务后所获得的资金。

Brown Tax 布朗税 一种可能为正也可能为负的税种。以现金流为基础的政府参与（开采利益）可被视为布朗税。在投资期间，政府承担税费，产生正现金流后政府则会征收该税种。

Bull Market 牛市 该市场的特点是股票价格上涨。如果一个人的预期乐观，则会看多市场。预期市场上涨的人也称为看多者。

Business Judgment Rule 经营判断规则 管理层和董事会对股东的受托责任要求必须以诚信作为行动的准则，并能够以股东利益最大化为目标。该规则并不要求董事会做的所有判断和决定都是正确的，但必须按诚信原则，经审慎考虑后，且基于客观事实做出判断。

Call or Call Option 看涨期权 在协议规定的有效期内，协议持有人按固定价格购买股票的权利。

Call Provisions 赎回条款 与债券及优先股相关的条款，允许发行人以事先约定的价格赎回（赎回价格）。

Capital Asset Pricing Model（CAPM）资本资产定价模型 是一个表明风险与期望收益之间关系的复杂模型。该模型的基础思想是期望价值理论和风险报酬理论。资产或有价证券的收益应等于无风险收益（如短期国库券的收益）加上风险溢价。

Capital Gain 资本利得 资产的售价高于购买价值的差异。

Capitalize 资本化 （1）会计角度，指资本成本的期间费用化（摊销），如折旧或折耗；（2）根据利息率计算预期收益的现值，如股利贴现模型；（3）将资本性支出计入资产价值而非费用化。

Capitalization 资本总额 投入公司的全部资本，包括长期负债（债券）、权益资本（普通股和优先股）、留存收益以及其他盈余资金。

Capitalization Rate 资本化率 将预期支出折现所使用的利息率。

Capitalization Ratio 资本比率 长期负债、优先股及权益资本与总资本的比值，也称公司资本结构。

Cartel 卡特尔 通过限制产品产量及销售达到控制价格目标的商业集团或国家集团。卡特尔组织对行业的控制力度弱于垄断组织。托拉斯有时也与卡特尔具有相同的意义。

Cash Flow 现金流 总收入减去所有相关的资本和运营成本支出。合同者的现金流等于总收入减去所有成本、特许权使用费、税费、进口关税、罚款、义务支出和利润油分成，等等。代表了合同者的利润分成。政府的现金流包括特许权使用费、税、进口、关税和利润油分成等。从财务的角度讲，是指净利润加上折旧、折耗和摊销以及其他非现金费用。通常，与现金收益及经营现金流具有相同的意义。通常会对会计期间所有引起现金账户变动的因素进行分析。

Cash Basis Accounting 收付实现制会计 按收入及费用的实际收支作为记账依据。

Charter 章程 公司获得所在国法律实体地位的注册文件。

Commercial Paper 商业票据 公司发行的短期本票。

Contango 期货升水 指商品期货价格和现货价格之间的关系。当期货价格高于当前价格（如现货价或当前合约价格），则处于期货升水状态。与之相对应的是现货升水（Backwardation）。

Convertible Debenture 可转换债券 可转换为普通股的债券。转换条件通常基于债券持有者的意愿。

Convertible Preferred Stock 可转换优先股股票 可转换成普通股的优先股。转换条款基于预先确定的价格，由优先股股东决定是否执行转换。

Cost of Capital 资本成本 能够补偿债权人和股东资金所承担的风险的最低资本回报率。资本成本由税后的债务资本成本和权益资本成本加权平均计算而得。

Cost Insurance and Freight（CIF）成本加保险费加运费 包含在商品合同价格中。卖方承担的全部责任包括将货物送至承运人、支付到达目的地的运费和保险费，并将提单、保险单、发票和运费支付凭据交与买方。

Country Risk 国家风险 在国外经营的风险及不确定性，包括政治风险和商业风险。

Cramdown 强迫接受 指股东或债权人被迫接受某些证券或条款组合的交易。

Current Assets 流动资产 指容易变现且预期在一年内变现的资产。

Current Liabilities 流动负债 指一年内到期的债务或其他义务。流动负债包括应付账款、应交税费、应付工资和一年内到期的长期负债及票据。

Current Ratio 流动比率 流动资产与流动负债的比率。与营运资本相关，营运资本等于流动资产减流动负债。

Curtailed Production 减产 由于受市场或管制的限制，石油或天然气的生产率相对下降。

Debenture 公司债券 由公司信用及盈利，而非抵押物或特定资产作为担保的本票或公司债券。

Debt Service 债务清偿 特定期限内，通常指一年，用于偿还本金及利息所需的资金。如公司债,包括年度利息及年度沉没资金的支付。

Debt – to – Equity Ratio 权益负债率 (1) 长期负债总额除以普通股权益,这是财务杠杆的一个衡量指标;(2) 负债总额除以股东权益总额,这体现了清算时所有者权益对债权人的保障程度;(3) 长期负债总额与优先股权益之和除以普通股权益。

Deferred Charge or Deferred Cost 待摊费用或递延成本 在未来期间结转而非当期确认为费用的支出。例如,接受服务的预付费用、应用期限超过支付当期会计期间的保险费。

Defeasance 债务中止 是实质性债务中止的简称,公司通过该策略解除原有的低利率债务而非在到期之前偿还。公司持有新购买的面值较低的有价证券,但支付的利息较高或者市场价值较高。其目标就是净化资产负债表(降低债务规模),因原有债务的面值高于新债务的面值而获得账面增量收益。

Depreciation 折旧 一种会计惯例,用于衡量一段时间内因损耗、废弃导致资产价值减少的相关成本或费用。折旧是非付现费用。资本成本折旧的核算方法可分为若干种(见 amortization 摊销)。

Depreciation, Depletion, and Amortization (DD&A) 折旧、折耗和摊销 为便于讨论折旧、折耗和摊销,我们首先要理解有形成本和无形成本的含义。以采用半浮式生产系统、油井和管道的油田开发成本为例,分类如下:

有形成本	无形成本
钢铁	劳动力
电缆	燃料
木材	焊条
玻璃	电力
计算机	运输成本
井架	消耗品
有形资产是指具有一定实物形态的资产,其成本分配采用折旧方法。	无形资产不一定具有实物形态,其成本分配采用摊销方法。

Development Well 开发井 在已探明石油天然气储藏区域内完钻(能够获得合理数据)且钻井深度达到可生产地层深度的油井。

Dilution 稀释 可转换有价证券转换为普通股和/或权证及股票期权执行后,对每股账面价值或每股收益的影响。

Dividend 股利 按季度向股东进行的现金分配,通常由董事会根据盈利情况进行宣告。

Dow Jones Average 道琼斯平均指数 分为道琼斯工业平均指数——30 家美

国最大的工业公司；道琼斯运输指数——20 家最大的运输公司；道琼公用事业指数——15 家公用事业公司。道琼斯平均指数是以上三组指数所包含股票的价格加权平均所得到的综合指数。

Dow Theory 道氏理论　以过去的价格表现、交易水平和市场周期（每日、两周到四周、四年）为基础解释整体市场趋势变化的理论。

Due Diligence 尽职调查　在实现工程或财务职能时，通常采用通用的工程或财务规则（根据案例情况而定）履行信托责任。尽职调查也可专门用于公司员工、董事会成员、承销商及其他与证券发行或并购有关的人员进行谨慎性商业判断。

Dutch Auction 荷兰式拍卖　投标者通过压低投标价的方式实现销售（非兼并）的拍卖方式。公司的债权人有时会采用荷兰式拍卖的方法，如果债权人明确知道无法获得单位美元 100 美分的回报，就会主动降低回报要求（降至 75 美分），这样外部购买者才有意愿购买应收款或债务责任。

Dollars‑of‑The‑Day 美元调整价值　考虑通胀影响后成本预测的相关术语。例如，一口油井的当前价值（与美元调整价值相对）是 500 万美元，假设通胀率为 5%，则 2 年后该口油井的美元调整价值为 551 万美元。其他相关术语如下：

（1）美元调整价值 vs. 名义美元价值；

（2）阶梯式增长 vs. 非阶梯式增长；

（3）时价 vs. 当日价值；

（4）通货膨胀 vs. 实际。

Double Taxation 双重课税　（1）从经济学角度讲，在同一税收体制下，对一项收入多次征税，例如，州/省税收、联邦税收、联邦所得税和红利税。（2）国际双重课税是指收入在不同国家分别被课税。例如，一国的纳税人或纳税居民实体（税收目的）在别国取得收入；一个纳税实体在多个国家被认定为居民。

Dutch Disease 荷兰病　20 世纪 70 年代，北海石油产量激增导致大量美元流入荷兰。荷兰货币急剧升值。非石油行业的出口产品竞争力下降，进口变得廉价。石油行业的工资水平给整个社会的薪酬水平带来上涨的压力，随之引发了社会混乱。

Earnings 利润　扣除所有成本、费用和税收后的利润总额，也可称为净利润或净收益。

Earnout 盈利能力支付计划　根据未来收入指标对卖方进行补偿的方法。盈利能力支付计划可在价格波动期间实现风险对冲，尤其是买卖双方对价值或卖价存在巨大分歧的情况下。石油价格波动期间，盈利能力支付计划在石油业被普遍采用。

Equity 权益 企业总资产扣除全部负债后的剩余权益（见 stockholders' equity 股东权益）。

Equity Capital 权益资本 通过发行普通股或优先股所筹集的资金。公司的资本结构包括权益资本和债务资本。

Equity Method 权益法 当投资公司对被投资公司具有重大影响时，对长期投资处理所使用的会计方法。

Exchange Offer 换股收购 发行有价证券作为对价的并购交易。

Ex‐dividend 除息 在除息日之后，股利支付日之前出售股票。购买者在除息日后购得的股票不享有股利分配（见 Ex‐dividend Date 除息日）。

Ex‐dividend Date 除息日 购买者在除息日后购得的股票不享有股利分配。

Excise Tax 消费税 在生产、销售或消费环节中，对特定商品所征收的税费，如烟草、咖啡、汽油或石油。

Expected Monetary Value 预期货币价值 （见 Expected Value 期望价值）。

Expected Value 期望价值 对各种可能出现的结果，如油气田的发现或干井，根据其可能发生的概率（预期成功或失败的可能性）进行加权平均计算所得的财务价值。意同预期货币价值。

Expense 费用 （1）财务角度，大部分与运营及生产相关的非资本成本费用。（2）会计角度，特定会计期间内与收入配比的费用。费用化一项成本就意味着从其发生期间的收入当中扣除。相反，"资本化"的成本不计入当期费用，而是计入折旧资本。

Exploration Drilling 勘探钻井 未探明区域的钻井（见 exploratory well 探井）。

Exploratory Well 探井 在未探明区域钻的井。包括（1）在已探明地区较深的地层寻找新的储层所打钻井；（2）远在现有生产范围之外的钻井。探井有时仅根据与已探明的生产区域的距离和钻井风险程度界定。盲目钻井比勘探井的风险程度更高。

Extraordinary Items 非常项目 非重复发生，通常只发生一次，要求在利润表中单独列示，并在附注中披露。其内容包括部门剥离、出售附属公司或法律判决的负面影响。

Fairness Opinion 公平意见 当管理层执行的交易影响了独立股东的利益时，SEC 要求针对支付独立股东价格的公允性出具外部意见。

Fair Market Value of Reserves in the Ground 地下储量的公允价值 通常是采用特定折现率对未来净现金流折现的现值。FMV 一般为未来现金净流量现值的 2/3 或 3/4，所采用折现率为基准利率上浮 1% 或 2%。

Fiduciary 受托人　代表他人对资产实施控制，或代表他人利益履行责任的个人。大多数州通过立法监管受托人行为。受托人应当是可信任的人，例如，公司董事会的成员。

Financial Instruments 金融工具　金融工具有多种形式，要求针对金融工具的种类分别进行会计核算和财务报告披露。

Finding Cost 发现成本　每单位储量（每桶或每千立方英尺天然气）的勘探费用。计算有多种方式，但主要包括新增储量及对过去储量数据的修正，有时还包括储量的取得成本。

First-in, First-out（FIFO）先进先出法　一种存货计价方法，假定存货按一定时间顺序被使用或售出。计算公式是：期初存货 + 本期购买存货 - 期末存货 = 商品销售成本。物价上涨的情况下，与后进先出法相比，先进先出法会导致较高的期末存货价值、较低的销售成本和较高的毛利。

Fiscal System 财税制度　一个国家的法定税收体系包括特许权税费。通常该术语包含各方面的合同和财税要素，这些要素构成了政府和国外石油公司的利益关系。

Fixed Costs 固定成本　不随销售收入波动而变化的费用，通常包括租金、租赁款项和利息支付。

Fixed Charge Coverage 固定费用保障倍数　在会计期间可用于支付固定成本费用的可用资金——税前利润，加上利息费用及租金除以固定成本。

Float 流通量　(1) 可用于交易的普通股数量，扣除私有的不可流通的股票；(2) 未承付转账支票，由支票结算的时滞造成。

FOB 离岸价　运输术语，指发票价格包含了到达目的地的运输费用。所有权通常在 FOB 点随着提单的提交而转移至买方。例如，FOB 纽约的含义就是买方必须支付从纽约到达买方收货地点的全部运费。离岸价加上运费等于 CIF 价。

FOB Shipping Point 起运点交货价　买方承担从起运点开始计算的运费。

FOB Destination 收货点交货价　供应商承担到达目的地的运费。

Fully Diluted Earnings per Share 完全稀释的每股收益　假设全部可转换有价证券转为普通股，以及全部权证和期权执行后的每股收益。

Funded Debt 长期债、基金债　(1) 通过发行债券筹集的长期负债；(2) 由偿债基金提供偿还保证的债券。

Futures Contract 期货合同　规定买卖双方在特定日期以特定价格交割的合同。

Futures Market 期货市场　买卖期货合同的商品交易所。

Gas Price Parity 天然气平价　天然气的热量转换比率通常为 6MCF/BBL（6∶1）左右，因为 6 千立方英尺天然气的热量相当于 1 桶石油的热量。然而天然气的售价并不是按照热量平价计算的。如果每千立方英尺天然气的售价为 4 美元而每桶石油的售价为 36 美元，那么天然气平价是 9∶1，或 9MCF/BBL。

Going Concern 持续经营　描述持续处于盈利运营状态的商业实体的会计术语，与清算终止相对应。

Going Concern Value 持续经营价值　持续运营的公司价值。评估者会在净资产价值、清算价值基础上加上其他的价值，计算得到持续经营价值。

Going Public 公开上市　私有公司决定通过公开发售（受 SEC 监管）普通股股票来筹集资本的方法。

Goodwill 商誉　（1）从评估角度看，商誉代表着公司区别于其有形资产的无形价值。商誉通常是良好信誉、客户基础及高水平管理的价值体现。（2）从会计角度看，商誉是收购对价超过公司账面价值的部分。例如，一家公司账面价值为 100000 美元，对其收购的对价为 120000 美元，则超过账面价值的 20000 美元即为商誉。

Greenmail 绿色邮件　一家不友好或敌意公司大量收购目标公司股票时，目标公司被迫高溢价回购自己的股票。这一术语由黑色邮件衍生而来。

Growth Stock 成长股　预期市场价值将高速增长的公司的股票。成长股有时会以增长率进行定义，比如最低 15%。这类股票的特点通常是高市盈率、低股利支付率。

Hurdle Rate 最低期望收益率　投资分析或资本预算采用的术语，即现金流折现中的最低要求回报率。项目是否可行必须要满足必要收益率的要求。投资理论表明必要收益率应当等于或大于新增资本的成本。

Independent Oil Company 独立石油公司　主要从事勘探开发的石油公司（上游部门）。

Independent Producer 独立生产商　一个较宽泛的概念，通常指独立或小型公司，常用于指代独立而非一体化的公司。

Index 指数　一组股票组合作为指数的构成，如标准普尔 500 指数或道琼斯工业指数。通常，将公司的业绩与指数变化相比较。这样指数就可以作为衡量公司业绩表现的一个指标。

Indirect Tax 间接税　在消费环节而非针对收入征收的税费。增值税、营业税或者奢侈品消费税都属于间接税（见 Withholding Tax 预提税）。

Initial Public Offering 首次公开发行　公司首次向公众发行普通股股票。

Inside Information 内部信息　法律术语，指尚未公布但影响公司股票价值的信息。这类信息通常只有公司董事、管理层及财务顾问掌握。

Insurgent 股权争夺　在代理权争夺中，公司外部利益相关者企图通过股东提议或代理权委托的方式获得董事会席位或控制权。

Institutional Investor 机构投资者　银行、退休基金、共同基金、保险公司、大学捐助基金或其他机构，在证券市场投入大量的组合投资。因交易规模巨大，机构投资者经常获得特殊服务并且支付较低的佣金。

Intangible Drilling and Development Costs，IDCs 无形钻井及开发成本　以生产为目的，在钻井及完井过程中发生的工资、运输费、燃料费、替代物等成本。

Intangibles 无形资产　无形资产包括商誉、专利、商标、未摊销债券折价及递延费用，也包括部分与固定资产相关的成本，如运输、建造相关的人工成本和燃料、安装费及佣金等。

Integrated Oil Company 一体化石油公司　同时运营上下游业务的石油公司。通常指勘探与生产，及与其一体化整合的运输、炼化及销售业务。一般指非大型石油公司。

Interest Coverage Ratio 利息保障倍数　税前利润加上利息及债务费用除以税前利息及债务费用。

Internal Rate of Return，IRR 内部报酬率　是投资项目未来现金流现值等于投资成本的折现率。

Investment Bank 投资银行　承担公开发行股票的公司。投资银行也提供财务顾问及并购融资安排服务。

Last–in，First–out，LIFO 后进先出　存货成本计量的方法，销货成本按最近的购买成本计量。公式如下：销货成本＝期初存货＋本期购买－期末存货。采用后进先出法核算的存货成本低于其市场价值。这一差异被称为 LIFO 存货储备。与 FIFO 相反，在物价上涨期间，LIFO 产生较高的销货成本，从而降低了毛利及应纳税收益。

Leverage 杠杆　用债务权益比衡量负债与权益的关系，即长期负债除以股东权益。负债比例越高，财务杠杆越大。

Letter of Credit 信用证　银行根据申请人要求向第三方开立的保证在满足特定合同条款下支付款项的文件，是一种银行信用。信用证条款以双方签订的合同为基础。有时也称履约信用证，保证合同的履约执行。

Letter of Intent 意向书　当事各方在谈判之后签订的正式书面文件，确定了协议的基本要素，但仅是签订正式合同的预备文件。

Levy 课税　强制或正常征收税收或罚金。

Liquidate 清算 出售资产或证券获取现金。

Limitada 有限公司 一种商业实体形式，投资各方仅依据出资额对公司承担有限责任，而不承担无限责任。美国税收制度通常将其认定为合伙制公司。Limitada 与美国的有限责任公司类似，是有限责任公司的前身。

London Interbank Offered Rate，LIBOR 伦敦银行同业拆借利率 欧洲美元市场上，信誉最佳的银行间相互拆借资金的利率。国际借款通常采用 LIBOR 利率，例如，一个国家的债务利率可能为 LIBOR 上浮 1.5%。

Long-term Debt 长期负债 预期 12 个月以后到期的负债。

Major Oil Company 大型石油公司 "大型"意为最大的一体化石油公司。这些公司通常都是综合性石油公司，其业务同时涉及勘探、生产、运输、炼化、化工及市场销售等。

Market Capitalization 市值 等于每股市场价格乘以普通股股数。

Mark to Market 按市值计算 公司应用按市值计算方法确定长期贸易合同的价值。银行已在数年前就采用了该方法。如果交易商品的价格能够合理确定，这种方法的会计核算就较为简单。安然公司是较早采用按市值计算方法的非金融公司之一，主要用于确定天然气长期供应合同的价值。例如，如果安然公司与一家公用事业公司签订一项 10 年期的供气合同，安然公司就会将未来收入的现值确认为收入。在采用按市值计算方法之前，公司按季根据合同条款确认收入。为使每个季度都有收入体现，采用按市值计算方法核算的公司每个季度都需要签订新合同。

McDeP ratio McDeP 率 市值加上负债除以资产评估价值。该比率由石油行业分析师 LURT WULFF 提出。

Mezzanine Financing 夹层融资 次于优先债务的负债融资。夹层融资通常具有转换条款，允许债权人通过股票期权或权证的方式获得公司股份。

Minority Interest 少数权益 持有股份比例低于 50% 的少数股东的所有权份额。合并资产负债表中股东权益部分的数额代表了少数股东在合并子公司所享有的所有权比例。在合并利润表中，少数股东收益作为合并收益的递减项列示。

Net Earnings，Net Income or Net Profit 净损益，净收益或者净利润（见 Earnings 利润）。

Net Revenue Interest 净收入权益 扣除油气生产的矿费后的油气所有权。例如，合同规定矿费率为 10%，拥有 80% 权益的合同者所能获得的应收入权益为 72%。

Nominal 名义的 未经通货膨胀调整，或债券的面值。

Note 票据 一种类似于债券的债务凭证，但期限通常短于一年。

Operating Profit（or loss）经营利润（亏损）　经营收入扣除相关成本及费用后的成果，费用中不包括利息、其他融资费用、非常事项或非主营业务。与其类似的还有 Net Operating Profit（or Loss）、Operating Income（or Loss）、Net Operating Income（or Loss）、Economic Profit（or Loss）或 Cash Flow。

Paid – in Capital 实收资本　股东权益中直接从投资者收到的部分，通常在普通股（但也可包括优先股）发行中获得。有时也具体分为超额缴入股本（超过面值部分）或资本盈余。

Paid – in Surplus 资本盈余　（见 Paid – in Surplus 实收资本）。

Parity Price 平价　天然气根据热量单位转换为石油当量后所标示的价格。

Par Value 面值　有价证券的票面价值，可以任意确定。过去，面值代表每股股票初始投资成本。对于以面值百分比表示的债权利息或优先股股利而言，面值概念更有意义。

Pink Sheets 粉单　场内交易的股票及参与股票交易的经纪商或交易商的每日清单。粉单上的公司不在纳斯达克市场交易。

Points 点　（1）对于股票而言，1点代表每股价格变动1美元。（2）对于债券而言，1点代表债券价值相对于其面值变动1%。如果面值为1000美元的债券市场价值下跌20美元，即下跌了2点。（3）对于商业借款而言，1点代表的是以本金1%计算的前端费用。

Portfolio 资产组合　投资者持有的全部资产总和。

Preferred Stock 优先股　股票的一种，规定了具体的股利支付比率及对股利（或资产）的优先求偿权。优先股通常不具有投票权。

Present Value 现值　按特定折现率对未来现金流折现的价值，相当于今日需要支付的数额。现值等于投资项目全部现金流折现的总和。

Price/Earnings Ratio or P/E Ratio 市盈率 P/E　衡量股价与每股利润的关系，即每股股价除以每股利润。

Prime Lending Ratio 优惠贷款利率　通常是银行为其最稳定及信用最好的客户提供短期贷款的利率。主要贷款机构的优惠贷款利率受到市场的密切关注，通常作为其他贷款利率的基准。例如，一家业绩不是很好的公司借款利率为优惠贷款率上浮1%。

Pro Forma 测算报表　拉丁文，意为"形式上"。测算报表是根据假设和尚未发生的可能事件预测的财务报表。例如，财务分析师可能会编制两家不相关公司的合并财务报表，以判断如果两家公司合并其结果会如何。通常折现现金流分析中的预期现金流就是测算现金流概念。

Posted Price 原油参考价　原油的官方销售价格。原油参考价并非一定反映实际市场价值或者市场价格。

Pour Point 倾点　某类原油开始流动的最低温度，用于反映原油的蜡含量。印度尼西亚一些含蜡原油的倾点接近 100 华氏度。

Price Cap Pormulas 价格上限公式　一种财税机制，政府将获得特定油气价格以上的全部或大部分收入。这类公式计算的基础价格与某一通胀因子相挂钩，如美国生产物价指数。20 世纪 70 年代末 80 年代初，美国征收的超额利润税就是该方法的一种应用。马来西亚和安哥拉的财税体系也有类似的规定。

Prospectus 招股说明书　发给潜在投资者的招股说明。美国证监会规定预公开上市的公司必须披露招股说明书。

Progressive Taxation 累进税　税率随着税基的上升而增加，或税率随着税基的减少而降低。与递减税相反。

Proved Reserves 探明储量　在现有技术条件下，能够经济合理确定的油气储量。

Proxy 委托书　股东授权代理人代表其利益在公司会议上行使投票权的法律效力文件。

Proxy Fight 代理权争夺　股东通过该手段寻求能够达到影响或者控制公司董事会的目的。代理权争夺十分普遍，提供了达到控制公司目的的可选方案。在代理权争夺中，谋求公司控制权的外部股东被认为是争夺之争的挑动者。

Put or Put Option 看跌期权　在固定期限内，以事先规定的执行价格出售股票的权力。

Qualified Opinion 保留意见　一种审计意见，当发生特定事项对公司财务报表质量存在负面影响时，审计师出具的审计意见。

Quick Ratio or Quick – asset Ratio 速动比率　比流动比率严格，即可迅速变现的流动资产除以流动负债，也称作酸性测试。

Rate Base 费率基准　公用事业行业的价格受政府部门监管，其制定依据是投入资本的要求回报率，通常包括厂房及设备的初始成本，某些情况下，投入资本还包括了营运资本、物资材料和供应品的补充。

Receivable 应收账款　公司提供服务或者销售商品应得但尚未收到的款项。

Reserve for Contingencies 意外事项储备　留存收益的一部分（非用于股利支付），以应对将来可能出现的法律诉讼、自然灾害等事件。也有其他形式的储备资金，如未来的设备增加。

Red Herring 非正式招股说明书　招股说明书的草案，用于首次发行股票或招股说明书尚未被证监会受理的情况下。招股说明书封面必须用红色印刷，以表明该招股书尚未经过证监会的审查及尚未包含股票发行的全部信息。并同时声明其信息可能会在最终版本确定前修改。

Regressive Tax 递减税（累退税） 税率随着税基的增加而减少，或随税基的降低而增加。与累进税相反。

Reserve Life Index，RLI 储量生命指数 产储比的倒数。如果油田的生产率为储量的 12%（即产储比约为 12%），则储量生命指数约为 8 年。

Retained Earnings 留存收益 支付股利后可用于企业自用的利润，通常是股东权益的重要组成部分。

Reverse Split 反向分割 （见 Stock Split 股票分割）。

Risk Capital 风险资本 一般指与勘探初始阶段相关的钻井费、地震费、签字费及其他相关支出。这部分资金是否有风险主要看是否能发现碳氢化合物。如果不能发现碳氢化合物，这些成本通常很难弥补。

Risk Premium 风险溢价 指投资者投资于风险项目获得的回报高于投资无风险项目的回报的部分，即为风险补偿。

Sell Short 卖空 卖方出售的商品并非自己所有。实际上，这些证券是卖方借入的。卖方预期证券价格下跌，就会借入证券，然后伺机卖出，这种情况称为空头头寸。最终投资者必须购回证券以偿还债权人（平仓）。如果证券购入的价格低于借入时的价格，投资者则可以获取一定的利润。反之投资者将要承担损失。

Senior Debt 高级债 对公司资产（抵押债券）或者现金流（无抵押债券）有优先求偿权的债务工具。

Severance Tax 开采税 对开采地下资源征收的税种，通常按照开采的矿产价值的一定比率征收。也可以以每桶石油或者每百万立方英尺天然气的价格为基础计算。

Shareholder Proposals 股东提案 股东在年度股东大会上向管理层和股东们提交的议案，须在股东大会截至日前提交。除证监会有特别规定，提案都将写入股东委托书中。

Shell Company 壳公司 没有资产或者收入但已通过注册和许可流程的注册公司。在国外，一些公司通过收购壳公司开展业务活动，因为设立注册一家新公司需要很长时间。

Sinking Fund 偿债基金 为确保债券能于到期日有足够的资金以偿还债权人，发行公司预先按一定基数提存在独立账户的基金。

Split 分割 （见 Stock Split 股票分割）。

Spot Market 现货市场 商品市场，卖方出售石油（或其他商品）获取现金，买方可立即获得实物商品。当月的远期交易也可视为现货市场交易。现货市场基本上是场外交易市场，通过电话形式完成交易，而并非在有组织的商品交易所里完成。

Spot Price 现货价格　也称付现价格，指现货市场的商品交割价格。

Statutory Merger 吸收兼并　兼并公司中的一家作为法律实体继续存在。

Stock Dividend 股票股利　支付的股利为股票而非现金。

Stock Option 股票期权　在特定期限内按照特定价格购买或者售出一定数量股票的权利。因为股票期权通常授予给管理层或者员工，持有者可在公开市场上行权，以行权价在市场上购入股票，然后以市场价卖出，因此常被称为激励性股票期权。只有在期权价格低于市场价格时才会被执行。

Stock Split 股票分割　按照固定比率，如2∶1或3∶1，增加（或减少）发行在外的普通股数量。普通股权益保持不变。例如，分割前每股股票的价格为50美元，按照2∶1的比率分割后，股东持有的股票数量变为2倍，股价变为25美元。普通股权益仍然不变——没有创造新的价值。使股票数量下降的分割称为反向分割，这种做法通常是让股价上涨到一个更容易控制的交易价格。1∶2的反向分割将使股东持有的股票数量减半，但每股面值和价格变为2倍。

Stockholders' Equity 股东权益　公司总资产与总负债之间的差额。通常被称为净资产或账面价值，代表股东对公司的所有权。

Stripper Well 低产井　指生产率较低的油井。从法律或税收的角度讲，低产井指的是日产原油低于10桶或日产天然气低于60MCF的油井。

Subordinated 附属付款承诺　确定债券求偿优先次序的描述性条款。次级债表明存在另一种具有更高级求偿优先权的债务工具。初级次级债的求偿权低于普通股。

Subsidiary 子公司　受母公司控制、且母公司拥有其50%以上的投票权股票的具有独立法律地位的公司。子公司通常定义为附属关联公司。一般的，子公司要在分配利润时纳税，这点与分公司不同，分公司是根据应计利润纳税。

Success Ratio 成功率　成功井与总钻井数的比率。对于一口井而言，有时还要区分是技术性成功还是商业性成功。技术性成功仅仅指是否发现碳氢化合物，而商业性成功指发现的碳氢化合物是否可以满足商业开采条件。

Sunk Cost 沉没成本　累积的各个时点的成本支出（历史成本）。沉没成本分成以下几类：

（1）税损结转（TLCF）；

（2）折旧余额；

（3）摊销余额；

（4）成本回收结转。

专业术语表

这些成本是以前发生的成本，可以通过成本回收的方式补偿，也可以作为各种税费的扣除项。

Swaps 互换 金融衍生工具。简单举例说明：一家公用事业公司希望可以锁定天然气原料的成本。该公司与交易对手签订一项10年期的合约，设定价格为3.5＄/MCF。该项协议将浮动价格转换为固定价格。这家公司仍然正常运营，像以前一样购买天然气。当天然气价格高于或低于设定价格时，互换合约便发挥作用。当市场价格高于3.5＄/MCF时，交易对手支付该公司差额。当市场价格低于3.5＄/MCF时，该公司向对方支付差额。

Take – or – pay Contract 必付合约 无论交割与否，必须要支付特定数量天然气价格的一种合约。买方在以后年度有权获取已支付款项但尚未领取的天然气。

Technical Analysis 技术分析 股票投资决策方法，以各种市场因素作为分析依据，如交易量和股价走势。

Tax 税收 外国政府当局规定的强制性支付，但罚款、利息及关税不属于税收范畴。

Tax Haven 避税港 某些税种税率较低或者不征收的国家，旨在促进商务和金融活动的发展。

Tax Holiday 免税期 一种鼓励投资的财政激励措施。在特定时期内，几年或者几个月，无需向政府缴纳所得税。在免税期后，按照标准税率执行。

Tax Loss Carry – forward，TLCF 税损结转 允许投产前支出在本期费用化处理的会计制度，可能出现负税基的情况，即税损结转。税损结转也可能产生于其他制度下，如出于税收计算目的的可以扣除并费用化的奖金。

Tender Offer 收购要约 购买某家公司股票的要约，通常出价高于当前市场交易价格。如果有足够数量的股东决定卖掉期股票，那么公司就被接管。

Total Return 总收益 一项投资的全部收益，通常以年收益率计算。例如，普通股股票的投资总收益包括股利及股价增值部分。

Transfer Pricing 转移定价 一体化石油公司必须要确定将上游公司所生产的原油销往下游炼化及销售公司的结算价格。这样做是出于会计核算和纳税的考虑。内部公司间的转移价格并不等于市场价格，因此考虑成本油及税务的计算，政府部门会强迫公司采用市场价格或一揽子价格作为内部转移价格。转移定价同样也适用于关联公司间的产品定价问题，它与非独立企业间的交易相同。

Treasury Stock 库存股 发行公司从股东手中购回的股票。库存股可能被重新出售、注销或无限期留存，是一种不具备投票权和获得股利的权利。库存股提供了一种替换需纳税的股利分配的可行方法，也提高了剩余股份的价值。

321

Treaty Shopping 滥用国际税收协定 指非税收协定缔约国的居民通过在税收协定缔约国设立中介公司的做法，获取其本不应享有的税收协定中的税收优惠。

Turnover 营业额 财务术语，指收入总额。这一术语通常在美国之外使用。

Two – bite Rule 双咬规则 面对突如其来的收购要约，公用事业公司可能会采取重组的方式作为控股公司的自我防御措施，以寻求获得证券交易法第9（a）(2) 条款的保护。通过将资产转移至子公司的方式实现。对于外部收购者而言，完成该项股份收购必须要两个实体公司分别获得证监会的批准。

Undervalued 低估 财务术语，用以表达对当前证券市场价格的判断。该术语表明，以收益质量或股票作为衡量标准，较低的证券市场价格不能够反映其真实的价值。

Underwriter 承销商 一种行业术语，协助发行公司公开发行有价证券的公司，通常指投资银行。投资银行通常会买下全部有价证券，然后转售给公众投资者。该术语暗示投资银行需要承担销售与转售期间的风险。

Value Added Tax 增值税 在生产及销售各个环节征收的税种，通常与消费品相关。该税按照各个环节增加值的一定比例计算。间接税，如增值税（或商品服务税，GST），使得公司或承包商充当了代表政府的不计报酬的税收员角色。有时也认为是预提税的一种。

Volume 成交量 特定时间内股票交易总量。

Warrant 认股权证 通常随债券或优先股一同发行的有价证券或权利证书。赋予投资者以特定价格购买有价证券的权利，通常高于市场价格，期限为1年或1年以上或永续性权利。相反的，购买股票的权利通常设定一个低于市场的价格，且有效期为2至4周。

Windfall Profits Tax 暴利税 20世纪70年代，石油价格急剧上升，1980年联邦立法以石油公司的利润为税基而征收的税。

Withholding Tax 预提税 直接税的一种，是外国政府针对外籍公司对汇回母公司或国内的利润或股利所征收的税费，也适用于国外贷款的利息。

Working Capital or Net Working Capital 营运资本或净营运资本 流动资产减流动负债。营运资本代表公司在遭遇清算时，可立即变现获得的最低现金额。

Working Interest 工作权益 对油气资产的运营权益。工作权益的持有者可获得扣除矿区使用费、成本及税费后的、油气生产的全部收入。相反，净收入权益是扣除矿费后的权益。

Write off 或 Write – down 冲销、冲减 对DD&A以外的资产价值减少所做的会计确认方法。资产减少的价值从当期的收入中扣除。冲减的另一个例子是非付现费用，通常是非重复性的。DD&A 是资产价值减少的系统性分配方法。

World Bank 世界银行　由近 130 个成员国融资组成的机构，主要向欠发达国家提供贷款援助。世界银行的官方称谓为国际复兴开发银行。

Yield 收益率　投资项目的年度股利或利息的投资回报率，以初始投资成本或当前价格的百分比表示。

参 考 文 献

[1] Gardner, T. L. and D. R. Harrel. Understanding US SEC guideline minimizes reserves reporting problems. Oil & Gas Journal, 2001: 85 - 91.
[2] Johnston, D. Different fiscal systems complicate reserve values. Oil & Gas Journal, 1995: 39 - 43.
[3] Johnston, D. Limitations of Modern Reserve Disclosure. PAFMJ, 2003, 22 (2): 53 - 74.
[4] Johnston, D. Value of Reserves - in - the - Ground. PAFMJ, 2002, 21 (3): 120 - 132.
[5] McLane, M. A. and P. R. Rose. Reserve Overbooking—The Problem No One Wants to Talk About. Presented at Society of Petroleum Engineers Hydrocarbon Economics and Evaluations Sympoium (SPE HEES), 2001.
[6] McMicheal, C. L. and E. D. Young. Effect of Production Sharing and Servic Contracts on Reserves Reporting. Presented at SPE HEES, 1997.
[7] Mobil Corporation, 1996 Annual Report.
[8] Talisman Energy, 2002 Annual Report.